国家社科基金
GUOJIA SHEKE JIJIN HOUQI ZIZHU XIANGMU
后期资助项目

渠道生态系统结构、演化与运行机制研究

Research on the Structure, Evolution and
Operating Mechanism of the Channel Ecosystem

祝海波　郑贵军　陈德良　张坤 著

中国财经出版传媒集团

经济科学出版社
Economic Science Press

国家社科基金后期资助项目
出版说明

  后期资助项目是国家社科基金设立的一类重要项目，旨在鼓励广大社科研究者潜心治学，支持基础研究多出优秀成果。它是经过严格评审，从接近完成的科研成果中遴选立项的。为扩大后期资助项目的影响，更好地推动学术发展，促进成果转化，全国哲学社会科学规划办公室按照"统一设计、统一标识、统一版式、形成系列"的总体要求，组织出版国家社科基金后期资助项目成果。

全国哲学社会科学规划办公室

前　言

　　营销渠道的质量和绩效成为了现代企业或产品核心竞争力强弱的决定性因素。随着互联网经济的发展，营销渠道面临的环境及其管理任务也已然发生变化。传统渠道模式效率低、成本高以及难以控制等缺点日益凸显，如何构建适应环境变化的渠道系统成为摆在企业面前的一个重要课题。把渠道视为一个具有生态系统特征的生物共同体，以生物学的生物演化隐喻来构建渠道，探讨其结构、演化规律和运行机制，是一种新的研究方法和分析范式，为渠道理论的创新进行有益的探索。

　　渠道生态系统是指在特定时空条件下，生产商、中间商和消费者等构成的渠道价值链及其与之赖以生存的外部环境发生物质、信息、资金等交流复合而成的系统。渠道物种因外部因素或渠道演化力量的作用及自身有意识的行为而集结在一起，相互依赖、相互调节，并按照共生和协同进化的方式形成渠道生态系统。渠道生态系统区别于传统渠道，呈现出生态性、决策活性、依赖性和智能性等主要特征，并在渠道运行中体现出复杂适应性、共同进化性以及分销生态性、成员间命运共享、存在"关键种"等具体特点。渠道物种、种群和群落等结构和功能以及价值体系的范围决定了渠道生态系统的边界、层次和范围。渠道生态系统除了传统渠道功能外，还具备自我调节和能量转换两种特殊功能，这是渠道生态系统的独特优势。渠道物种、种群间存在寄生、捕食、竞争和合作四种典型关系，与渠道中能量转换、共享和依赖一起形成了渠道生态系统运行的主动力及机制。

　　渠道成员、类型及相互关系隐喻生态系统中渠道物种、种群和群落，其结构与功能融合了生态系统和高效率渠道的共同优点。渠道生态系统包含的各要素和子系统相互交织、彼此作用、相互渗透，并受到满足顾客价值收益、渠道物种协调成本、机会成本以及运行成本等四个变量的影响，通过资源优化配置、价值实现以及还原缓冲等自调节、自抑制的共生"序"，来保证系统的结构形成与功能的实现，从而形成渠道生态系统的组分结构、形态结构和营养结构。组分结构，属于渠道生态系统最基本的结构，主要是指渠道物种类型和数量的分布，其中，对生态系统影响最深远的是种群结构，而渠道生态系统中存在商人中间商、代理中间商和辅助中间商以及生产商、顾客五类种群；形态结构，包含水平结构、垂直结构和综合结构——生态位，主要是指渠道物种、种群和群落在时间和空间上的不同配置和变化的特征；渠道生态系统营养结构，渠道生态系各个渠道层级之间以及同级渠道成员之间构成物质、信息、资金、促销等能量的传递与交流——食物链和食物网。三种结构形态使得渠道生态系统具有很强的新陈代谢、自适应、自协调能力，从而能根本改变渠道效率低下、争夺渠道权力的状态，进一步提升满足顾客需要、资源配送能力。

渠道生态系统中的渠道物种（成员）具有学习优势和学习习惯，这会极大地改变它们自身的行为方式，从而改变种群、群落的运行，进而导致渠道生态系统发生演化。而渠道生态系统的演化受内因和外因影响，体现出内因性演化和外因性演化两种趋势。渠道生态系统按照互动、共同进化、生态流、生态平衡等基本原则，采取自适应、自我选择、渠道再造以及环境适应等四种演化方式，经历渠道构建、优势渠道成型、渠道领袖争夺以及系统协同进化等四个演化阶段，表现动态化、自组织、开放性与多样化的演化特征。这当中，出现以自组织、自适应为主的内部演化机制以及以环境选择为主的外部演化机制，并由此外化形成两种演化路径——Logistic 模型和 Lotka – Volterra 模型。

顾客需求、生态位重叠与竞争、产品盈利能力、系统内的互相学习和渠道治理机制等是促进渠道生态系统形成和运行的主要动力。而渠道生态系统所独有的自动力机制和他动力机制，决定了其成长的速度和轨迹。我们用陀螺模型来描述渠道运行机制，平衡、稳定象征渠道生态系统健康运行，速度代表渠道生态系统形成速度及运行的规律。在渠道运行中，能量流、价值流、物流等三种主要的"流"是渠道内驱力，也是陀螺旋转离心力的来源：能量流动是渠道生态系统运行的核心动力；价值流是渠道物种、种群和群落能聚集的根本原因；物流是能量流和价值流的实现载体。外部力量（尤其是宏观环境）导致渠道陀螺失去平衡性和稳定性。由于渠道破坏性行为等内外部因素的干扰使得渠道生态系统常处于失稳状态，采取调控渠道生态系统结构和功能的运行方式，能保证渠道生态系统有效运行和健康成长。其中，价值交换与实现机制、资源汇集与整合机制、稳定与调控机制是稳定陀螺——渠道生态系统成长和健康运行的核心与基础，也是运行机制的关键。

渠道生态系统破坏性行为是基于产品分销过程对渠道系统满足顾客需求和有效利用资源，对分销效果和效率产生消极影响的行为，具有多元性、客观性、动态性、可预警性和复杂性等特点。破坏性行为按照成员构成分为中间商、生产商和顾客三大类破坏性行为。健康的渠道生态系统本身就是一种很好的预警和补救机制，溯源机制能准确寻找到渠道破坏性行为产生的根源，良好的反馈机制是重要保障。为此，需要建立包含顾客、渠道结构、渠道成员、渠道成本、渠道管理以及其他因素的预警指标体系以及基于主观和客观的补救策略。渠道生态系统中破坏性行为的补救按照公平、及时、归因和系统四大原则结合渠道破坏性行为产生的原因制定明确、有效地破坏性行为补救目标、方法和途径，并建立评价体系以确保渠道的整体运转效率不断接近理想状态，及时有效地解决破坏性行为带来的不良后果，确保渠道生态系统健康运行和成长。

本书以渠道生态系统作为研究对象，将渠道视为具有生态系统特征的生物共同体，分析特定时空条件下，生产商（渠道起点）、中间商和消费者（渠道终点）等渠道价值链及其外部生存环境间的物质、信息、资金等交流复合机制。综合运用生态学、营销学、管理学、经济学和计算机科学等学科理论和方法，从生态学的视角出发，系统研究和分析了中国企业营销渠道实践和现状，深入剖析了渠道生态系统结构、演化及运行机制问题，提出渠道生态系统三种结构形式、渠道生态系统演化经历的四个阶段以及运行的自适应和环境选择两种主导机制，认为构建渠道生态系统是企业渠道建设的终极目标。

本书的创新之处主要有以下几点：①运用生物演化隐喻的方法构建新的营销学分析范式，以仿生、遗传、选择为研究方法，从崭新的视角来剖析营销渠道实践，构建了营销渠道结构、演化和运行机制体系，为企业营销渠道构建与管理提供了支持工具。②探索了渠道生态系统结构形成的特点和规律，得出渠道生态系统有组分结构、形态结构和营养结构三种结构形式，由此提出了企业营销渠道构建的新思路和方法。③本书渠道生态系统演化的观点，认为渠道生态系统本身就是一种自我调节优良机制，其自适应和自我选择的优良机制会使得渠道向资源最优配置、利益相关者的利益满足的方向动态复制或调整，实现经济、环境、社会可持续发展；④本书提出渠道生态系统运行三大机制：资源汇聚与整合机制、价值交换与实现机制、稳定与调控机制，形成了相对完成的运行体系，也为绩效及其评价提供了操作工具。

目　　录

第1章 绪 论

1.1 研究背景及意义

1.1.1 研究背景

自德国动物学家海克尔1865年提出"生态（ecology）"这个词以来，生态的内涵和外延不断扩展，生态研究也逐渐由生物界向其他领域发展。生物演化大师达尔文把时间不可逆（time irreversible）、种群思考（population thinking）和不确定性（uncertainty）等概念延伸到其他领域，开创了现代演化科学新时代，演化成为一种新的研究范式①。马歇尔在其经济学巨作《经济学原理》中指出"高度发达的有机体是在生存竞争中最能够存活下来的，而且机体本身还在不断发展过程中"。马歇尔先生虽然还没有完全思索出生物学与经济学的关系，但他却给我们提供了一个新的经济学视角：生存竞争使最适合于从环境中获得利益的有机体增多②。著名管理学家Schumpeter、经济学者Hayek等开始思考生态秩序与演化原则在其研究领域的应用问题③。

如今，"生态化"作为一种重要的理念、思维方式和方法论体系，广泛地运用于其他学科，为科学研究以及解决经济社会发展中的各种问题提供一种新视角、新思路④。

① Milgrom. Paul and John Roberts. Economics, organization and management [M]. *Englewood Cliffs*. NJ.: Prentice Hall, 1992: 265 – 274.

② Henion, K. E. & Kinnear, T. Ecological marketing [M]. Colombus, Ohio: *American marketing association*, 1976.

③ L. lkington, J. Partnerships from cannibals with forks: the triple bottom line of 21ˢᵗ century business [J]. *Environmental Quality Management*, 1998, 8 (1): 37 – 51.

④ McGovern Loretta, Saunders Tedd. The bottom line of green is black: strategies for creating profitable and environmentally sound businesses [M]. *Harper San Francisco*, 1993: 282.

按照传统渠道理论观点，渠道是由相对独立的组织或个人构成，渠道成员之间分工较为明确，并且都有相对独立的利益追求①。但事实上渠道成员的任务和目标是一致的。生产商需要中间商帮自己把产品传递到顾客手中；中间商需要生产商为其提供产品；顾客既依赖厂商为其生产所需的产品，又依赖中间商将厂商的产品适时、适地地送到自己手中②。

在市场竞争异常激烈、技术变革日新月异的 21 世纪，渠道系统变得更加开放、国际化程度更高，渠道更符合企业或产品本身特色的方向发展变化，作为向顾客传递价值的基本途径和重要手段的渠道成为企业的不二选择③。在信息化浪潮下，产品、价格甚至促销日趋同质化，如何构建、管理渠道以及充分发挥渠道的功能和作用，不仅决定了企业能否实现可持续发展，而且也关系到能否构建企业核心竞争力。令人遗憾的是我国很多企业仍然采用传统的渠道模式，在复杂多变的环境和营销渠道管理任务发生本质变化的今天，传统渠道模式效率低下、成本高以及难以控制的特点日益凸显④。随着我国渠道管理实践的深入，诞生于国外的渠道管理理论与我国渠道实践严重水土不服，渠道问题被称为是西方渠道理论无法解决的企业营销问题。

1.1.2 研究意义

营销实践的需要就是营销理论发展的动力和源泉。构建起科学的渠道体系并有与之匹配的良好渠道运行机制是每个企业梦寐以求的事情。现代经济发展要求渠道更具弹性、更加灵活以及更高效的完成产品分销。生态系统作为一个动态、开放、具有自组织功能的复杂系统，系统里的每个生态因子之间都具有相互依存的动态平衡属性，这种属性对科学的发展具有哲学指导意义⑤。渠道本身就具有生态系统的系列特征和功能，研究渠道生态系统更可能获得广泛的认可，更有应用和操作的时间空间。采取渠道生态系统模式的产品立足于顾客（消费者需求）和渠道参与者（成员），考虑的是整体渠道绩效，而非单独的某方。因此，就渠道个体而言，无论

---

① 刘宝发，邹照菊. 分销渠道结构理论演进及其分析 [J]. 区域经济评价，2006（5）：36 – 37.

② 庄贵军. 权力、冲突与合作：西方的渠道行为理论 [J]. 北京商院学报，2000（1）：8 – 11.

③ 周筱莲，庄贵军. 渠道成员之间的冲突与解决办法 [J]. 北京工商大学学报（社会科学版），2004（1）.

④ Jonathan, Hibbard, Nirmalya Kumar, and Louis W. Stern. Examining the impact of destructive acts in marketing channel relationships [J]. *Journal of Marketing Research*，2001（2）：45 – 61.

⑤ 王涛. 基于组织生态理论的企业分销渠道模式选择研究 [D]. 兰州：兰州大学，2009：21 – 30.

是在经济效益上，还是社会形象或信任关系上，都将获得巨大的回报，这也进一步推动了企业的渠道实践。思考将生态思想和观念运用到渠道管理和运营中，探索研究渠道生态系统的构建、运营以及成长具有广泛而深远的意义。但颇为遗憾的是，到目前为止，尚无专家学者系统分析和研究渠道生态系统理论，倘若要形成相对独立的理论体系更是任重而道远。再加上很多研究者都把"渠道系统"和"网络渠道"视同渠道生态系统，这将严重制约渠道生态系统理论的发展和实践。

本书试图通过对渠道生态系统理论研究作为突破口，将营销学和生态学相关知识与理论进行交叉研究，以逻辑分析的方式剖析了渠道生态系统的三种结构，用生态演化的方法演绎渠道生态系统的演化过程及规律，厘清了渠道生态系统与传统渠道的理论关系，梳理了渠道生态系统、渠道网络模式以及渠道权力网络等的理论关系，论证渠道生态系统运行的逻辑关系，寻求渠道生态系统理论在营销实践中的应用方向和路径。在一定程度上弥补了渠道研究理论的不足，具有较强的创新性。

1.2   国内外研究现状

营销大师菲利普·科特勒（1997）认为："渠道（marketing channels）是指某种货物或劳务从生产者向消费者移动时，取得这种货物或劳务的所有权或帮助转移其所有权的所有企业和个人"①②。美国市场营销协会（American Marketing Association，AMA）则将渠道定义为"一种商业企业内外部经销商和代理商（批发与零售）之间为共同实现某种交易目的而形成的一种松散联盟的组织机构或关联组织。"③ 爱德华·肯迪夫、威廉姆·斯坦顿和理查得·斯蒂尔等则将渠道视为"产品从生产商向最终消费者和产业客户转移时，所有权直接或间接得到转移所经过的途径或通道"④。

---

① 王铁明. 分销渠道变革中的渠道冲突与协调研究［D］. 武汉：华中科技大学博士学位论文，2005（10）：364 – 380.

② 彭国红. 分销渠道结构理论演进与结构分析［J］. 统计与决策，2009（8）：50 – 53.

③ Dant R P, Schul P. Conflict Resolution Processes in Contractual Channels of Distribution［J］. *Journal of Marketing*，1992，56（1）：38 – 54.

④ M Hernández – Espallardo，N Arcas – Lario. Unilateral control and the moderating effects of fairness on the target's performance in a symmetric channel partnerships［J］. *European Journal of Marketing*，2003，37（11/12）：1685 – 1702.

通过文献整理与分析可以得出，渠道结构、渠道功能、渠道行为等三个方面是国内外学者主要研究的焦点。

1.2.1 渠道结构研究

纵观渠道结构设计的研究，众多学者在大量的经验研究和理论分析的基础上，主要研究了影响渠道结构设计的主要因素，并由此展开渠道结构设计的逻辑流程研究[①]。

韦尔德（Weld，1916）是最早对渠道结构进行研究和定义的，他在其著作《农产品市场流通》中提出"渠道结构是能够产生经济效益的职能专业化中间商"，率先提出了流通渠道效率问题（Bartels，1988）[②]。此后众多学者对渠道结构进行研究，有从渠道绩效方面进行研究的（Zusman & Etgar，1981）认为渠道结构是配置渠道所需要素的营销机构，能够减少交换障碍和阻力，提高效率和效益[③]；有从交易成本方面进行研究的（Berglund，1959；Heide，1994），他们认为"渠道结构是一种能发挥专业化经济性的特殊机制，它通过买卖双方减少交易数量来减少交易成本"[④]。还有很多学者（Tony，Jagmohan & Raju，1975）认为渠道结构受有限理性、机会主义、不确定性、资产专用性和交易频率等物种维度的影响，"是渠道成员与外部产业组织的结合体"[⑤]；也有学者从渠道活动流程与渠道关系角度来研究，如考夫兰（Coughlan，1985）认为渠道结构是通过分销网络所发生营销活动的"营销流程"[⑥]。路易斯·巴克林等（Louis Bucklin et. 1966）认为渠道结构存在有效协调的特点，有公司型、管理型和契约型等三种协调方式[⑦]；也有从渠道产品所有权的转移角度进行研究的，如张喆、黄沛（2007）等人认为渠道结构本质是分销任务或渠道功能在渠道

---

① 张平淡，徐建忠. 渠道结构设计的两维决策模型 [J]. 生产力研究，2008（3）：120 – 123.

② 王晓平. 营销渠道研究综述 [J]. 经营管理者，2010（23）：124.

③ Zusman P, Etgar M. Marketing Channel as an Equilibrium Set of Contracts [J]. *Management Science*，1981，27（3）：284 – 302.

④ Berglund A, Roland A. Anote on manufacturers' choice of distributionchannel [J]. *Management Science*，1959，5（4）：460 – 471.

⑤ Tony Haitao C. , Jagmohan S. Raju，Z. John Zhang. Fairness and Channel Coordination [J]. *Management Science*，2007，53（8）：1303 – 1314.

⑥ Coughlan A T. . Theory and Competition and cooperation in marketing channel choice：application [J]. *Marketing Science*，1985，4（2）：110 – 129.

⑦ Louis P. Bucklin. Venlatrm Ramaswas，Summit K. Majumdar. Analying channel structures of business markets via the structure-output paradign [J]. *International journal of research in marketing*，1996（13）：73 – 87.

参与者之间的分解和分配，渠道结构是参与完成商品所有权由生产制造商向消费者或用户转移的组织或个人的构成方式①。

到 20 世纪 70 年代，渠道结构理论研究重点发生了转移，渠道结构的演变及如何设计高效率渠道机构成为研究热点，延期、投机及职能放弃等概念被嵌入到渠道结构演变及高效率渠道机构设计中②③。受到上述观点的影响，众多学者提出了划分渠道结构的三种标准④：一是渠道层次，将渠道划分为零级渠道、一级渠道、二级和三级渠道；二是渠道功能，将渠道划分为直接渠道、间接渠道、长渠道、短渠道；三是渠道同层级同类型中间商的多寡，把渠道划分为宽渠道和窄渠道。

到 20 世纪 80 年代后期，有关渠道的论述不断涌现，研究视角不断创新。鲍尔索利斯、库伯、兰伯特、泰勒（Bowersox et al，1980）在其合著的《渠道结构与设计》一书中专门针对渠道设计问题进行了研究⑤。该书指出："随着时间的推移渠道设计环境会发生变化，在某个时期被认为是最佳的营销渠道也会随时间的推移而无法保持最佳，因此，渠道设计必须根据条件及环境的变化进行，在此基础上提出了渠道设计的基本思路和设计准则。伯特·罗森布洛姆（Rosenbloom，2003）指出渠道设计是"对新渠道的开发或创造以及对现有渠道进行的修正"⑥。同时，《渠道管理》著作中，对渠道结构从管理的角度进行了定义，认为："渠道就是针对一组渠道团队成员分配分销任务"⑦，并就渠道设计问题进行了专门探讨，还对渠道设计与渠道选择概念进行了区分。他的研究成果也被广泛接受。

我国学者对渠道结构的研究主要是从 20 世纪末期才展开的。郭国庆（1994）、曹庆丰（1996）认为营销渠道具有传递信息和服务的功能⑧；吕一林（2002）出版著作《渠道决策与管理》从管理角度对渠道选择与设

① 张喆，黄沛. 渠道结构有序度的熵模型 [J]. 工业工程与管理，2007 (3).

② 王铁明. 分销渠道变革中的渠道冲突与协调研究 [D]. 武汉：华中科技大学博士学位论文，2005 (10)：364 – 380.

③ 刘宝发，邹照菊. 分销渠道结构理论演进及其分析 [J]. 区域经济评论，2006 (5)：36 – 37.

④ [美] 伯特·罗森布罗姆著，李乃和，奚俊芳译. 营销渠道管理（第六版）[M]. 北京：机械工业出版社，2002：158 – 185.

⑤ Bowersox D. J. and M. B. Cooper, D. M. Lambert and D. A Taylor. Management in Marketing Channels [M]. *McGrawHill*, 1980：189 – 232.

⑥ Sherrif T. K. Luk, Hai Yang I. I. Distribution Reform in China: A Macro Perspective and Implications for Channel Choices [J]. *Journal of Marketing Channels*, 1997, 6 (1)：77 – 104.

⑦ 张春法，张为付. 渠道结构变迁与网络背景下的营销渠道 [J]. 财贸经济，2006 (12)：91 – 94.

⑧ 王敬斋，王晓平. 营销渠道研究综述 [J]. 企业改革与管理，2012 (11)：19 – 21.

计进行了系统研究，尤其是对渠道与顾客购买行为相匹配问题进行了深入研究①。提出了提供灵活的渠道选择方案，满足客户差异化的购买需求。庄贵军、周筱莲、王桂林等（2004）根据团队研究成果出版了《渠道管理》专著，该书较为完整、系统地介绍了渠道结构、功能及设计等方面的成果②。陆芝青、王方华（2004）认为，要研究渠道架构则要系统探讨渠道成员的性质、比例、关系和结构等问题，而处理好终端销售形式、渠道成员结构、渠道成员关系以及渠道种类选择四个方面问题是解决渠道架构基本前提③。除此之外，黄丽薇、陈克明（2001）提出了逆向渠道设计方法④，范博慧、马咏梅（2006）还在渠道逆向重构的基础上，提出了利用中小企业超级终端，以系统化的经销商甄选标准和过程化的控制为基础，有效地克服了传统渠道设计模式的缺点，来进行系统化渠道结构设计⑤；李凤媛、任燕、王克西（2004），陈捷（2004）等研究网络环境、知识经济下传统渠道如何变革与创新，认为将传统渠道与网络渠道进行优势互补，构建多重渠道是渠道建设的必然趋势之一⑥。杨慧（2002）则认为系统化、立体化、扁平化是渠道结构最新发展趋势⑦。

1.2.2　渠道系统演进研究

对于渠道系统的演进，Sandy（1999）认为渠道的演进是买卖关系转化而来的，与交易的过程演进有着同样的规律和效果⑧，并提出渠道构建前扩张思想——前期大量寻找合作机构或组织，随着渠道系统的完善，渠道成员将进行伺机淘汰，体现了最早的渠道生态系统演进思想。

目前对渠道系统演进最为权威的研究成果数 Stern⑨、David⑩ 等人总

---

① 吕一林. 营销渠道决策与管理 ［M］. 北京：首都经济贸易大学出版社，2002：145－153.

② 庄贵军，周筱莲，王桂林. 营销渠道管理 ［M］. 北京：北京大学出版社，2004：55－90.

③ 陆芝青，王方华. 营销渠道架构中的交易治理分析 ［J］. 价格理论与实践，2004（3）：60－61.

④ 黄丽薇，陈克明. 营销渠道的逆向模式 ［J］. 经济管理，2001（13）：49－51.

⑤ 范博慧，马咏梅. 渠道逆向重构：浅议中小企业的超级终端策略 ［J］. 商场现代化，2006（8）：78－79.

⑥ 王理文. 基于顾客需求弹性的渠道构建研究 ［D］. 广西大学硕士学位论文，2008（6）：3－5.

⑦ 杨慧. 对角线转移：渠道权力理论研究的新视角 ［J］. 当代财经，2002（8）：58－60.

⑧ Jap. Sandy. Pie－Expansion Efforts：Collaborative Processes in Buyer－Supplier Relationships ［J］. *Journal of Marketing Research*，1999，36（11）：461－475.

⑨ Stern，L. W. and E. Ansary，A. T. Marketing Channels ［M］. *Prentice Hall Tnc.* 1996.

⑩ David P. You'll Manage Your 1990's Distribution Portfolio ［M］. *Business Marketing*，*Crain Communications*，*Inc.* 1989（4）.

结和探索出的四阶段论，他们认为，传统渠道结构的演变经历了大量市场分销、细分市场分销、子细分市场分销及矩阵分销等四个阶段（Sternet，1996；David，1989），分述见图1.1。

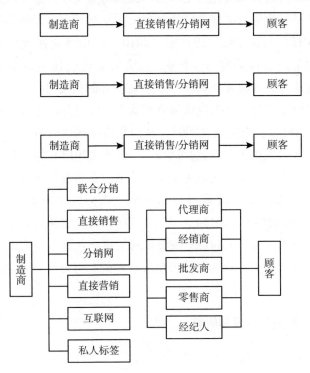

图1.1　传统渠道结构历史演进示意

第一阶段，大量市场分销阶段（20世纪50~60年代）。该阶段主要是指20世纪50年代、60年代，它是通过直销或分销商来支持分销，其意图也较为简单就是将产品分销到最易达到的顾客。

第二阶段，细分市场分销阶段（20世纪60~70年代）。主要在20世纪60年代末、70年代初实现，这个阶段主要采取直销和分销网络相结合，尽量做到更大的市场渗透，以此来满足细分市场顾客的需求。

第三阶段，子细分市场分销阶段（20世纪70~80年代）。这个阶段的特点是通过分销商网络来实现销售，直销被用来辅助两部分策略，可以更为广泛、更深层次地为顾客提供产品。

第四个阶段，矩阵分销阶段（20世纪80~90年代）。该阶段是渠道发展阶段最为成熟的阶段，主要出现在20世纪80年代末、90年代初，其主要方法是采取联合分销、建立分销商网、直接销售等多种手段，由此产生特许、代理、零售、经销、经纪等分销商角色，渠道结构变得复杂多样。

国内对于渠道演化推演的主要方法是博弈论，认为渠道成员之间的竞争是导致渠道的选择和演化的主动力，比如马慧（2011，2012）等对供需双方渠道选择行为进行了博弈分析并提出了复制动态方程的博弈模型①②。付小勇（2012）与韩小花、薛声家（2010）应用演化博弈从逆向供应链角度对回收渠道进行研究与分析③。也有对渠道合作实现演化进行研究的，比如叶明海、张丽萍（2006）从演化博弈的角度对汽车渠道企业合作如何优化进行了探讨，认为应该从合作成本、收益分配以及制度等方面进行优化④。赵晓飞、李崇光（2008）从演化博弈视角分析了"农户—龙头企业"的农产品渠道关系稳定性问题⑤。张昊（2012）结合日本家电业案例对流通渠道中竞合关系的演化及竞争政策的作用进行了分析，认为以反垄断干预为代表的竞争政策可以从纵向、横向两个方面来影响渠道演变⑥。另外，席利卿⑦（2013）、吴宇迪⑧（2008）也从博弈角度对渠道进行了研究。当然，也有从利益分配方面对渠道演化进行研究的，比如仲崇文（2010）等以家电产业为例研究供应链中的利益分配对渠道演化的作用机制⑨。

1.2.3　渠道运行机制研究

从众多文献中发现，大多数学者是从管理视角对渠道运行机制进行研

①　马慧，杨德礼，陈大鹏．供需双方渠道选择行为的演化博弈模型［J］．科技与管理，2011，13（5）：24-28．

②　马慧，于红春，王红新．供需双方网络渠道选择的演化博弈分析［J］．管理评论，2012，24（10）：68-72．

③　韩小花，薛声家．竞争的闭环供应链回收渠道的演化博弈决策［J］．计算机集成制造系统，2010，16（7）：1487-1490．

④　叶明海，张丽萍．基于演化博弈的汽车渠道企业合作优化方法［J］．哈尔滨工业大学学报（社会科学版），2006，8（2）：124-129．

⑤　赵晓飞，李崇光．"农户—龙头企业"的农产品渠道关系稳定性——基于演化博弈视角的分析［J］．财贸经济，2008（2）：92-97．

⑥　张昊．流通渠道中竞合关系的演化及竞争政策的作用——基于日本家电业案例的分析［J］．商业经济与管理，2012，252（10）：19-24．

⑦　席利卿．农产品营销渠道多样性的演化博弈分析［J］．仲恺农业工程学院学报，2013，26（4）：53-57．

⑧　吴宇迪．营销渠道合作关系的演化博弈分析［D］．广州：华侨大学，2008．

⑨　仲崇文，杜玉申，张屹山．渠道演化与供应链中的利益分配——以家电产业为例［J］．社会科学战线，2010（6）：188-190．

究的，认为渠道运行机制实质上就是渠道管理方法、途径以及各种渠道管理关系及其权力分配与运用。尤其重视渠道冲突管理和渠道管理模式问题。

而渠道冲突管理研究的重点是渠道成员利益关系，众多研究成果都认为构建渠道联盟、整合渠道等策略和方法能有效地解决渠道冲突。比如，德怀、尔罗伯特、平（Dwyer, Robert F & Ping, 1998）认为，渠道关系实际上是一种买卖关系，相互依赖和承诺是渠道权利关系的关键，如果渠道成员预期其目标受阻，渠道成员间将不可避免产生冲突①。再如，罗伯特、德怀尔（F. Robert & Dwyer, 2002）认为，"认同系统价值观和目标的渠道成员更容易被渠道系统选中、培育和使用，这样可以减少渠道冲突②"。又如，海德、简（Heide, Jan, 2002）认为，渠道合作伙伴关系能有效地提高渠道绩效，每个渠道成员可以从合作中得到更多的利润③；丹特拉吉夫和和帕特里舒尔（Dant, Rajiv P, Rajiv P, 1992）在其研究中发现：与有良好合作意愿或熟知的渠道伙伴发生交易和往来，不但可以充分发挥渠道专用资本的作用，还可以减少渠道破坏性行为的产生④；莫里尔·加尔文、托马斯（Morill Calvin & Chery King Thomas, 1990）认为，厂商与经销商需多加强沟通交流，这样可以增强渠道整体竞争力，培养其核心竞争力，大幅度提高渠道的价值，从而使得销售机会和市场机会大增⑤。王方华（1999）提出的"无缝渠道"⑥管理理念和模式、徐天佑（2001）提出的"堡垒"式和"撒网"式渠道模式⑦是目前企业存在的两种主要营销渠道模式；对于渠道冲突的原因，赵胜来、陈俊芳（2005）认为，渠道成员利益双重边际化和渠道权力配置应用不当是引起渠道冲突的

---

① Dwyer, Robert F. Ping, Robert A., Jr. Developing buyer-seller relationships [J]. *Journal of Marketing*, 1998 (51): 11 – 27.

② F. Robert Dwyer and F. Kelly Shuptrine, Using Retailers' Perceptions of Channel Performance to Detect Potential Conflict, in Combined Proceeding [J]. Thomas Y. Greer, ed. Chicogo: *American Marketing Association*, 2002: 118 – 123.

③ Heide, Jan B., Keneth John. in Industrial Purchasing: The Determinants of Joint Action in Buyer – Seller relationships [J]. *Journal of Business Research*, 2002, 32: 57 – 66.

④ Dant, Rajiv P. and Patric Schul (1992)," Conflict Resolution Processes in contractual Channels of Distribution," [J]. *Journal of Marketing*, 56 (1): 38 – 54.

⑤ Morrill, Calvin, Cheryl King Thomas (1992), Communication Strategies in Marketing Channels: A the Oretical Perspective [J]. *Journal of Marketing*, 1990, 54 (3): 36 – 51.

⑥ 王方华，范凯利，方芳. "无缝营销渠道"：实例、特征与价值 [J]. 经济管理, 1999 (8): 20 – 24.

⑦ 徐天佑. 堡垒式营销与撒网式营销 [J]. 商业时代, 2001 (1): 48 – 50.

主要原因①；关于渠道冲突解决方法，张新华（2000）从物流模式、渠道价格体系以及信息沟通制度等方面探讨整合营销渠道的方法和内容②，杨政（2000）提出了合作、权力和冲突之间的关系为制定渠道管理策略和解决渠道中的问题提供了理论框架，并推导出渠道成员行为整合模型③。

1.2.4 渠道生态系统研究

目前对渠道生态系统进行研究的比较少。从中国知网、万方数据库和EBSCO、SPRINGER 等中外数据库检索的文献看，不超过 20 篇，中文数据库不到 10 篇。

国外目前还没有明确提出"渠道生态系统"的概念，但有少数学者提出了用"生态系统"理念来改造渠道系统的思想，比如，吉拉德·普伦德加斯特等（Gerard Prendergast, 2000）将渠道系统视为营销生态系统的一环④；鲁斯布尔特（Rusbult, 1982）认为渠道中存在某种和谐共处的生态关系⑤，应该合理分配各个成员的经济利益；托马斯等（Thomas, 2005）将"基因遗传"概念引入渠道系统管理中，认为"优秀基因"筛选能解决渠道冲突问题⑥。

国内研究成果分述如下：

邓德胜、尉明霞（2011）提出在生态文明建设与循环经济建设的大背景下，渠道生态化是实现企业可持续发展与生态文明建设的推进以及提升市场竞争力的必由之路，在文中对传统渠道的原理及局限性进行了分析，并从生态理念和生态价值、战略制定、生态信息系统构建以及成本管理等四个方面提出了渠道生态化管理对策，得出企业必须对渠道实施生态管理的基本结论⑦。

王涛（2009）从组织生态学角度研究渠道，他从渠道环境、渠道种

---

① 赵胜来，陈俊芳. 渠道冲突的理论阐释及协调对策［J］. 价格理论与实践，2005（2）：62 – 63.

② 张新华. 整合营销渠道的必然性及其方法研究［D］. 广州：暨南大学，2000（2）.

③ 杨政. 营销渠道成员行为的整合模型［J］. 南开管理评论，2000（4）.

④ Gerard Prendergast, Pierre Berthon. Insights from Ecology: an Ecotone Perspective of Marketing［J］. *European Management Journal*, 2000, 18（2）：223 – 232.

⑤ Rusbult D. Explaining Control Lessing Corporate Marketing Channels: A Organizational Analysis［J］. *Journal of Marketing Research*, 1982（11）.

⑥ Shery D. Brahnam, Thomas M. Margavio, Michael A. Hignite, Tonya B. Barrier and Jerry M. Chin. A Gender – based Categorization for ConflictResolution［J］. *Journal of Management Development*, 2005, 24（3）：197 – 208.

⑦ 邓德胜，尉明霞. 企业营销渠道生态管理研究［J］. 中国流通经济，2011（3）：74 – 78.

群、渠道资源、渠道系统运行机理四个方面解析了渠道系统，并在此基础上构建了企业渠道选择的生态模型①。

傅漩（2000）提出必须遵循生态演化规律促进渠道生态圈的新陈代谢②。

秦立公（2008）在全球化大背景下，分析我国物流服务企业销售渠道存在的普遍性问题及成因，在此基础上，从生态化视角研究了物流服务提供企业销售渠道的整合策略③。

何慕（2008）从利益相关者角度研究非技术密集型企业新市场生态下的渠道转型策略问题④。

1.2.5　综合评述

早期的研究认为渠道是产品从生产者流向使用者的通道⑤。随着研究的不断深入，从组织或主体角度来界定成为渠道研究的主流观点，研究者普遍认为，渠道是为顾客或用户提供产品或服务的一系列相互独立的组织或个人⑥。源于这种考量，那么对渠道结构的研究更多的是从组织机构视角来展开的。国内不少学者认为渠道结构就是渠道组织的集成，或者是指渠道成员的性质、地位及成员间的相互关系；主体数量及主体类型是渠道结构的两个测度维度；渠道长度、渠道宽度及中间商类型则是渠道结构三个衡量要素。随着研究的不断深入，生态观念将改变目前企业营销方式，尤其是对现有渠道结构产生革命性的颠覆，但相关的判断尚缺乏逻辑演绎和实证验证作为支撑，研究亟待进一步深入。

从现有发表的文献看，对渠道生态系统的研究尚未起步，少数学者有所涉足，但尚未严格区分"渠道网络"、"渠道系统"和"渠道生态系统"在理论和实践中的差异。仅仅停留在定性和感性分析的层面，这些定性分析得出的论点具有一定的现实意义和理论参考价值，但是它们都缺少定量研究支持和实践案例的佐证。从实践层面来看，构建渠道生态系统会有助

---

　　① 王涛. 基于组织生态理论的企业分销渠道模式选择研究 ［D］. 兰州大学硕士学位论文，2009（4）.

　　② 傅漩. 渠道生态圈中滞态成本的弹性运营 ［J］. 航天工业管理，2000（2）：28 – 30.

　　③ 秦立公. 物流服务销售渠道的生态化整合 ［J］. 现代商业，2008，26：18 – 19.

　　④ 何慕. 非技术密集型企业新市场生态下的渠道转型策略 ［J］. 现代营销（学苑版），2008（4）：91 – 93.

　　⑤ 夏春玉. 渠道建设理论的经典研究综述 ［J］. 经济学动态，2003（5）：63 – 67.

　　⑥ 张春法，张为付. 渠道结构变迁与网络背景下的营销渠道关系 ［J］. 财贸经济，2006（12）：91.

于企业实现可持续发展，获得更多的利润，然而很多时候构建渠道生态系统需要以牺牲短期经济收入为代价，此间的临界点和约束条件是什么，目前还需进一步研究。另外，真正将生态学运用于渠道系统开展交叉研究的并不多见，对于渠道生态系统理论完整框架、具体操作方法和实现路径仍然是空白。

1.3　研究思路与方法

1.3.1　基本思路

本书运用生态学的理论和方法研究渠道问题，将渠道系统比拟为生态系统，试图改变传统的渠道管理低效、重复和不可控等缺点，提高渠道绩效水平，为营销实践提供切实可行的参考。以此为出发点，本书的基本思路如下：

（1）在综合生态学、营销学、经济学、管理学和数学等基础学科理论和文献分析的基础上，归纳总结国内外研究成果，借鉴成果提供的启示，探寻渠道系统的发展趋势，找到本书的创新点和突破口，通过概念界定、确定研究方法以及研究假设的证明来构建渠道生态系统理论框架。

（2）选择 20～50 家企业进行实地调研，了解国内外渠道实践的现状、趋势和客观要求以及目前渠道暴露出来的问题，总结分析经验和数据，提炼理论范畴，明确课题研究的主攻方向。

（3）以上述理论、逻辑和营销实践为依据，结合渠道理论和生态系统理论，从渠道生态系统各个层次和子系统进行理论分析，提出必要的理论假设，找出课题研究的关键。

（4）采用生物隐喻的方法，对渠道生态系统的内涵与特征进行界定，剖析渠道生态系统的结构，在此基础上对于渠道生态系统的形成和演化以及运行机理进行研究。

（5）选择 2～5 家企业作为实证研究的对象，将健康性评估模型和实现路径运用于企业营销实践，对此进行跟踪和比较研究。随后做出的理论和实际操作的结论，在此基础上提出相应的对策和建议。

研究流程见图 1.2。

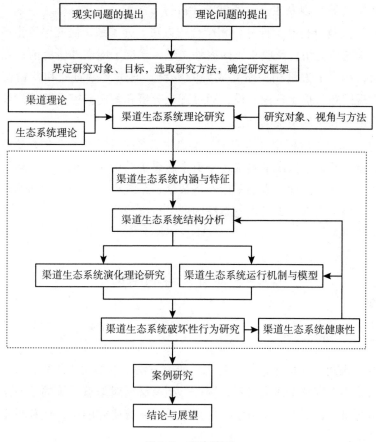

图 1.2　研究流程

1.3.2　研究方法

（1）生态学分析法。本书将运用生态学理论和方法，把渠道视为生命体，以生物隐喻（evolutionary metaphor）来构建新营销学分析范式——尝试着以企业、顾客、制度、文化、环境等构成的系统为研究本体，以竞争、遗传、创新、选择为渠道理论的研究方法，从而以一个新的理论视角来探讨渠道生态系统的特征、机理和演化规律。生态学研究方法是目前被国内外众多学者和专家广泛认同和采用的一门横断学科，具有广泛的方法论意义[①]。这也是本课题最具特色和最主要的研究方法，在研究中将广泛运用种群、群落分析、生态因子与生态位分析、生命表和生态模型分析、

---

①　王兴元．名牌生态系统分析理论及管理理论策略研究［M］．北京：经济科学出版社，2006（5）：26-36.

能量转换（熵）以及生态系统健康评价等方法。

（2）规范分析和实证分析相结合的方法。为了系统研究渠道生态系统理论，课题研究组广泛收集了国内外文献，掌握了国内外研究的最新成果和进展，积累了大量相关研究成果的资料。通过文献研究和营销实践考察，发现问题，提出理论假设，通过理论分析和案例研究来验证假设，得出合乎逻辑和实际情况的结论。

（3）综合集成模型分析方法。渠道生态系统涉及环节众多，要建立一个具有普适性，能清晰准确描述渠道生态系统结构、演化规律和运行机制模型非常困难。因此，本书采用经济数学、系统科学、动力学和物理学等方法结合渠道实践对渠道生态系统问题进行定量分析。

1.4 研究内容和结构

1.4.1 研究内容

（1）渠道系统的生态性。生态学研究方法是本书主要研究方法，生态学观点始终贯穿整个研究过程，因此，很有必要对渠道系统的生态学特性进行系统研究，对生态学方法论应用于渠道系统研究的可行性和科学性进行详细论证。

（2）渠道生态系统理论。渠道生态系统理论是本书的基础和前提，因此，全面阐述和掌握渠道生态系统理论尤为必要。本书将采取研究假设→问卷调查→数据收集→软件分析→实证研究，最终得出结论。

（3）渠道生态系统结构。研究渠道生态系统结构，包括对其内部结构和外部环境以及两者之间的信息流、能流、商流以及所有权流进行系统研究。

（4）渠道生态系统演化。综合分析目前自然生态系统的演化方法与模型，结合渠道系统的理论方法与路径，构建综合演化模型，得出渠道生态系统演化的路径、方法及模型。

（5）渠道生态系统运行机制。本书的研究是通过对渠道行为客观、准确的判断和渠道运行内在和外在机制，结合生态系统运行的基本规律和机制，以寻找到协调渠道个体、种群和群落各种关系和利益的科学方法，寻找到渠道生态系统运行机制。

1.4.2 论文结构

本书共分7章:

第1章,绪论。简要说明了选题背景,概括阐述了国内外研究现状,并说明了本书研究的理论和实践意义,最后对本书的研究思路、方法、技术路线以及研究内容进行简要说明。

第2章,对渠道生态系统理论进行综述。界定了本书研究的主要概念和内涵,并系统分析了渠道生态系统主要特征、基本边界与功能,对渠道生态系统的本质进行了探索。另外,对其形成规则和机理进行了较为全面的分析和研究。

第3章,渠道生态系统结构。首先在传统渠道结构的基础上,分析了其弊端和改革的方向,并对影响渠道生态系统的影响因素进行了分析,结合渠道生态系统理论模型提出了分析框架;其次对渠道生态系统结构从组分、形态及营养三个方面的结构及其功能进行了剖析。

第4章,渠道生态系统演化。针对渠道生态系统的特点,提出了四大演化原则,对渠道生态系统的演化阶段、过程与方式进行了研究和探索。提出渠道生态系统有自适应和他适应两种演化机制,并对 Logistic 和 L – V 模型以及仿真模型进行了详细描述。

第5章,渠道生态系统运行机制。首先对渠道生态系统运行的主动力因素进行了分析,探索渠道生态系统成长的基本原理,认为他动力和自动力两种机制是渠道运行的两种基本方式,并对运行机制的动力能量源进行了研究。对渠道生态系统运行模式、失稳状态下如何实现条款以及渠道生态系统运行核心问题——合作利益分配机制进行了全面系统的研究。

第6章,渠道生态系统破坏性行为的预警与补偿。渠道生态系统运行的健康性和成长性遭遇到破坏性行为的挑战。本章对渠道破坏性行为概念、特征及分类进行了探索,研究了渠道生态系统预警和补救的原理、机制和体系,并进行了实证研究。

第7章,结论与展望。对全书研究作了一个简单的总结,提出了6点结论,并进一步提出了以后需要深入研究的方向。

1.5 创 新 点

(1)论证了渠道生态系统理论假设并提出了渠道生态系统理论的基本

框架。运用生物演化隐喻的方法构建新的营销学分析范式，以仿生、遗传、选择为研究方法，从崭新的视角来剖析营销渠道实践，构建了营销渠道结构、演化和运行机制体系，为企业营销渠道构建与管理提供了支持工具。这方面目前并未见到公开发表的成果。

（2）本书系统研究渠道生态系统结构、演化及运行机制问题，提出渠道生态系统三种结构形式，认为渠道生态系统演化经历四个阶段以及具有运行的自适应和环境选择两种主导机制，阐释了渠道生态系统本身就是一种自我调节优良机制。本书立足于营销实践，以渠道系统为研究重点，在理论上突破现有的营销学框架，拓展营销学研究的领域。

（3）依据传统的渠道管理理论对分销渠道模式进行选择，使得企业的渠道模式选择缺乏系统性、动态性和前瞻性。本书探索了渠道生态系统结构形成的特点和规律，得出渠道生态系统有组分结构、形态结构和营养结构三种结构形式，由此提出了企业营销渠道构建的新思路和方法。

（4）本书提出渠道生态系统运行三大机制：资源汇聚与整合机制、价值交换与实现机制、稳定与调控机制，形成了相对完整的运行体系，也为绩效及其评价提供了操作工具。

第 2 章　渠道生态系统理论综述

2.1　核心概念与命题

2.1.1　核心概念

渠道（channel）。渠道原指"水渠、沟渠"，是"水流的通道"。被引入到商业领域，引申为商品销售路线，是商品的流通路线。为营销 4P 策略组合中非常重要的一环。按照科兰和安德森的观点，"渠道是由组织和个人构成，彼此相互依赖，并共同致力于使某种产品或服务被使用或消费"①。渠道显然是通过一定的社会网络或代理商才能实现的，其目的是将产品传递到顾客或用户手中并被"消费或使用"，中间经历了诸如批发、零售、代理等诸多环节，故而渠道又称网络。渠道按长度划分为长渠道与短渠道，按宽度划分为宽渠道与窄渠道。

个体（individuals）与物种（species）。个体通常是数字的名称，或者是某个生物的计量单位，是相对种群的概念，也是构成种群的基本计数单位。个体的生物意义：个体指处在一定种群或群落中，在生命特征、作用上有区别的有生命的个体。物种是生物分类的基本单位，是具有共同特征的个体（Rice，1952）②。其中，优势物种（dominants species）和关键物种（key species）是两个重要类别。优势物种指的是在特定群落中数量占优势、常见的物种。例如，某草地生态系统中 2 个物种占了全部植生群丛的 30% 以上，9 个物种占了 84%，其余的物种仅占了 16%。关键物种则

---

① Anne T. Coughlan and Erin Anderson etc. 营销渠道（第 7 版）［M］. 蒋青云，等译. 北京：中国人民大学出版社，2008：4.

② Rice，E. L. . Phytosociological Analysis of a Tall – grass Prairie in Marshall Country［M］. *Oklahoma. Cology* Vol. 33，1952：112 – 116.

是指能对群落多样性起决定作用并产生某种控制性影响作用的物种。比如20 世纪 40 年代当一种枯萎病（真菌引起的疾病）扼杀了阿帕拉契山脉地区南部的优势种栗树时，栋属的几个树种逐渐取代了栗树，而在约 50 年内林木的密度，便回复到枯萎病之前的程度了（冯莉、王永胜，2004）①。

种群（population）与群落（communities）。根据"生物多样性之父"Wilson（1992）的定义"种群是由占有一定活动领域的某物种所组成的集合"。种群的界限有时清晰，有时模糊，比如一个池塘中的鲶鱼其界限就非常清楚，再比如老鼠就比较模糊。划分种群通常是以物种栖地范围为标准的。一般而言，受许多因素的影响，种群的大小或密度不一。种群包括密度（density）；出生率（natality or birth rate）；死亡率（mortality or death rate）；分散（dispersal）；扩散（dispersion）；年龄分布（age distribution）；基因适合度（genetic fifiess）或基因持续性（genetic persistence）；种群成长率（population growth Rate）等 8 种属性（Odum，1997）②。群落，又被称为群聚，是指在相同时间在一个特定栖地中，共同生活的物种、种群的集合（A. 麦肯齐等，2004）③。生活在同一空间的所有生物种群，小至一个鱼缸的水族，大至海洋生态系统，都彼此依赖，构成群落现象（徐晋铭等，1981）④。群落中的个体、种群发生相互作用既有显性特征（比如生物多样性），也有隐性格局（比如食物网、能量流）的特性。

生态系统（ecosystem）。受丹麦植物学家尤金纽斯·瓦尔明的影响，英国生态学家亚瑟·乔治·坦斯利对生态系统的组成进行了深入的考察，在 1935 年明确提出生态系统的概念，认为"生态系统是一个系统，不仅包括有机复合体，还包括构成环境的整个物质复合体……生态系统是自然界基本单位，存在种类、大小差异。"⑤ 生态系统是指在自然界的一定空间内，生物与环境之间相互影响、相互制约，并在一定时期内保持相对稳定的动态平衡体⑥。生态系统是生态学领域的一个主要结构和功能单位，属于生态学研究的最高层次。生态系统的组成成分主要有：非生物的物质和能量（无机环境）、生产者、消费者、分解者。其中，生产者为生态系

① 冯莉，王永胜. 初中生物 [M]. 长春：东北师范大学出版社，2004，6.
② 申恩平. 企业——厂商行为分析 [D]. 杭州：浙江大学学位论文，2006：8.
③ A. 麦肯齐等. 生态学 [M]. 孙儒泳，译. 北京：科学出版社，2004：208.
④ 徐晋铭等. 生物学 [M]. 北京：人民教育出版社，1981.
⑤ Bellows Jr., T. S. The Descriptive Properties of Some Model for Density Dependence [J]. *J. Anim Ecology*，1981（50）：139 - 156.
⑥ Art Kleiner. What Does it Mean to Be Green? [J]. *Harvard Business Review*，1991（7 - 8）：38 - 47.

统的主要成分,无机环境是一个生态系统的基础。生物群落对无机环境具有反作用力,生物群落在生态系统中既需要适应环境,也不断改变着环境①。生态系统的结构(ecological system structure)主要指构成生态系统的所有要素及其量比关系,各组分在时间、空间上的分布,以及各组分间能量、物质、信息流的途径与传递关系。生态系统结构主要体现在组分结构、时空结构和营养结构等三个方面②。

生态演化(ecological evolution)。生态演化主要是指生态系统演化,主要包含生态演替(ecological succession)和生态系统进化(ecosystem evolution)两个过程。生态系统演替是指随着时间的推移,一种生态系统类型(或阶段)被另一种生态系统类型(或阶段)替代的顺序过程。生态系统的进化则是指生态系统在生物与环境的相互作用下产生能流和信息流,并促成物种的分化和生物与环境的协调,其在时间向度上的复杂性和有序性的增长过程。而生态系统进化是生态演替的基础,当生态系统进化到一定程度的时候就会发生生态演替。生态演替有自发演替(autotrophic succession)、退行性演替(regressive succession)和异发演替(heterotrophic succession)三种主要形式。自发演替的动力主要来源于生物与环境之间的相互作用,又分为原生演替和次生演替两种形式,原生演替是指发生在新形成的基质上先锋物种营养物增减和腐殖质的积累为新物种移植做好了准备,次生演替是指因干扰(比如洪水、火灾)引起的物种变化现象。退行性演替实际上是自发演替的一种特殊形式,是指生物消耗了一些资源和制造了其他可供利用的资源时,物种交替出现或消失;异发演替是由外界因素引起的,像长期的气候变化,演替依赖于物种对外界环境的忍耐性。③ 严格地说,生态系统本身并不会发生达尔文式的进化——自然选择造成的遗传导致的改变(也叫生物进化),但由于生态系统会发生物质、能量的交换和内部的自组织从而使得生态系统从不稳定、紊乱逐步达到相对稳定的、有序的状态。

渠道生态系统(channel ecosystem,CE)。它是指在特定的时间和空间内,生产制造商、批发商、零售商、消费者等构成的渠道系统及其相关环境复合而成的商业生态系统。它是由渠道种群在特定的资源配置下存在于特定环境中的一个可持续发展的系统。渠道具有生态系统生命特征,存在

① Cockburn, A. An Introduction to Evolutionary Ecology [M]. *Black Science*, *Oxford*, 1991.
② Margalef, R. On Certain unfying principles in ecology [J]. *Am. Nat.* 1963 (47): 357 – 374.
③ A. 麦肯齐,安德森等. 生态学 [M]. 孙儒泳,译. 北京:科学出版社,2004.

着内部运作与支撑系统以及外部影响系统，其寿命及活力取决于渠道对环境的适应性以及内部的创造力。在渠道生态系统中，各组成要素借助环境变化、资源配置、信息传递以及价值流动等相互联系、相互制约，并形成具有自适应、自组织和自调节的复合体①。

一个完整渠道生态系统是由渠道个体、渠道种群和渠道群落构成的（如图2.1所示）②。渠道个体指的就是渠道成员，渠道种群的主要构成就是中间商种群（见后文），而渠道种群构成渠道群落。个体、种群、群落均存在时空结构问题，即在不同的时间和地理范围内其结构和功能不同。

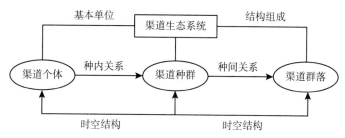

图2.1 渠道生态系统的主要构成

2.1.2 有关命题

命题1：渠道生态系统中各物种之间是相互依赖的。渠道生态系统中不仅渠道系统内成员间（同物种）相互依赖、相互制约，而且异物种间（不同渠道系统成员，比如竞争者的渠道同行是最有业务和商品共享资源的）也普遍存在着依赖与制约关系。在渠道生态系统内，各渠道个体、种群和群落之间存在着双向互动、互联以及重叠交叉现象，这使得渠道生态系统构成极为复杂③。此外，渠道生态系统各群落在系统中占据一定的生态位，并发挥着特定的作用，使得各群落之间相互依赖、彼此制约。

命题2：渠道生态系统内是协同进化的系统。协同进化是现代商业中非常重要的一个概念。在生态系统中存在着广泛的协同进化的规律，渠道生态系统亦如此，世界上诸如英特尔、惠普、壳牌、沃尔玛等公司被认为管理绩效最好的公司，它们在渠道绩效方面也是引领世界的，这些公司通

<hr />

① 胡斌. 企业生态系统的动态演化及运作研究［D］. 南京：河海大学学位论文，2006（12）.

② 孙振钧，周东兴：《生态学研究方法》中提到"个体、种群、群落和生态系统是生态学研究从低到高的四个层次"。

③ 张淼，聂锐. 企业战略的生态透视［M］. 科学学和科学技术管理，2003（5）.

过长期"学习"积累,"自然选择"地成为渠道生态系统的领导物种,在渠道共同体进化中逐步成为引导者,拥有渠道的控制权和渠道资源的分配权。比如,集团相关产品渠道种群之间的协作与发展,渠道与环境的协同进化等。

命题3:渠道生态系统内外物质是动态平衡的。一个相对成熟的生态系统本身就是一个能自我调节的系统,其组分、形态和营养结构都相对稳定,能量、物质的输入和输出也相对平衡,具有抵抗胁迫、干扰、保持平衡状态的能力或倾向,被称为稳态机制①。当渠道生态系统受外部干扰力增强时,渠道生态系统可能暂时失去平衡,但它具有的自动调节功能,使得渠道生态系统经过一段时间的振荡后能在新的水平上达到平衡。也就是说,渠道生态系统稳态机制是有一定限度的,若超越了这个上限,渠道生态系统也将失去自我调节的功能,无法实现正反馈控制,其结果是整个渠道生态系统的毁灭。

命题4:渠道生态系统受到生态因子的限制。生物的生存和繁殖取决于环境状况,任何接近或者超过一定耐性范围的因素或状况都有可能是限制因子(limiting factor)②,这是生态学中一条重要的原理。具体来说体现在两条定律中:一是由 J. Liebig 发现的最小因子定律——生物的生长发育受其综合环境因子中数量最小的因子所控制;二是谢尔福德发现的耐性定律——生物的生长发育同时受其对环境因子的耐性限度(不足或过多)所控制。同理,渠道生态系统在形成及运行过程中也会受到某些因子的限制,比如供应链技术。按照上述两条规律,我们可以知道,因子的相互作用可以改变因子的利用率,并可以在一定范围内做到补偿。对渠道生态系统而言,因子的限制规律有助于帮助渠道成员(本书中的渠道成员通常是指渠道个体,组成渠道种群和渠道群落,为了研究方便,在渠道生态系统研究中统一用渠道物种来代替)。识别影响渠道生态系统形成与发展的众多因素,掌握其因子的影响机理,帮助改善渠道生态系统生长的环境,从而培育出强势渠道来。渠道生态系统的形成、成长及健康运行必须依赖各种资源,而资源在质量、数量、空间和时间等方面都有一定的限度,不能无限制地供给。因此,在渠道生态系统的培育过程中,应关注渠道资源的效率和效果,做到最大化利用资源,以维持渠道生态系统的平衡。

---

① Ron N. Ashkenas, D. Ulrich, T. Jick, and S. Kerr. The boundaryless organization [M]. *San Francisco*, California: Jossey – Bass, 1995.

② 殷红春. 品牌生态系统复杂适应性及协同进化研究 [D]. 天津:天津大学,2005:36 – 56.

命题 5：渠道生态系统占据一定的生态位（niche）。生态位是生态学中一个重要的概念，指在自然生态系统中的某种群在时间、空间中的位置及其与相关种群之间的功能关系。生态位理论阐明了物种在长期的生存竞争中所拥有的最适合自身生存的时空位置以及该物种与他物种之间的功能关系[①]。与自然生态系统相似，渠道生态系统中也存在生态位。渠道生态系统中的个体、种群和群落的生存和发展都需要一定的空间和资源，为了达到这个目的，它们的努力意愿更为强烈。但资源和空间都是有限的，因此，渠道生态系统中竞争是必然的。由于竞争的存在，渠道实际生态位（realized niche）总是小于基础生态位（fundamental niche）（无竞争可能达到的生态位)[②]。而多种多样且不断变化的顾客和用户需求却极大地拓宽了渠道成员的生存空间，同时也加剧了竞争，导致渠道生态系统生态位隔离。因此，应尽量减少渠道生态位重叠现象，从而达到一定空间中多渠道共存的状况。生态位现象也迫使渠道去适应环境变化，从而形成渠道多样性。

2.2　渠道生态系统的特征

2.2.1　渠道生态系统成员特征

渠道生态系统中的个体（成员）与传统营销渠道成员有着较为明显的区别，有如下主要特征：

（1）生态性。在渠道生态系统中，渠道物种与其他生物一样，具有成长性、环境适应性、生命周期等生命体特征，没有一个渠道物种能够长期存在于渠道生态系统中，它可能会因为产品分销而存在，也可能因为产品被市场淘汰而消失。比如宝洁公司日化产品渠道物种会定期淘汰，有新渠道物种进入。因此，渠道生态系统与其他生物一样有其生态现象和生态规律。

（2）独立性（决策活性）。渠道物种是渠道生态系统的构成要素，具有生命体特征。渠道物种虽然是渠道生态系统中的一员，但各自有其独立

①　丁浩，张朋程等. 战略联盟的生态位协同演化及状态变化［J］. 山东工商学院学报，2012，26（1）：59 – 64.

②　Dodson，S. I. Complementary Feeding Niches Sustained by Size-selective Predation［J］. *Limmol and Oceanog*，1970（15）：131 – 145.

的利益诉求。因此，渠道物种不只是被动跟随，而是具有决策和信息处理的能动性和积极性，尤其是渠道成员并非独家代理的情况下，渠道成员表现出更大的变化性，也就是说渠道成员能根据渠道情况的变化采取其认为"合理"的决策，因而表现出决策灵活性。

（3）依赖性。渠道生态系统的培育和发展，需要依赖渠道物种共同努力，首先，是根据渠道目标选择或吸引合适的伙伴共同组建渠道，一旦绝大多数成员形成共识，就会为共同的目标而努力，渠道生态系统就会实现共同进化；其次，渠道的整体绩效必须依靠渠道物种的共同努力才能实现，如果出现渠道物种的破坏性行为，则会阻碍渠道目标的实现，也会降低渠道的整体绩效。因此，渠道物种之间存在很强的相互依赖性。

（4）智能性。与生物生态系统不同，渠道生态系统成员都是有自我意识和创造力的人或组织，因而具有智能性，简单而言，就是渠道物种能够根据环境的变化做出相应的决策。渠道生态系统的形成很大程度上取决于渠道物种的意愿，渠道物种对渠道目标的认同感以及对渠道的忠诚度是判断其意愿强烈的重要标志。渠道物种的环境选择和环境适应行为是渠道智能性的重要表现，因为它们不仅是适应环境，而且试图改造环境，使之向有利于自身的方向转变。按照达尔文的观点就是"随机变异、自然选择、适者生存"。

2.2.2 渠道生态系统基本特征

渠道生态系统的基本特征主要体现在以下几方面：

（1）复杂适应（complex adaptive）性。渠道生态系统是包含了产品或服务供应商、分销商、零售商、代理商、竞争企业以及外部环境在内的复杂适应系统（complex adaptive system，CAS）。渠道物种构成系统主体，它们能彼此观察对方的行为，并根据对方行为调整自己的行为（见第6章）。在CAS中，渠道生态系统中所有主体所处的环境都是由其他主体构成的，因而任何一个主体需要努力适应环境，而这种适应其实质就是去适应其他主体的变化。因此，适应性是CAS的主要特征。

（2）共同进化（co-evolution）。渠道物种组成的种群遵循"共同进化"的规律，即渠道物种有意识地采取协同行为以促进共同进化。任何渠道物种能力的下降都有可能削弱或弱化系统整体竞争力。因此，共同进化的最终目标就是实现渠道种群间能力与水平的综合平衡。渠道个体（成员）在自我完善的同时，也会密切关注渠道其他成员是否同步，以期共同进化。比较常见方式有通过投资、赞助和建立一体化联盟关系来促进渠道的共同进化①。例如，娃哈哈公司将渠道二批商环节砍掉，迫使渠道进一步下沉，重点培育零售商的分销技能，使尚未覆盖的城郊及城乡结合地带的网络更为密集。

（3）成员间共享命运（shared destiny）。如2.2.1所叙，渠道物种具有独立性，也有依赖性，它们是竞争与合作关系的混合体。在渠道生态系统中，渠道物种存在着资源和利益分配方面的竞争，但又必须在这种竞争排斥力下实现共处，这就是互利共生的理念。这源于渠道生态系统内有一股非常强大的合作驱动力——实现渠道整体绩效。这种驱动力迫使渠道物种相互适应且适应环境，跳出"零和博弈"的案臼结成整合型系统价值链的战略伙伴②。如广西桂林酒店与景区、出租车公司和加油站以及其他一些利益相关组织联合推出新型服务，酒店客人免费乘坐出租车，出租车司机到景区凭乘客购买门票得到油票，凭油票可到加油站加到与票面等额的汽油。

（4）分销生态（ecological distribution）性。在营销实践中，科学合理的分销渠道是企业营销能否成功的关键，它主要体现在两个环节中，即渠道产品配送和渠道物种的选择。所谓分销生态性，是指分销既是普通分销，又有别于普通分销。分销生态性需要具备两个基本条件：一是能将产品按时按量按质配送到最终用户或顾客手中，这和一般意义上的分销含义是一致的；二是在分销过程中具备生态性，这里所谓的生态性既指产品运输、储存过程中能节约能源、减少消耗，无污染、无公害，也指分销过程中是否能降低成本、减少浪费以及能否简化分销环节③。

（5）系统存在"关键种"（key species）。在自然生态系统中，物种之间相互作用的强度是不同的，对生态系统的结构、功能及动态起到决定性作用的只有少数几个物种，这样的物种被称之为"关键种"④。在渠道生态系统中，也存在类似的"关键种"，系统中的某些成员拥有强大的资源整合能力，在于其他系统的竞争中表现强大的竞争能力，不但能左右渠道的整体利润，也对其他成员提供利润分配产生决定性的影响，在系统中占

① Dwyer, Robert F.. Are two better than one? Bargaining behavior and outcomes in an asymmetrical power relationship [J]. *Journal of Consumer Research*, 1987, 11 (9)：680 – 93.

② 胡斌. 企业生态系统的动态演化及运作研究 [D]. 南京：河海大学学位论文, 2006 (12).

③ 钟伟. 绿色营销与企业面临的挑战和商机 [J]. 重庆邮电学院学报（社会科学版），2004 (4)：27 – 29.

④ Coffin D. P, Lauenroth W. K. A gap dynamics simulation mode of succession in semiarid grassland [J]. *Ecol model*, 1990, 49：220 – 250.

据主导权发挥领导作用，这样的渠道物种就是渠道生态系统的"关键种"——领导物种（或种群）。"关键种"往往决定着整个渠道生态系统的形成和发展，影响生态系统功能的发挥，它往往是渠道生态系统中运行规则的制定者，是整个系统的控制者。

2.3 渠道生态系统基本关系边界与功能

在生态学上，生态系统只是一种概念性的表达，任何一个生态系统的建立，完全取决于人们所研究的对象、内容以及目标①。因此，渠道生态系统边界取决于研究目标、对象和内容。

2.3.1 渠道生态系统边界

按照美国管理学家阿什克纳斯（Ashkenas，1995）等人的观点，组织边界有垂直边界、水平边界、外部边界和地理边界四种②。其中，垂直边界指的是不同层次成员间的界限；水平边界指各职能与规章制度间的界线；地理边界指不同地点、文化与市场间的边界；外部边界指公司与其供应商、顾客及监控者之间的界限。按照阿什克纳斯等人的观点，组织边界是不固定的，随着时间的推移，组织垂直边界与水平边界都有可能发生变化，而且商业生态系统的构建可能会导致组织的外部边界与地理边界改变③。

根据生态学原理，生态系统是有边界、有范围、有层次的，然而在实际研究中，通常很难对生态系统的边界进行清晰地划分。渠道生态系统的边界划分也一样，正如 2.4.2 所述，渠道物种不仅存在于渠道系统内部，而且由于渠道物种间会相互影响、相互作用，导致渠道生态系统不会在某个边界突然停止，而是不断发展变化。因此，要界定渠道生态系统的边界和范围唯一的解决办法就是明确三个方面的内容：①渠道生态系统的目标是什么？②渠道生态系统的功能和作用是什么？③渠道中哪些是重要成员，不可或缺的且他们之间或与渠道系统是明显相互关联的。

---

① 劳伦斯·G. 弗里德曼、蒂莫西·R. 弗瑞. 创建销伟渠道优势 [M]. 北京：中国标准出版社，2003：40 – 81.

② 罗珉. 论后现代组织的概念和边界 [J]. 外国经济与管理，2004 (6)：10 – 13.

③ 屠兴勇. 知识视角的组织：概念、边界及研究主题 [J]. 科学学研究，2012，30 (9)：1378 – 1387.

渠道生态系统各成员是因客户提供价值或利益而聚集在一起的。渠道分销的产品或服务能够给客户带来价值和利益，而这种价值和利益的实现是建立在渠道满足了客户需求的基础上的。因此，客户需求是把渠道生态系统各成员、渠道系统以及内外环境连接起来的纽带。如果仅是为了满足顾客需求，渠道物种就不会聚集在一起共同为顾客创造价值，所以，真正促使渠道物种在一起的是该渠道生态系统能补偿其所耗费的成本并得到合理的利润①，这些利润能够维持其生存或发展。显然，这些参与者不仅仅局限于行业划分，还可以是来自不同行业，关键是能找到系统整合或协调机制，通过这种机制将各渠道物种的资源和能力结合起来，从而给客户和其他参与者带来利益②。因此，渠道生态系统边界是由产品或服务传递的价值体系来确定的，凡是与价值传递过程有着直接关系的组织和个人都是渠道生态系统的成员。

在渠道生态系统中，渠道子系统与其余子系统（诸如营销系统、企业系统、行业系统及宏观环境）相互作用，在这过程中始终伴随着资源、能量和信息的流动与转化。相对于自然生态系统，渠道生态系统是拥有渠道个体、种群和群落的生态系统，由渠道系统（生产制造、批发商、零售商与顾客等为典型渠道模式）以及企业营销系统（包括营销4P策略、营销管理、营销战略等）、企业运营系统、产业环境系统（包括供应商、顾客、同行、潜在竞争者）以及宏观环境系统（包括政治、自然、法律、经济、社会、技术及其他环境）等组成的生态系统（如图2.2所示）。其中渠道系统本身就是一个生态系统。

2.3.2 渠道生态系统功能

渠道在企业营销活动中，使商品能顺利地被顾客使用或享用，其功能可细分为以下几个方面（如图2.3所示）：

（1）销售功能：产品通过渠道分销实现了销售，达到了渠道目标，渠道成员因此获得利润，这是渠道最直接、最基本的功能。

（2）物流功能：指的是货物（品）在流通环节的流动过程，主要包括运输、装卸及储存等环节。

---

① Verette, Julie, Caryl E. Rusbultd, and Gregory W Schmidt. The structure of marketing channel relationships [J]. *Journal of the Academy of Marketing Science*, 1988, 22（1）.

② 黄昕，潘军. 论集成化在商业生态系统和供应链中的耦合性 [J]. 经济与管理，2004（2）：40 – 55.

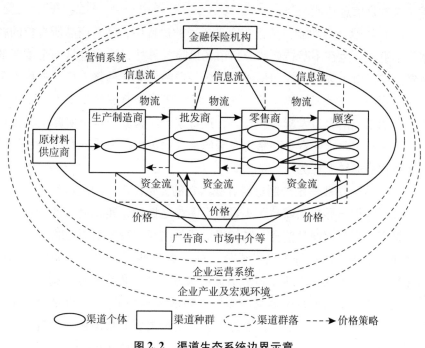

图 2.2　渠道生态系统边界示意

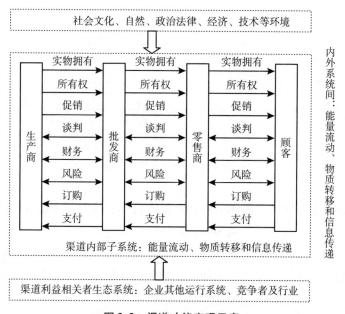

图 2.3　渠道功能实现示意

（3）信息功能：通过收集和整理有关消费者、竞争者以及环境等各种信息，并将这些信息传递给渠道成员，这些信息为渠道成员决策提供参考，这就是信息功能。

（4）风险分担功能：是指在商品流通的过程中，随着商品所有权的转移，渠道成员也在不断转换和分担市场风险。另外，渠道也是一个重要的融资途径，由于渠道构建和形成都需要一定的人员（网络人员、管理人员等）和设备（如运输车辆、仓库等），也意味着渠道成员需要投入不少的资金，如果纯由渠道发起者来投入，风险很大。因此，渠道实际上是渠道成员一起拿出一定的资金和精力及资源来共同承担、完成商品所有权转移和实体物品流转的任务。

（5）沟通功能：生产制造商寻找潜在的分销商需要通过洽谈与协商才能实现，零售商寻找到商品购买者，也需与之接触，实现交易的活动。因此，渠道具有沟通商品信息、维护渠道成员之间客情关系的功能。

（6）服务功能：每个渠道成员（除了渠道两端的消费者和生产制造商外）还承担着为上下级渠道成员提供服务（比如售后服务）的功能。

上述功能是渠道系统本身所需要承担的基本功能①②，也是渠道生态系统的基本功能。除此之外，渠道生态系统最主要的功能还包含自我调节（self regulation）和能量转换（energy conversion）两种基本功能，见图2.4。

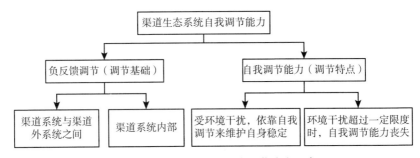

图2.4　渠道生态系统自我调节能力示意

渠道生态系统的自我调节功能是渠道目标实现的根本保证。按照生态学观点，生态系统负反馈调节是其能自我调节的基础，比如一个羊、草和狼共存的生态系统，如果羊增多，狼也就会增多。但狼多到一定数量，羊就会下降。这就是负反馈。它使一个物种的数量不至于多到一定程度，即

　　①　庄贵军，周筱莲，王桂林．营销渠道管理［M］．北京：北京大学出版社，2004：55－90.

　　②　［美］伯特·罗森布罗姆．营销渠道管理（第六版）［M］．李乃和，晏俊芳，译．北京：机械工业出版社，2002：158－185.

为自我调节。渠道生态系统同样如此，如图 2.4 所示，渠道不断与外界环境进行交流与反馈，渠道系统内部也存在交流与反馈，而反馈分为正反馈与负反馈，只有负反馈才能使渠道生态系统进行自我调节，比如顾客购买量（需求）增加了，那么渠道供应商的数量（如图 2.5 所示）或者渠道供应商的供货能力必须提升才能满足顾客需求。因此，负反馈是渠道生态系统能实现自我调节的基础。渠道生态系统正式通过自我调节能力来实现内外部交流与互动，以维持着渠道生态系统的稳定。

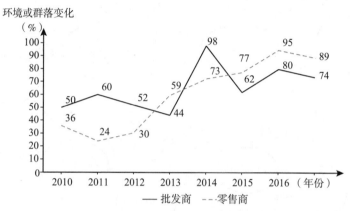

图 2-5　某商品在不同时间渠道物种调整变化示意

渠道生态系统的第二个主要功能就是渠道生态系统实现能量转化（energy conversion）。能量流动是渠道生态系统的基本特征，能量流动是生态系统能量输入、传递、转化和散失的全过程，除各渠道层级的能量散失外（如图 2.6 所示），还包括渠道个体（成员）对能量的固定、中间商（分解者）对能量的转化等。能量流动既有单向，也有双向，还有多向（如图 2.7 所示）。每个渠道生态系统中，积累和吸收初始能量的大小，对渠道领导物种（种群）起到决定性的作用，而不同的产品其领导物种是不同的，有时候是生产商（如图 2.6 所示），有时候是零售商，如家电大鳄国美、苏宁在家电渠道中成为主导者——领导物种。

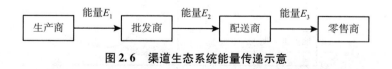

图 2.6　渠道生态系统能量传递示意

根据热力学第二定律（second law of thermodynamics），能量的消耗是

递降的，是不可逆的。图2.6是一种典型渠道能量传递模式（由生产商主导型，生产商属于渠道生态系统的种群），该模式中，每个渠道层次对应着一定的能量 E_1、E_2、E_3（$E_1 > E_2 > E_3 > 0$）。具体变化见本书第5章5.2.1能量流分析。

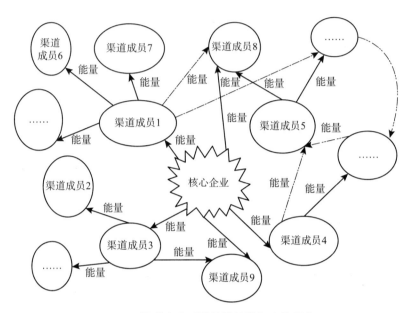

图2.7 渠道生态系统能量扩散与交换示意

从渠道生态系统培育与运行的角度看，能量转换可分为三个阶段（如图2.8所示）：①渠道能量汇集期（t_1 期）；②渠道能量扩散期（t_2 期）；③渠道能量衰减期（t_3 期）。

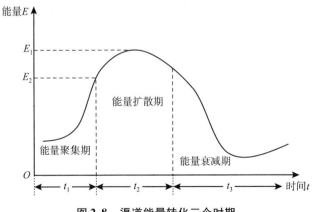

图2.8 渠道能量转化三个时期

第一阶段为渠道能量聚集期。是指渠道生态系统培育期（渠道开发与构建初期），渠道成员分析了产品与市场情况（消费、竞争状况及环境）之后，结合自身资源与能力情况，开始投入人力、财力、物力进行渠道开发，当期并没有明显或与投入相匹配的渠道产出，甚至在很多情况下渠道只有投入没有任何产出（比如很多企业初期采取免费铺货的方式），另外，还表现在渠道个体、种群和群落能量并不集中在渠道中，比如渠道个体（成员）除了本渠道业务外，还有其他业务，其资源是全部投入，还是部分投入，还是处于观望状态，因此，这时的渠道投入实际上就是在汇集渠道能量。

第二阶段为渠道能量扩散期。渠道生态系统经过不断完善和发展，渠道物种、顾客对渠道提供的产品或服务都有所认知并逐步认可，此时渠道能量基本实现了转化——形成重复性购买；另外，前期投入的渠道资源经过转化，能量得到有效聚集，产品配送、信息交流以及财务等渠道功能得以实现。在渠道生态系统中，渠道物种在进行决策时既要考虑自身的利益，又要考虑其他成员的选择，特别是核心成员的行为选择。核心成员在渠道系统中的地位较为稳定，能够为渠道系统提供或创造更多的价值。由于渠道生态系统中渠道个体、种群和群落之间存在着能量差异，因此，必然在它们当中会因为能量转移而产生扩散效应。渠道能量转化与扩散期也是前期渠道投入资源得以转化和被利用的过程。在这个阶段渠道能量达到最高点，如图 2.8 E_1 点。

第三阶段为能量衰减期。渠道能量在得到极大发挥后，随着渠道生态系统组织惰性、密度依赖以及生态位的变化程度增强（具体影响见第 5 章），渠道能量逐渐衰减，甚至最后衰竭。

对渠道生态系统而言，能量转化中最为关键和重要的是能量扩散期。能量扩散对渠道生态系统构建和健康运行具有很大的作用。首先，能量扩散活动能有效提高渠道个体（成员）的竞争力，减少交易成本、提高渠道的运行效率、逃避或尽可能降低不确定性。其次，通过能量扩散效应，能充分挖掘和发挥渠道生态系统的能量潜力，吸收更多优秀的渠道个体（成员）加入到渠道生态系统中［渠道个体（成员）对进行能量扩散后带来的预期收益是其参与能量扩散活动的主要动力］。

2.4　渠道生态系统物种关系及其取向

渠道生态系统的构建与运行是系统整合渠道内外资源，通过协同进化以适应环境复杂性，来提高渠道整体绩效，达到企业营销目标的过程。

2.4.1 渠道物种间基本关系

生态系统中生物间的关系主要有竞争、捕食、寄生和互利共生四种基本状态①。渠道生态系统中的竞争既可以表现在（物）种间竞争，如批发商与零售商之间的关系，也可以表现为（物）种内竞争，如同级批发商之间存在竞争关系。而生态位（由所处环境、可利用资源及其发生的时间决定的）是决定个体或物种与其他个体或物种竞争程度的关键。渠道个体资源越相似，那么它们之间的竞争越激烈。而竞争结果对渠道个体的影响是不均等的，竞争淘汰渠道个体（成员）是渠道生态系统的普遍现象（如图2.9所示）。

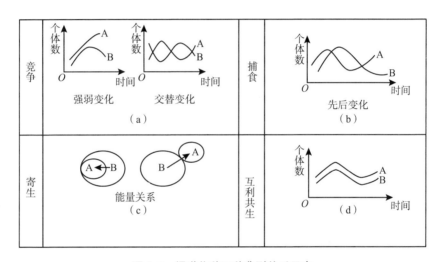

图2.9　渠道物种四种典型关系示意

在生物演化过程中不同物种、种群和群落为了生存下去重复博弈，体现了复制者动态（replicate dynamic）的特点，"选择策略—演化—选择新策略—再演化"，高适应度的能生存下来，低适应度的则被淘汰②。渠道生态系统竞争不同于传统渠道系统，它会产生合作经济效应（effect of cooperative economy）——降低交易费用以及渠道物种获得更多取得有形和无形利

---

①　A. 麦肯其，A. S. 鲍尔，S. R. 弗迪. 生态学（中译本）[M]. 孙儒泳，等译. 北京：科学出版社，2004. 9：102－159.

②　丁晓杉. 基于演化博弈论的营销渠道合作竞争关系分析 [J]. 商业时代，2010（2）：40－44.

益的潜在机会。渠道生态系统的构建使得渠道物种摆脱恶性竞争的"漩涡",取而代之的是信任、合作、协同,最终实现多赢共生①(见2.4.2)。

渠道生态系统中的捕食关系,渠道捕食者(渠道物种)并没有消灭"猎物"(渠道其他成员),而是从中获取信息、技术、产品和服务,体现为渠道物种并购与重组现象。并购内涵非常广泛,一般是指兼并(merger)和收购(acquisition)。渠道系统的兼并是指某渠道物种获得另外成员的控制权,从而使若干个成员结合成一个整体来经营;收购是指某渠道物种取得另一个渠道物种的所有权和管理控制权。重组则是指将原渠道的资产和负债进行合理划分和结构调整,经过合并、分立等方式,进行资产、组织重新组合和设置。重组既有渠道个体(成员)自身重组,也有渠道物种间的重组,也有渠道物种和渠道系统外机构的重组。按照生态学观点,捕食现象与猎物收益率有关,因此,渠道捕食现象则是与渠道资源和盈利程度相关。在渠道环境中,捕食对渠道物种选择具有很强的驱动力,渠道物种的细微变化都可能会作为一种选择压力并促进其余成员发生变化,这种变化是基于共同渠道目标而实现的,这就是渠道捕食型协同进化。如武汉丹水池物流园区中,中储汉口公司为武钢提供钢材的仓储服务,武钢和中储公司之间就是一种捕食型进化关系②。

渠道寄生指的是寄生渠道物种利用宿主(原渠道物种)现存的销售渠道来分销自己的产品③。寄生渠道物种可以把宿主的销售渠道变成自己可以利用的渠道,渠道寄生成员借助宿主的渠道把产品及时、高效、安全地转移到渠道各个环节手中,提高了分销效率,降低了经济成本④。渠道宿主是能量的生产者,渠道成员参与型渠道群落中的物种和种群(见第3章渠道生态系统结构)是主要宿主,而广告商、渠道中介是典型寄生物种或种群。一般情况下,寄生关系只有物质流动,不会产生新能量。当寄生者的能量消耗速度大于寄主的能量产生速度时,寄主则会自行解体,寄生关系也将自动消亡。相反,则寄生关系可以维持下去。由于寄生渠道物种是依赖于宿主的资源与能量才得以成长的,因此,其分销产品或服务也必须根据宿主的变化而相应调整其产品和项目,当然,寄生渠道物种还受渠道整体目标的约束。

---

① 肖衡. 基于组织生态理论的供应链演化研究 [D]. 长沙:中南林业科技大学, 2010 (5).

② 梁世翔, 付军. 物流园区企业捕食型协同模型研究 [J]. 物流技术, 2007, 26 (6):11 - 13.

③ 毛俊程. 寄生营销 [M]. 广州:广东经济出版社, 2013.

④ 颜帮全. 营销中的寄生现象 [J]. 企业管理, 2007 (10):72 - 73.

渠道管理实质上是立足于渠道成员关系，将他们联结成一个利益共同体，为顾客或用户提供有效的产出，最终达到提升渠道整体竞争力的目的[①]。为了达成这一目标，相互依存、相互促进的"共生"关系成为不二选择。当然，"共生"并不排除竞争，但竞争形式和内容已然发生改变，通过构建渠道生态系统来实现结构和功能的创新和优化，提高了渠道竞争能力，或是通过为渠道成员和客户提供基于产品、技术方面的增值服务来获得渠道成员和顾客的认同，增强渠道竞争力。正因为如此，渠道物种之间的寄生、捕食和竞争关系通过建立在供需基础上的相互依存、相互作用最终实现共生（如图 2.10 所示）。渠道进化是渠道物种共生关系发展总的趋势和方向，也许渠道物种之间存在很多种共生模式，但互利共生是渠道进化的一致方向。唯有充分共享与相互促进，才有实现和谐均衡的可能，渠道物种之间才能真正建立长期稳定的共生伙伴关系[②]。

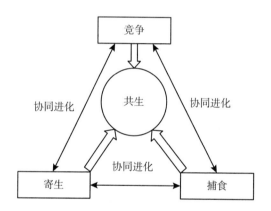

图 2.10　渠道个体四种典型关系相互转化示意

2.4.2　渠道关系取向

"共生"概念是德国生物学家安东贝尼在 1879 年提出的，他认为"为了生存的需要，生物之间必然会按照某种模式彼此依存和相互作用地生活在一起，形成协同进化的共生关系"[③]。物种的生存和进化必然受到其他

①　彭建仿. 基于共生视角的营销渠道构建：内涵、模型与机制［J］. 北京理工大学学报（社会科学版），2009（8）：29－32.

②　彭建仿. 关系营销中的关系取向与演进机制——共生理论视角［J］. 华东经济管理，2009（8）：119－122.

③　Hibbard W. Mack，Richard C. Snyder，The Analysis of social conflict-toward and overview and synthesis［J］. *Conflict Resolution*，1997，1（2）：212－248.

物种以及环境因素的制约与影响，由于资源的有限性，毫无疑问存在着竞争关系。

某一物种的进化会给它物种带来选择的压力，引发其适应性变化，最终使其成为一个整体、一个互相作用的系统。简单来说，就是生态系统中物种的生存与进化会受到相互受益和相互制约两种截然不同的机制的影响。一方面，生物生存和进化使得它物种关联、受益，另一方面则表现为相互制约。这两种机制在渠道系统中表现更为明显，一方面，渠道成员为了争夺有限的渠道资源往往会采取对自己有利的破坏性行为，甚至进行你死我活的厮杀，渠道物种的发展会损害其他渠道物种的利益。另一方面，渠道物种提供的产品或服务是一样的，其渠道分销目标也是一致的，"同呼吸、共命运"是渠道物种①生存和发展的主题。

渠道物种之间由于外部因素或渠道演化力量的作用以及自身有意识的行为而集结在一起，遵循求同存异的基本原则，通过组建渠道共生体寻求共生的机会，并按照一定的价值链协同进化而形成核心竞争力。渠道物种之间分工协作机制稳定，组成一个具有竞争优势的群体，其实质是一个相互依赖、相互调节的共同生存和协同进化的共生系统（如图2.10所示）。渠道共生关系反映了渠道物种之间的物质、信息交流以及情感关系，其共生的状态和水平则是渠道物种物质、信息和情感关系相互作用的结果，一旦这种关系消退或丧失，共生关系也随着消退或丧失；一旦这种关系增强或加深，共生关系也会相应增强或加深②。正如前文所述，渠道链中各成员之间的关系取向实质上是一种和谐共生关系，强调的是个体、种群、群落之间及渠道系统与外界交互的过程中通过互补和合作构建"渠道共同体"，实现共生③。因此，互补和合作是渠道生态系统成员的基本利益关系，渠道物种实现互补中的协同、合作中的增值以及共生中的共赢。

一旦生产商、配送商、分销商、零售商等渠道成员形成渠道共生体，则意味着外部交易行为内化——共生体内信息、知识和技术流，以达到降低管理成本，提高渠道整体竞争力④。除此之外，还存在着一种互补关系，即渠道成员通过渠道共生体共享渠道系统之外的信息、知识与技术，

① Art Kleiner. What Does it Mean to Be Green? ［J］. *Harvard Business Review*, 1991 （7 - 8）: 38 - 47.

② 袁纯清. 共生理论及其对小型经济的应用研究（上）［J］. 改革, 1998 （3）: 76 - 86.

③ 聂元昆，牟宇鹏. 演化营销范式：基于生物演化视角的营销理论创新 ［J］. 云南财经大学学报, 2011, 5: 115 - 118.

④ Ping, Robert A. Unexplored Antecedents of Exiting in a Marketing Channel ［J］. *Journal of Retailing*, 1990, 75 （2）: 218 - 241.

渠道个体可以通过共生而发挥整体优势,他们可通过相互传递技术来获取自己缺乏的关键资源,共同开拓业务,并因此产生各种系统效应,包括财务、经营、技术、管理等各种协同效应。比如代理商自建物流配送中心,承担了渠道储存与配送职能,这一方面减轻了制造商和其余中间商的储运成本,另一方面自身又实现了专业化和规模化,而且还降低了本身和整个渠道的成本。

渠道共生关系不仅影响到了渠道物种的生存和发展,而且也会对渠道整体绩效产生影响,同时还会影响其他渠道系统的存在与发展。比如生产商直接跨过中间环节与零售商建立一种超买卖关系,共同致力于为顾客提供更多的价值,同行纷纷效仿,更多的顾客因此受益。这样,不但扩大了自己的市场,同时也使得整个行业市场需求量增大了,这就是一种典型的和谐共生关系。

2.5 渠道生态系统形成机理及过程

2.5.1 渠道生态系统形成机理

在生态系统研究中,现代生态学家更倾向于从能流、碳流和营养循环角度来理解生态系统①。在渠道生态系统内,渠道种群间根据市场(顾客)需求进行物质(产品)、能量(资金)和信息(消费者需求信息)的传递。从生态学观点看,渠道生态系统的研究实际上就是对物理量(物质流、能量流、信息流)、生物量(产品相关利益群体、种群、群落等)和关系量(信息、位势等)的研究。在渠道生态系统的形成过程中,渠道效率是核心,而渠道共享与依赖是关键。

(1)渠道效率是核心。

渠道绩效衡量两大基本维度就是效果(effect)和效率(efficiency)。效果主要体现在产品销售状态、分销数量、顾客价值实现等三个主要方面;效率主要涉及产品盈利状态(成本)、分销速度和顾客满意度匹配程度(需求)等两个主要方面。而决定渠道效率的则是:决策的有效性、渠

---

① A. 麦肯其,A.S. 鲍尔,S.R. 弗迪著,孙儒泳等译. 生态学(中译本)[M]. 北京:科学出版社,2004.9:194.

道的传输速度和正确的信息①三个方面。

根据热力学第二定律，能量的每一次转化都会导致系统自由能的减少②。正如前文所叙，生产者到分解者到消费者，每一环节都可能导致能量的降低。那么渠道生态系统每次渠道活动都可能导致能量的降低，也就是说，每一次的渠道无论是产品传递（物流），还是信息传递（比如促销信息），都可能产生渠道生态系统能量的损坏或减弱，导致渠道整体绩效的下降。能量扩散过程中的损耗是导致能量减低的根本原因。而能量扩散又取决于能量利用率和传递效率，衡量能量利用率和传递效率的是能量的转化效率和效果。

Gilbert 和 Cordey - Haye 提出了一个基于组织内部的知识转移来分析能量扩散的框架模型③（见图 2.11），对我们研究渠道生态系统能量扩散非常有参考价值。

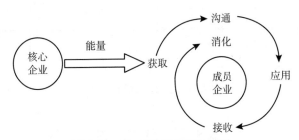

图 2.11 G - CH 能量扩散模型

对转换效率的了解能预测能量流动的格局。因此，研究渠道生态系统的形成的核心就是转换效率（transfer efficiencies）。对于一个生态系统而言，我们需要了解消费效率（consumption efficiency，CE）、同化效率（assimilation efficiency，AE）和生产效率（production efficiency，PE）。

消费效率是指渠道某个层次的有效总生产力 P_{n-1}（有效总生产力是指该层次分销产品总数和信息传播总量等）中，下一层级分销生产力 I_n 的数量所占的百分比。用公式表达为：

$$CE = \frac{I_n}{P_{n-1}} \times 100\% \qquad (2.1)$$

———————

① 赵国强. 渠道效率的来源及其实现 [J]. 江苏商论，2003（6）：129.

② David P. How You'll Manage Your 1990's Distribution Portfolio [J]. *Business Marketing*，Crain Communications，1989（4）：54.

③ 李占雷，郝林静，孙红哲. 供应链金融生态系统核心企业的能量扩散效应 [J]. 江苏商论，2012.12：140.

同化效率指的是上一渠道层次产品分销生产力 I_n 在本渠道层次被吸纳并能传递到下一渠道层次的剩余生产力 A_n 所占的百分比。用公式表示为：

$$AE = \frac{A_n}{I_n} \times 100\% \tag{2.2}$$

生产效率则是指某渠道层次最终得到的有效生产力所占上一层次分销生产力的百分比。用公式表达为：

$$PE = \frac{P_n}{A_N} \times 100\% \tag{2.3}$$

由图 2.12 可看出，i 可能是 1 级、2 级，也可能多级，j 表示销售终端，最后一级。实线箭头代表物流、虚线箭头方向代表资金流，环形虚线代表信息流。

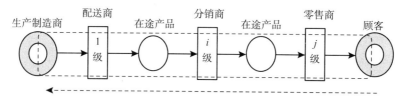

图 2.12　实体产品流程示意

在渠道系统中，每一级都可能存在效率损失。根据 Rosen bloom 的定义，渠道效率指的是"实现分销目标所需资本投入的最优回报率"[1]。其中，资本投入是实现渠道目标所需资源的总称。渠道在满足市场需求、实现企业价值方面具有举足轻重的作用。因此，构建布局合理、运行高效的渠道系统是企业可持续发展的重要保障。

（2）渠道共享与依赖是关键。

渠道生态系统的形成主要遵循市场规律及相关利益获得规则，其中自组织机制是渠道生态系统形成和成长的主导机理。由小节 2.2 可知，渠道生态系统是一个复杂系统，复杂系统具有四个基本特征：聚集、非线性、流以及多样性。聚集指的是个体通过黏着形成较大的多主体聚集体，它反映了系统中不同行为主体之间的协调性和共生性；非线性指的是个体之间相互适应，各种反馈相互作用、相互影响，错综复杂，使得个体及其属性发生变化，但这种变化遵从复杂的非线性关系，而非简单的线性关系；流

---

① Rosen bloom, B. Conflict and Channel Efficiency: Some Conceptual Models for the Decision Maker [J]. *Journal of Marketing*, 1973, 37 (7).

则是指个体之间、个体与环境之间发生物质流、信息流以及能量流的交换与传递，这是系统能正常运转的基本条件；多样性则是指生物主体在适应过程中，主体之间、主体与环境之间相互作用，主体的差别会逐步扩大，最终形成分化，分化的结果呈现出个体的差异，而这种差异是多种多样的。

在渠道生态系统生态链中，批发商种群分销生产商种群生产的产品，零售商依靠分销商种群分销而获得产品，顾客种群依靠零售商种群得产品或服务，而生产商种群则依靠顾客种群对产品的购买获得资金①。在渠道生态系统中，种群间实现资源共享以及促销流、信息流、物质流等循环流动；由于分销技术与需求信息具有排他性，因而渠道种群试图凭借领先的分销技术以及独享顾客信息来提高或改善自身的条件与状况。

在渠道生态系统的形成过程中，渠道种群（或个体）根据自身的价值取向决定进入或退出系统。若进入系统的种群（或个体）多于退出系统的种群（个体），则渠道生态系统规模将扩大，系统核心价值也将增大；反之，则减弱。但在大多数情况下，渠道生态系统都远离平衡状态，处于动态中，当某个内外部条件发生变化或产生作用时，渠道生态系统会发生突变从而呈现出非线性成长现象。在这种情况，若应对得当，渠道生态系统将实现正向反馈，迅速回复；若应对不妥，则会导致渠道生态系统利益链条断裂，从而导致渠道生态系统萎缩，甚至崩溃。

在渠道生态系统中，不仅渠道物种间的活动具有相关性，而且渠道系统内部的活动相关性具有相似性，这源于渠道系统有着共同的目标和任务，而这些目标和任务则成为了渠道绩效（performance）评价的基本标准。因此，我们可以将渠道生态系统上述"物理量"的研究体现在"流"的研究上，而"流"研究的出发点和前提是"资源"，资源就像"血液（流）"之"血浆"，没有资源"流"也将不再存在。

因此，考虑到渠道物种的绩效，显然，渠道绩效是关于资源的函数，也就是说渠道绩效和资源存在依赖关系，可用下面公式表示：

$$P_Z = f(x_i, y_i, \cdots, n_i) \tag{2.4}$$

P_Z 表示渠道绩效，x_i，y_i，$\cdots$，n 表示不同的资源种类及数量。资源的种类可能是渠道共享的信息，也可以是分销的产品，还可能是顾客、促销等。

渠道生态系统中，渠道最基本的关系——依赖和共享。所谓渠道依

---

① 张晓艳，王涛．基于组织生态理论的企业分销渠道模式选择［J］．商业时代，2010（15）：24－26．

赖，指两个方面，一方面是指渠道物种之间有依赖，如果某渠道个体或种群的目标与渠道目标不一致，就会直接影响到渠道绩效；另一方面是指渠道个体或种群依赖于渠道，如果脱离了渠道，渠道个体或种群的功能就会消失，比如某产品经销商如果不经销该产品而转销其他产品了，那么它就不再是该渠道中的成员了。另外一个基本关系就是共享，渠道生态系统的构建优势在于渠道物种间组织结构、经营方式、规模和技术水平相互适应，能实现资源和信息的共享。渠道生态系统之所以能够形成和健康运行就源于渠道共享，共享可以缩短渠道生态系统形成的时间，也能够让渠道调整生态位（以获取不同的资源），从而保证渠道生态系统的健康运行（具体见第 5 章）。

根据渠道绩效与资源的依赖关系，我们可以推断，渠道物种间的资源的形成，可能是通过共享信息，也可能是通过渠道物流导致的（如图 2.13 所示）。因此，渠道运行存在着 3 种基本依赖关系：流（flow）依赖、共享（sharing）依赖和匹配（fit）依赖。图 2.14 中表示的就是这三种依赖关系，其中，箭头方向代表物流、信息流、能量流方向；渠道物种共享渠道的共有资源（信息、物质、资金等）；而这些资源与渠道需要实现的绩效目标与渠道运行是必须匹配的。

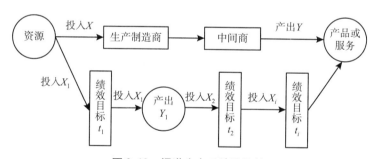

图 2.13　渠道生态系统流依赖

对于流依赖，我们不妨采用 petri net（PN）作为分析工具（如图 2.14 所示）。作为适应于动态系统的建模工具，PN 可以从图形联系的角度分析网络的特性，包括结构分析和可达分析[①]。对于流依赖，采用 PN 网描述渠道绩效从投入库跃迁到产出库过程。

①　冯智杰. 销售渠道资源调度协调系统研究［D］. 厦门：厦门大学学位论文，2007 (4).

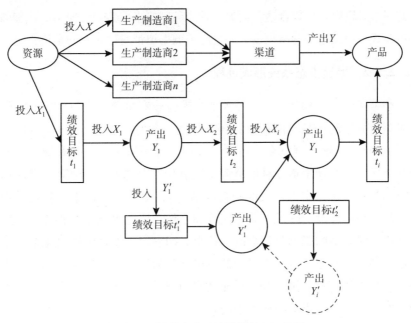

图 2.14　渠道生态系统流依赖 PN 分析

设有 n 个生产商，通过获取渠道内外资源 X，生产出商品后通过渠道实现渠道绩效（产出 Y，在这个过程中投入和产出会发生变化，此时需要根据市场或实际情况进行调整，其渠道目标 t_1，t_2 会发生变化，得到相应的产出 Y_1，Y_2）。

对于第二种共享依赖关系，不同产品或企业的渠道可以共享同一渠道系统，而同渠道分销的不同产品也可以共享渠道资源，尤其是同一企业的不同产品或产品的不同时期可以共享渠道资源，比如宝洁公司的洗发水和香皂就可以共享渠道。当同时请求资源时，采用 PN，根据优先算法分配资源，未获得资源的任务等待另一任务释放资源后才能获取资源，如图 2.15 所示。

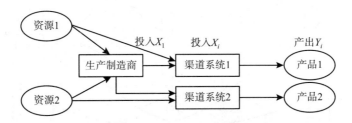

图 2.15　渠道生态系统绩效与资源依赖关系

第三种匹配依赖关系，指多个渠道或多个渠道行为必须有与之匹配的资源，而且渠道活动也对应会产生相应的渠道资源，例如，某企业的某产品采取的网络渠道模式比较合适，而另一种产品则要采取传统的经销商代理商的渠道模式。但无论是网络渠道，还是经销商渠道都是该企业的渠道资源。

2.5.2 渠道生态系统形成过程

当渠道刚开始构建时，处于原始生态位或竞争前生态位状态，渠道物种对渠道分销的产品刚刚接触，还不了解。此时，选择 r—对策（广泛选择渠道物种），这样可以在较短时间内构建起渠道系统，并降低了财务风险和市场风险，让渠道物种的资源得到利用；若选择 k—对策（定向选择渠道物种，如选择实力强大的同行经销商），则会加大成本，且渠道物种对产品的重视程度会降低，其忠诚度和合作意愿也可能不会很强。一旦合作不成，对渠道的影响是致命的。这个时期渠道生态系统建设主要是以满足用户利益为核心，以建立科学的价格体系为重点，创建企业产品（或服务）合理的供应链，形成相对健全的渠道体系，其渠道生态系统以求生存为出发点。这时渠道物种还处于磨合阶段。

渠道发展进入成长期，逐步扩大市场规模及渠道影响力。在此阶段，吸引精英成员进入渠道体系，各参与成员各取相关利益，渠道系统核心能力得到加强，渠道生态系统进入快速发展期。渠道物种开始争夺渠道核心成员的地位，渠道生态系统处于最不稳定时期（见图 2.16）。此时渠道个体（成员）基本稳定，但由于渠道绩效较好，吸引了潜在的渠道物种进入，导致渠道资源紧缺，也加剧了竞争压力，这样有部分渠道物种死亡（撤离），有部分成员出让了部分渠道资源（比如代理商缩小了代理区域或代理商品品类），而能够生存下来的都是具有战略意义和竞争优势的渠道个体（成员）、种群和群落。

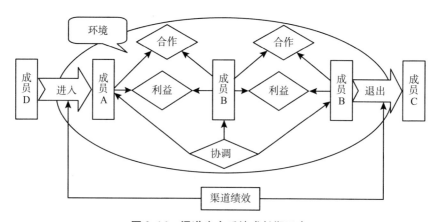

图 2.16 渠道生态系统成长期示意

渠道进入成熟期，这时企业市场影响力得到扩大与增强，渠道生态系统进入稳定期。如图2.17所示。

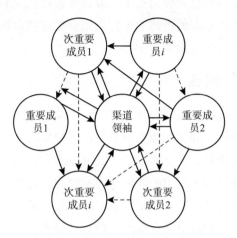

图2.17　成熟期渠道系统示意

这时渠道生态系统具有很大的稳定性及获利能力，系统成员质量高、渠道价值大，各方相关利益得到均衡，而且渠道生态系统"关键种"——渠道核心成员的位置相对稳定，它们占据有利的生态位，比如占有了诸如物流技术、大量忠诚客户等核心渠道资源，此时渠道生态系统进入成熟期。渠道生态系统基本处于能量守恒阶段，渠道核心成员可能是生产商、制造商，也可能是批发商，还可能是零售商。重要成员指的是非领袖成员中，在渠道系统中位置和作用比较重要的成员，主要是批发商、代理商较多，批发商里的末级批发环节通常为次重要成员。随着渠道产品市场逐渐萎缩，渠道利润也减低，迫使大量的渠道物种死亡（放弃），此时渠道生态系统进入衰退期，由于竞争性等因素的降低，更容易取得优势生态位，只不过这时候优势生态位已经缺乏价值了。

2.6　渠道生态系统与传统渠道模式比较优势分析

在渠道物种的单独运作中，经常存在某种资源不足或缺位现象，而这些缺位或不足的资源，或者因资源拥有者不愿进行交易，抑或因为资源本身具有不可交易性，因此难以通过市场的手段来获取或交易的，经济杠杆往往起不了作用①。而通过渠道生态系统的构建，渠道物种之间形成共生系统，就可以整合不同渠道资源，消除或削减资源"瓶颈"，实现渠道创新。例如，一些市场信息和分销技术，难以通过市场交易被某些渠道物种所获得，但渠道共生系统的内部共生行为则会把这些市场信息和分销技术融入到这些渠道物种的知识体系中去。

2.6.1　整体效率比较

在渠道生态系统中，渠道物种之间的共生关系是客观存在的，它使得渠道物种之间的物质、知识和信息等交流由不稳定的市场交易变为完全内部化或半内部化的交易，一方面减少了交易成本和费用；另一方面也缩短了资源在各渠道环节和成员中的停留与转换时间；此外，渠道生态系统反馈机制为渠道物种的经营管理质量提供了较好的保证。因此，渠道共生机制不仅提高了渠道物种自身的竞争力，而且也提升了渠道整体竞争力，更重要的是提高了渠道整体运作效率（如图 2.18 所示）。

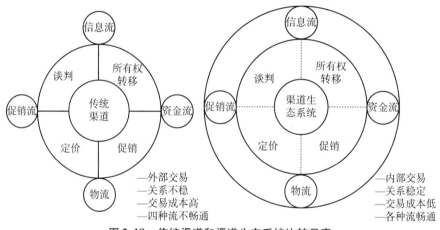

图 2.18　传统渠道和渠道生态系统比较示意

2.6.2　稳定性分析

一个好的渠道系统其渠道结构不会频繁地调整和改造，但却能适时响应顾客需求以及适应外界环境的变化。渠道生态系统要比一般的渠道系统更具稳定性。这与渠道生态系统的特点和功能有关，正如 2.4.2 所述，渠

---

① 肖衡. 基于组织生态理论的供应链演化研究［D］. 长沙：中南林业科技大学学位论文，2010：35.

道生态系统功能除了具备传统的渠道功能外，还具备自我调节和能量转化的功能。比如很多企业渠道系统建成后，会面临市场的变化（比如顾客购买方式的改变——由传统分销店购买转向网购），这时采取对渠道结构局部改造的方式，通常的做法是：为适应传统顾客（传统分销店购物者）而继续保持的原渠道；另外，为了适应顾客新的需求变化改造原有渠道——增加电子商务网站。或者是待条件和时机成熟时，逐步建立与原有渠道并行的新渠道。这样的调整会使得渠道系统更为稳定，这个过程就是渠道生态系统自我调节和能量转化的过程。

在渠道生态系统中存在个体、种群和群落之间的竞争，而且这种竞争是一种常态。我们不妨以个体（物种）竞争为例来分析这个问题。我们假定在某一销售区域内存在 A、B 两个渠道企业，由于存在代理权的争夺及代理（经销）区域的范围问题，因而 A、B 之间存在着竞争关系。由于该地区销量在短期内不会发生大的变化或波动，因此，能获得代理权的经销商数量是非常有限的，即存在代理商数量的上限。当 A 分销能力强于 B 时，A 将挤掉 B 而获得该区域的代理权；反之，B 将取胜。如 A、B 都不能挤掉对方，则竞争将达到某种平衡状态——暂时 A、B 都无法获得代理权。

那么，A、B 的 logistic 方程分别为：

$$\frac{d_{y_1}}{d_1} = r_1 y_1 \left(1 - \frac{y_1}{k_1} \right)$$

$$\frac{d_{y_2}}{d_1} = r_2 y_2 \left(1 - \frac{y_2}{k_2} \right) \tag{2.5}$$

其中 y_1，y_2 分别为 A、B 的产出水平；r_1，r_2 分别代表 A、B 在理想环境下的最大增长率；k_{11}，k_2 分别表示 A、B 在环境约束下的最大产出水平。

而 A、B 的竞争方程，表示如下：

$$\frac{d_{y_1}}{d_t} = r_1 y_1 \left(\frac{k_1 - y_1 - \alpha y_2}{k_1} \right) （A\ 竞争方程）$$

$$\frac{d_{y_2}}{d_t} = r_2 y_2 \left(\frac{k_2 - y_2 - \beta y_1}{k_2} \right) （B\ 竞争方程） \tag{2.6}$$

显然，A、B 竞争达到平衡稳定的状态时的方程为 $\frac{d_{y_1}}{d_t} = 0 = \frac{d_{y_2}}{d_t}$。因此，渠道生态系统中种群稳定平衡的前提条件是渠道个体（成员）保持一定的差异性，并存在一定的竞争关系，不能完全同质①。

在一定的时空范围内，$\sum_{i=1}^{n}u(i)$ 和 $\sum_{i=1}^{n}r(i)$ 与渠道生态系统种群规模存在严格的单调关系，满足 $\sum_{i=1}^{n}u(i)=0$ 的 n 值为渠道生态系统最佳规模，渠道中间商种群是稳定的。其中 i 表示渠道个体（成员），u_i 表示 i 物种的收益，r_i 表示 i 物种所承担的风险。

我们可借用生态学上的相似性极限原理来分析渠道生态系统稳定的相似性极限问题②。如果把两个中间商种群在资源谱中的偏好位置之间的距离称为平均分离度（用 d 表示），用 w 表示每个中间商种群在偏好位置周围的波动变异度，因此，两中间商种群共存的相似性极限为：$d/w=1$。

如果 d/w 值大，则意味着两中间商种群间的平均差数超过了种内的标准差异，说明两个中间商种群处于共存局面。在这种格局下，由于种内竞争激烈，资源未被充分利用，这种共存是不稳定的。

如果 d/w 值小，则说明两中间商种群的生态位重叠太大，其共存的稳定性较弱。大多数渠道种群所需的资源类别非常接近，这样会出现资源利用分化的可能较小，但它们可以通过时（间）空（间）分化来分离生态位，比如调整产品代理商、代理期限以及代理区域。

从上面可以看出，渠道系统中参与的物种类型多元化程度提高，则渠道物种之间的协同关联性会逐渐增强，渠道生态系统的形成更加迅速并得到稳定演进。比如阿里巴巴（领导种群）通过吸引大量渠道物种，将服务延伸到销售渠道、辅助产品制造商、专业化基础设施供应商，形成庞大的渠道生态系统③。

2.6.3　用户需求满足能力

渠道系统功能主要是适时、适需的将产品配送给用户。这里用户包含两层含义：一是最终顾客，也是渠道任务的终结；二是下一级渠道成员，比如零售商就是上一级批发商的用户。终端用户对渠道的偏好主要源自自身效用最大化的考虑，即对选择该渠道成本和收益之间的比较而做出的，

① 何继善，戴卫明. 产业集群的生态学模型及生态平衡分析 [J]. 北京师范大学学报（社会科学版），2005（1）：126 - 132.

② 郑秀峰. 同质企业群聚生态系统的平衡稳定与健康管理——基于管理仿生视角的探讨 [J]. 经济与管理研究，2009（12）：70.

③ 陈健聪，杨旭. 互联网商业生态系统及其内涵研究 [J]. 北京邮电大学学报（社会科学版），2016，18（1）：48.

且渠道选择主要取决于终端用户对渠道属性的感知程度①。而作为下级渠道成员，则是以终端用户的需求为主要决策依据的，其需求是"衍生的需求"。渠道用户对渠道的评价主要在于两个方面：一是渠道分销数量是否达到要求；二是对渠道分销质量是否感到满意。前者衡量比较简单，统计就行，后者则是通过用户的感知来衡量和判断的。根据谢思、纽曼和克罗斯（Sheth，Newman & Cross，1991）对顾客价值的研究成果，认为顾客价值有功能性价值、社会性价值、情感性价值、认知性价值及情境性价值等五个维度②。在多渠道环境下，影响用户选择渠道的因素主要包括：渠道的便利性、渠道的服务质量、渠道的交易成本和渠道风险③。

渠道生态系统能有效整合渠道系统内外部资源、通过不断的能量转化，尤其是通过渠道个体（成员）的学习和创新以及和外界环境柔性联结来保持渠道竞争力和提高渠道有效应对环境变化的能力，如图 2.19 所示。

渠道生态系统相对于传统渠道管理能更好地响应用户的需求，这是因为：①渠道生态系统的构建是基于顾客渠道需求的，针对顾客需求的改变而采取灵活的渠道策略，存在自动响应顾客需求的调整机制，将各类渠道优势与顾客的渠道需求进行匹配；②渠道生态系统对内表现为共同价值观和文化的塑造、渠道成员的相互信任，对外表现为具有高度灵活性和适应性的渠道结构，和谐共赢、互信互利的高满意度渠道关系，合作高效、高瞻远瞩的渠道行为；③和传统的渠道结构相比，渠道生态系统中的渠道结构更强调渠道整体绩效，而非单个渠道物种绩效，是整体最优而非局部最优。

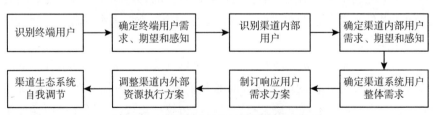

图 2.19 渠道生态系统响应顾客需求方案

① SCHOENBACHLER D, CORDON G. Multi-channel shopping：understanding what drives channel choice ［J］. *Journal of Consumer Marketiing*，2002，19（1）：42 –54.

② Sheth，Jagdish N，Newman，et al. Why We Buy What We Buy：A Theory of Consumption Values ［J］. *Journal of Business Research*，1991，22（2）：123 –126.

③ 陈传明，王全胜，韩顺平. 西方消费者渠道选择行为研究评析 ［J］. 南京社会科学，2009（7）：32 –36.

2.6.4　渠道效率

渠道效率是渠道优势的主要表现之一。如果企业能拥有高效率的渠道，那么它就获得了可持续发展的竞争优势①。对于什么是渠道效率，目前尚无统一的说法，较为典型和权威的界定主要有：菲利普·科特勒、罗森布罗姆等。菲利普·科特勒（1997）认为渠道效率就是渠道的投入产出比，在投入（或产出）一定时，产出越大（或投入越小），渠道效率就越高②。罗森布罗姆（2003）则把渠道效率定义为："实现分销目标所需资本投入的最优回报率。"③ 说明在实现分销目标的过程中渠道投入最优化程度越高，效率也越高；反之，效率越低。而布克林以及诺维奇对渠道效率的影响因素进行了分析，布克林（1999）指出影响渠道效率的主要因素包括空间便利性、一次购买商品数量、减少等待或交货时间、产品多样化四个方面④。诺维奇（Novich，1991）则认为渠道绩效主要由产品绩效、分销效果、顾客价值三个方面决定，但也认为外部环境会对组织绩效产生或多或少的影响⑤。

速度是衡量渠道是否高效至关重要的因素，过度的延迟容易引发渠道崩溃。生产商、批发商和零售商以及销售终端之间销量往往存在数量误差，究其原因是因为渠道各个环节都可能"滞货"——有存货，"滞货"是由于销售不畅导致的，销售不畅其中一个最重要的原因就是渠道成员没有充分考虑到送货订货存在延迟的问题。缺乏正确的信息或者信息不对称导致决策者的决策行为往往与现实需要不符或非最优行为。根据研究表明，如果能利用现代物流与信息技术把信息流的延迟降至接近于零，将物流的延迟降至25%甚至更少，那么，库存的情况就会大大好转，渠道效率也将大幅度提升⑥。

渠道生态系统的构建能实现各渠道个体（成员）充分协调合作，共同致力于实现渠道利益的最大化，而非片面追求个体最优。在渠道的决策中，各个中间商既有独立决策权，又有渠道统一集权，这样才可以保证渠

---

①　赵国强. 渠道效率的来源及其实现 [J]. 江苏商论，2003（6）：129 - 130.

②　孙永磊. 我国汽车分销效率研究 [D]. 兰州：兰州理工大学，2010（4）：6.

③　波特·罗森布罗姆. 营销渠道管理 [M]（第六版）. 北京：机械工程出版社，2003.

④　路易斯·P. 布克林. 零售战略与消费品的分类 [R]. 营销学经典权威论文集（第八版）. 东北财经大学出版社，2000.

⑤　N. S. Novich. Getting the most from distribution [J]. *National Productivity Review*，1991，22（40）：215 -225.

⑥　赵国强. 渠道效率的来源及其实现 [J]. 江苏商论，2003（6）：129 - 130.

道效率和有效性。渠道生态系统的构建很好地协调了集权与分权的关系。

我们采用

$$Ef = \frac{\prod_D^{D*} + \prod_R^{D*}}{\prod^{C*}} \qquad (2.7)$$

来表示渠道效率[①]。其中，$\prod_M^{D*}$ 和 $\prod_R^{D*}$ 分别表示生产商和零售商在独立决策情况下的利润，$\prod^{C*}$ 表示渠道生态系统构建后的决策利润。

由式（2.7）可知：Ef 取值在 $[0, 1]$，Ef 越大，说明渠道效率越高，Ef 越小，说明渠道效率越低。

2.6.5　渠道资源配置能力

诺贝尔奖得主比利时科学家，耗散结构理论的创建者普利高津指出：耗散结构有几个必要条件，一是系统必须是开放的，即系统必须与外界进行物质、能量的交换；二是系统必须是远离平衡状态的，系统中物质、能量流和热力学力的关系是非线性的；三是系统内部不同元素之间存在着非线性相互作用，并且需要不断输入能量来维持。组织与生物一样都是开放系统，而且组织只有与其环境介质进行物质和能量的交换才能维持其生命力。渠道生态系统也是一个开放的系统，其形成和健康运行得依靠各类资源、能量在系统内的循环，包括资源的正常交换以及不同资源间的互补与替代[②]。

渠道生态系统的构建极大地拓展了渠道本身及其成员的生存空间。由于资源的有限性，渠道成员无法拥有其发展所需的一切资源，这就迫使它们不得不努力寻求这些资源。而渠道成员在与外界竞争中采取的是协作共生的方式，这大大地提高了整体竞争力，能获得更多的资源，占据更好的生态位。渠道生态系统以其自身的特点能够通过关系租金（关系租金是从企业之间彼此的交换关系中联合创造的，单一企业无法产生，必须通过特定合作伙伴共同的异质性投入努力才能创造的一种超额利润。实证研究发现企业间的联系能够带来可观的关系租金和竞争优势，渠道生态系统成员之间可以将成本进行转移并且各个成员会产生租金贡献。通过渠道生态系

① 丁雪峰，但斌等. 有限产能条件下闭环供应链渠道效率研究［J］. 计算机集成制造系统，2010，16（1）：151 – 153.

② 方勤敏. 企业资源生态系统及其资源与环境效率探索［J］. 生态经济，2012（11）：116 – 119.

统构建来进行资源的重新组合和配置，继而创造租金。)① 获得所需的资源，领导种群或核心种群通过游说与谈判让其他种群知道资源投入的预期回报，同时对输入系统的资源进行整合，进而将核心资源与优势资源有效输入并转换为产出，实现渠道参与各方的多赢。如英特尔公司合作伙伴早已不是半导体主导产业，而是不断扩充产业边界，在无线电通信、电视电话和有线电视等行业与领域加强投入与合作，在微处理器技术遭到严重挑战的时候，融合了个人计算机和交互式视频系统，实现了更新换代②，从而使自身在整个渠道生态系统中依然占有重要生态位。

渠道生态系统合作伙伴选择较传统的渠道范围更广，开放的系统能吸引对渠道生态系统贡献度最佳的成员，替换掉贡献不足者。渠道生态系统能优化配置渠道内外部资源，自由地进行信息物质能量的交换，形成富有创造力和活力的良性循环新机制③。

从资源配置角度来看，渠道资源不可能平均分配，应该按照资源的利用效率和效益来分配渠道资源，这样才能充分发挥出资源的价值。而衡量渠道资源利用效率和效益则是以顾客价值能否实现作为标准的。因此，整体顾客价值最大化渠道资源配置模型如下：

$$\max CV = CV_1(x_1) + CV_2(x_2) + \cdots + CV_n(x_n) \tag{2.8}$$

其中，$x_i \geq 0$，$MRC \leqslant \sum_{i=1}^{n} x_i$，$i = 1, 2, \cdots, n$。

在式（2.8）中，x_i 是分配到第 i 个客户的渠道资源；CV_n 是客户分摊到 x_n 的渠道资源时所达到的顾客价值；$\max CV$ 为年所有渠道资源的总和。

目前，渠道成员往往是根据以往的经验来配置其资源的，主观性和随意性强，这不仅容易浪费资源，也难以对资源配置效率进行评估，更无法达到渠道目标。虽然也有一些研究试图通过建模来解决这一问题，但由于缺乏真实的渠道环境，而且市场环境纷繁芜杂、瞬息万变，很多定量模型趋势理想化，在渠道实践中难以验证。因此，渠道资源和能力如何配置必然影响到渠道生态系统的形成和健康运行。以下简要讨论之：

假定渠道理想的分销反应方程为：

$$Q_i = KP_i^b A_i^c S_i^d = q(p_i, A_i, S_i) \tag{2.9}$$

短期利润方程为：

---

① Jeffrey H. Dyer, Harbir Singh. The Relational View: Cooperative Strategy and Sources of Inter - organizational Competitive Advantage [J]. *Academy of Management Journal*, 1998, 23 (4): 660 - 679.

② 潘军，黄昕. 一种新的视角：商业生态系统观 [J]. 生态经济, 2004 (12): 172 - 175.

③ 林萍，许琪，胡辰光. 供应链商业生态系统竞争优势 [J]. 市场周刊·理论研究, 2011 (4): 62 - 64.

$$\pi = p_i Q_i - C_i = (p_i - c)q(p_i, A_i, S_i) - A_i - S_i \qquad (2.10)$$

其中 π 为利润，p 为价格，Q 为分销数量，A 为渠道管理费用，S 为渠道推广费用，C 为成本，i 为企业；k，h，c，d 为常数；C_i 为单位分销成本。

由于渠道生态系统的构成是由个体、种群和群落多方参与博弈后才能形成的。因此，我们选择两个存在着竞争博弈的渠道个体（成员）作为研究对象。我们假定双方博弈反应方程为：

$$Q'_i = KP_i^{\lambda_1 b} A_i^{\lambda_2 c} S_i^{\lambda_3 d} \qquad (2.11)$$

双方博弈对各变量的影响用 λ_1、λ_2、λ_3 表示，系数的大小需要按照下面的方法来确定：渠道决策者利用最小二乘回归估计法来确定渠道级差价格、渠道促销和分销弹性（用 b，c，d 表示），进而找到合适的渠道反应方程式。按照博弈理论，若使渠道资源配置最优，则必须满足：

$$\frac{\partial \pi}{\partial P_i} = \frac{\partial \pi}{\partial A_i} = \frac{\partial \pi}{\partial S_i} = 0 \qquad (2.12)$$

根据式（2.12）可分别获得渠道价格级差、促销、分销最优成本下的最优解：

$$e_p = -\frac{pq}{A} \cdot e_A = -\frac{pq}{S} \cdot e_S \qquad (2.13)$$

通过式（2.13）可直接比较不同渠道模式下变量的弹性，以确定最优渠道资源组合。

第3章 渠道生态系统结构分析

渠道结构指的是渠道成员的构成、地位及各成员间的相互关系。渠道成员主要包括制造商、批发商和零售商，这些成员在利益诉求上既有共性，也有独立性，但都有一个共同点就是成员的目标达成必须依赖于其他成员目标的完成。

3.1 渠道生态系统结构成分

3.1.1 渠道生态系统物种、种群和群落分析

个体（individual）/物种（species）、种群（population）和群落（community）是研究生态系统三个主要方向和内容①。

物种是指生物种，具有同一基因库的生物总称，它强调个体间能交配并产生可育的后代，一个物种可以有多个种群。物种存在的基本形式，同时又是生物群落的基本单位。种群是生物生活和繁衍的基本单位②，是在某一空间、时间范围内的相同物种的群体（集合）。种群由个体组成，但不等于个体的简单相加。种群有5个基本特征：种群密度、出生率和死亡率、迁入率和迁出率、年龄结构和性别比例、种群的空间特征。群落是种群的集合体，是一个比种群更复杂更高一级的生命组织层次。群落是指在一定的自然区域内，相互之间有直接或间接关系的各种生物的总和，包括生产者、消费者、分解者。群落的空间结构包括垂直结构和水平结构，具有小群落的分布差异等特征。

① 孙菊 . 1993~2014《应用生态学报》十大高被引论文分析 ［J］. 科技咨询，2014（9）.

② Woodwell, G. and Whittaker, R. Primary production in terresttial ecosystem ［J］. *Am. Zool*, 1968, 8（1）：19-30.

种群属于种内关系,种群内个体之间既有互助,也有斗争,两者对立统一,共同维持种群的相对稳定。群落属于种间关系,由不同种群构成。种群是在一个较为稳定的区域内、一个较长的时间内通过种群的自我调节来维持动态平衡。群落结构的形成是长期进化的结果,是一个相对稳定的统一体。例如草原群落,在茫茫大草原上,有牧草、杂草等植物,也有牛、羊、马等动物,还有细菌、真菌等微生物,它们共同生活在一起,相对稳定,表面上看,草原群落似乎是相对静止的,而实质上在草原群落的每个种群内部,无时无刻不在发生新老个体交替①。

表 3.1 中有 A、B、C、D 四种物种和 6 个群落(1~6),每个物种包含几个不同的种群,并分布在不同的群落中,如物种 A 包含 A_1、A_2、A_3、A_6 等 4 个物种,它们分布在 1、2、3、6 四个群落中,在群落 1 中,则包括了 A_1、C_1、D_1 三个种群。

表 3.1 物种、种群和群落三者关系

	1	2	3	4	5	6
A	A_1	A_2	A_3			A_6
B		B_2	B_3	B_4	B_5	B_6
C	C_1		C_3	C_4		
D	D_1		D_3		D_5	

从前面第 2 章基本概念中对生态系统结构的界定,我们可以知道,生态系统结构包括形态和功能两种结构,主要体现在组分结构、时空结构和营养结构三方面。而厘清这些结构最基本的工作就是需要分析物种、种群和群落三者之间的关系。

渠道生态系统也与自然生态系统一样,存在着个体、种群和群落。为了达到渠道目标和执行渠道策略,渠道系统需要有完成渠道任务和目标的个人或组织——渠道参与者,所有的参与者都是渠道生态系统中的个体,简称渠道个体(channel individual, CI)。既包括批发商、零售商等主要参与者,也包括物流、仓储及广告代理商等渠道辅助实现者。根据渠道生态系统中物种和种群的特点以及在整个系统中的作用,在这里我们把具有相同功能的渠道个体集合体称之为渠道种群(channel population, CP),按

① 王树云. 物种、种群与群落之辨析 [J]. 生物学教学,2013(8):65.

在渠道系统承担的功能与分工划分为生产商种群、批发商种群（含代理商种群/经销商种群）、零售商种群以及顾客种群等（如表 3.2 所示）。渠道群落（channel community，CC）按照是否就商品买卖或所有权转移谈判及是否获得产品所有权转移，渠道成员可以分为成员性参与与非成员性参与两大类（这里要说明的是渠道参与者与商品供应者之间存在物流、信息流和促销流，但不存在关于商品本身的洽谈流和商流，这种与商品供应者无洽谈、无商流的渠道参与者被称为非成员性参与者。反之，称为成员性参与者），构成两个渠道子群落——成员参与渠道群落和非成员参与渠道群落。而这两群落与渠道外部环境一起构成了渠道生态系统。根据图 2.2 进行简化得到图 3.1，可较为清楚地了解渠道生态系统中个体、种群和群落关系。

表 3.2　　　　　　　　渠道生态系统中的渠道个体、种群与群落

序号	主要渠道个体	渠道种群①	渠道群落
1	生产（制造）商	生产商种群	子群落 1：成员参与型
2	批发商	批发商种群	
3	零售商	零售商种群	
4	最终用户	顾客种群	
5	运输商（公司）	配送服务商种群	子群落 2：非成员参与型
6	库存商（公司）		
7	物流商（公司）		
8	市场调研机构	市场服务商种群	
9	广告代理商		
10	保险机构（公司）	保险服务商种群	

3.1.2　渠道种群基本类型及功能

我们可以将渠道生态系统渠道个体分为四大类②：

（1）领导种群。领导群种是渠道生态系统中的关键种群，一般存在于成员参与型子群落中。它在渠道生态系统资源协调和信息传递方面起到了

---

①　庄贵军，等. 渠道管理［M］. 北京：北京大学出版社，2012.
②　胡辰光. 供应链商业生态系统的概念模型、特点及运作机制［J］. 市场周刊（理论研究），2010（4）：18－20.

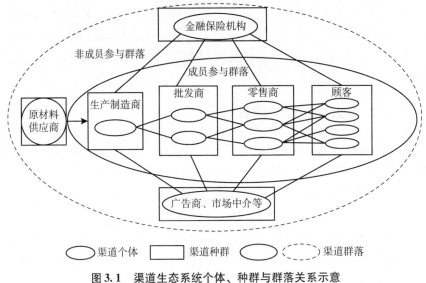

图 3.1　渠道生态系统个体、种群与群落关系示意

不可替代的作用，通常是渠道的领导者。不同的产品、企业或行业的渠道又有所不同，渠道种群可能是生产制造商，也可能是零售商。在渠道生态系统中，它们具有绝对控制权以及维护渠道参与各方利益的能力。

（2）核心种群。核心种群是渠道生态系统中除去领导者种群外成员参与型子群落中的其他物种。核心种群是整个渠道生态系统的基础，在与领导种群相互作用与影响下，共同将系统输入的资源（能量与物质）进行利益增值，有效地转换为输出（产出）。同时核心种群通常会利用其自身独特的地理优势、资源优势从渠道生态系统中获得更多的资源。另外，核心种群还有一个重要的功能，那就是核心物种积蓄力量、等待时机，一旦领导物种难以担当渠道领导作用的时候取而代之。

（3）支持种群。支持种群主要存在于非成员参与型子群落。他们的存在并不依赖于领导种群和核心种群，但是能满足和实现渠道目标的需要，将自身资源投入渠道生态系统的运行中，从而能获得比自身单独运营所能达到的更多利益。支持种群主要包括政府、行业协会、金融保险与投资机构等。

（4）寄生种群。寄生种群依附于渠道核心业务中，其生存与发展依赖于渠道生态系统其余物种、种群和群落的发展。寄生种群通过自身的资源为渠道生态系统提供增值服务，其核心利益与渠道核心层的生存状况密切相关。寄生种群主要包括表 3.2 的配送服务商种群等。

3.2 渠道生态系统结构运行机理分析

3.2.1 渠道外部性影响分析

渠道生态系统包含的诸要素和子系统相互交织、彼此作用、互相渗透，构成具有特定功能和结构的复杂系统，可用下式表示[①②]：

$$MES \subseteq \{S_1, S_2, \cdots, S_m, O_i, R_{el}, R_{st}, T, L\}, \quad m \geqslant 2 \quad (3.1)$$
$$S_t \subseteq \{E_t, C_t, F_t\}$$

其中，MES 表示渠道生态系统（marketing ecological system），S_t 表示第 i 个子系统，O_i 为渠道生态系统系统目标集，R_{st} 为系统约束集，R_{el} 为系统关联集，T、L 分别代表时间、空间变量，m 为子系统数目，E_t、C_t、F_t 分别为系统 S_t 的要素、结构与功能。尤其是渠道外部性行为。外部性是影响渠道生态系统结构的最重要的因素之一。在营销实践中，我们经常可以看到很多这样的现象：渠道成员除了渠道系统本身任务外，还受到非渠道系统本身的影响，可能承担着其他的功能或任务，比如某个中间商代理销售不同的产品，而这些产品可能来自不同的厂商，甚至是渠道类型完全不同的产品，这对渠道其他成员而言，该产品的渠道绩效直接受到渠道系统外部的影响。如果发生这样的现象，则意味着渠道成员的共同投入并未全部进入到渠道系统中，产生了外部经济性问题。

外部性是影响渠道生态系统结构的最重要的因素之一。在营销实践中，我们经常可以看到很多这样的现象：渠道物种除了渠道系统本身任务外，还受到非渠道系统本身的影响，可能承担着其他的功能或任务，比如某个中间商代理销售不同的产品，而这些产品可能来自不同的厂商，甚至是渠道类型完全不同的产品，这对渠道其他成员而言，该产品的渠道绩效直接受到渠道系统外部的影响。如果发生这样的现象，则意味着渠道物种的共同投入并未能全部进入到渠道系统中，产生了外部经济性问题。

我们不妨设渠道生态系统的外部性效用为 u_e，u_e 与渠道物种的数量 n 有关，也与渠道深度和完善度（以 g 表示）有关，其效用函数用 u_e 表示：

---

① 魏明侠. 绿色营销机理及绩效研究 [D]. 武汉理工大学博士论文，2002：84.
② 聂元昆，牟宇鹏. 演化营销范式：基于生物演化视角的营销理论创新 [J]. 云南财经大学学报，2011，5：115 – 118.

$$u_e = u(n_g, g) \qquad\qquad (3.2)$$

渠道系统绩效与其投入 c 有关。一般情况下，c 越大，g 越大。但如果我们采用渠道生态系统，则可以实现渠道系统外部经济性"内化"——通过渠道个体、种群和群落之间能量、物质、信息流的传递，使得渠道内生物量、物理量以及能量全部被渠道吸收和优化。这样，使渠道生态系统的渠道物种数量及其投入也将趋向稳定，渠道生态系统得以健康运行和成长。

导致渠道经济外部性的来源很多，其中最为典型的就是渠道破坏性行为的干扰。渠道破坏性行为将危机到渠道生态系统的健康运行，因此，必须采取预警和补救的措施（在第 6 章进行详细阐述）。渠道破坏性行为是一种主要的干扰行为，也是影响渠道生态系统整体绩效最主要的原因之一。根据国内外关于渠道破坏性行为的研究，渠道破坏性行为来源有主观和客观之分，主观性破坏性行为多来源于渠道系统内部，客观性破坏性行为多为渠道系统外部的变化而引起的①。其结果如表 3.3 所示。

表 3.3 破坏性行为的研究纵览

破坏性行为产生		研究者
主体	客体	
员工	企业	Rusbult et al.（1982）；Rusbult，Farrel，rogers，And Mainous（1988）；Rosse and Hulin（1985）；杜富燕，林介浩（2003）
消费者	企业	Singh（1990）；Hirschman（1986）
零售商	批发商	Ping（1993，1995，1997，1999，2003）
供应商	分销商	Inge Geyskens（2000）；F. Robert Dwyer，John F. Tanner（2002）；Hibbard，Kummar，Stern（2001）；王海泉（2003）
经销商	零售商	杜富燕，王俊人（1996）
零售商	供应商	王俊人（2004）

资料来源：根据国内外对破坏性行为的研究整理：鲁慧（2011）；王俊人（2004）；杜富燕，林介浩（2003）。

如图 3.2 所示，$0-t_1$、t_2-t_3 时间段内渠道生态系统功能属于正常范围，但一直受到渠道破坏性行为的干扰。f_1、f_2 属于正常的渠道生态系统功能实现范围，t_1-t_2、t_3 以后受到破坏性行为的干扰，渠道生态系统功

---

① 鲁慧. 营销渠道破坏性行为预警机制研究 ［D］. 长沙：中南林业科技大学，2011 (6).

能受到一定程度的破坏，出现不稳定的现象。

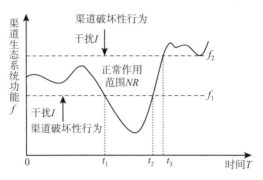

图 3.2　渠道生态系统外部干扰示意

3.2.2　渠道生态系统运行影响变量

渠道生态系统运行主要涉及四个主要变量：满足顾客的价值收益（customer revenue）、渠道物种协调成本（coordinate cost）、渠道物种的机会成本（opportunity cost）以及渠道物种运行成本（running cost）。其中满足顾客的价值收益是决定渠道的分销数量；协调成本是指渠道运行过程中，渠道物种需要协调所产生的成本；机会成本则是渠道物种进入该渠道系统后不得不放弃创业或进入其他渠道系统所可能获得的收益；而运行成本是渠道物种在渠道生态系统运行过程中所产生的费用，包括仓储、物流等方面投入的固定资产、构建分销队伍及与其他渠道物种开展合作关系的成本等。

我们假设一个周期为 $(t_0 - t_1)$，上述四个变量分别表示如下：

（1）$\int_{t_0}^{t_1} f(cr)$ 表示在 $(t_0 - t_1)$ 周期为满足顾客的价值收益；

（2）$\int_{t_0}^{t_1} f(cc)$ 表示在 $(t_0 - t_1)$ 周期渠道物种的协调成本；

（3）$\int_{t_0}^{t_1} f(or)$ 表示在 $(t_0 - t_1)$ 周期渠道物种的机会成本；

（4）$\int_{t_0}^{t_1} f(rr)$ 表示在 $(t_0 - t_1)$ 周期渠道物种的运行成本。

渠道生态系统（channel ecosystem）的价值表示为：

$$R_{ce} = \int_{t_0}^{t_1} f(cr)\,dt - \left[\int_{t_0}^{t_1} f(cc) + \int_{t_0}^{t_1} f(or) + \int_{t_0}^{t_1} f(rr) \right] \tag{3.3}$$

（1）当 $R_{ce} < 0$ 时，渠道生态系统难以持久发展，渠道物种会选择逃

离该系统;

（2）当 $R_{ce}=0$ 时，渠道生态系统处于稳态，渠道物种相对稳定，新成员也没有欲望进入，原有的成员也仍在系统中，渠道生态系统也难获得发展动力;

（3）当 $R_{ce}>0$ 时，渠道系统能够创造价值，对潜在的渠道物种具有吸引力，而且也只有这种状况，才能留住渠道物种，实现其"利己又利他"的互惠共生的理想状态。这种状况也表明渠道生态系统是健康的，渠道物种能繁衍生息。

上述分析阐明了渠道生态系统自我循环和自我发展的内在机理，渠道生态系统能否形成和健康运行主要看 R_{ce} 是否处于正值状态，即 $R_{ce}>0$。以宝洁公司为例①，20 世纪 80 年代美国零售业开始了零售商掌控流通渠道的时代，这对生产商构成了强大的钳制力，导致生产商与零售商之间的矛盾扩大化。为了适应这种变化，作为生产商的宝洁公司着手渠道系统优化和重构，它与沃尔玛等多家零售企业采用卫星通信系统和 EDI（电子数据处理）技术联网，根据沃尔玛终端店的销量、库存、价格等数据，制订出能灵活快捷响应顾客需求的通路计划。这样转换其渠道功能，中间商（沃尔玛为零售商）主营商流活动，生产商（宝洁）承担物流活动。另外，供应链之间交易按照已约定好的固定合同执行，从而大大降低了交易成本（比如在运输、价格等交易方面谈判的次数得以大幅度减少），提高了渠道效率。其结果是，作为生产商的宝洁公司的销量大大提高了（光纸尿裤一项销售额就提高了50%），而作为渠道商的沃尔玛公司的商品周转率则提高到了70%，沃尔玛公司因此一跃成为美国第一大零售商，渠道的成功经验也为沃尔玛的全球战略布局奠定了良好的基础。

3.2.3 渠道生态系统结构运行原理

对渠道生态系统研究最为关键的是渠道中间商种群的演替与变化。而实现这一过程则需通过竞争或共生两种途径来解决。因此，生态系统的时间本质上是渠道生态系统"序"的问题。具体来讲，渠道生态系统的"序"可从两个方面来呈现：一是竞争的"序"，即渠道生态系统通过资源优化配置、价值实现以及还原缓冲等功能，使其具备自组织、自催化的竞争"序"，进而主导渠道生态系统的形成与发展；二是共生的"序"，即渠道生态系统通过自调节、自抑制的共生序，来保证渠道生态系统的持

---

① 贾佳. 论提高流通渠道效率的模式 [J]. 物流科技, 2008 (9): 145.

续与稳定。

生物种群个体数目的增加称为种群增长。如果一个单独的种群（在自然界常常是若干种群的个体生长在一起）在食物和空间充足，并无天敌与疾病以及个体的迁入与迁出等因素存在时，按恒定的瞬时增长率（r）连续地增殖①，即世代是重叠时，该种群便表现为指数式增长，即

$$\frac{dN}{dt} = rN \qquad (3.4)$$

其积分就得到经过时间 t 后种群的总个体数，可用一条个体数目不断增加的 J 形曲线来表示（如图3.3所示）。

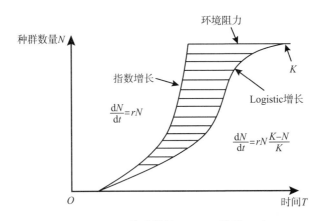

图 3.3　种群增长 Logistic 模型

因为限制生物增长的生物因素和非生物因素即环境阻力的存在（如有限的生存空间和食物、种内和种间竞争、天敌的捕食、疾病和不良气候条件等）和生物的年龄变化等必然影响到种群的出生率和存活数目，从而降低种群的实际增长率，使个体数目不可能无限地增长下去。相反，通常是当种群侵入到一个新地区后，开始时增长较快，随后逐渐变慢，最后稳定在一定水平上，或者在这一水平上下波动。此时，个体数目接近或达到环境最大容量或环境的最大负荷量（K）。在这种有限制的环境条件下，种群的增长可用逻辑斯谛方程表示：

$$\frac{dN}{dt} = rN(K - N/K) = rN(1 - N/K) \qquad (3.5)$$

$1 - N/K$ 代表环境阻力。增长曲线表现为 S 形（如图3.3所示）。一般

① 李昆. 企业群落生态化的复杂动力机制研究［M］. 北京：经济科学出版社，2010.

认为，这种增长动态是自然种群最普遍的形式。

根据种群增长 Logistic 模型，渠道生态系统中中间商种群不可能无限制的增长，它存在着增长的上限 K（见图3.3），当中间商种群数量 $N(t)$ 逐渐趋近 K 时，其增长率会减缓，表现在渠道实践中的行为就是增加渠道中间商数量或整个渠道环节配送数量会减缓，即：

$$dN/dt = r_m N(K-N)/K \qquad (3.6)$$

在式（3.6）中，实际增长率为 $r = r_m(K-N)/kr = r_m$，当种群大小达到 K 值时，$r \to 0$，受密度制约效应影响，与中间商种群增长成反比[①]。r 被用来表示中间商潜在增长能力。

在不同产品或服务的渠道系统中，其中间商种群的增长方式是不同的，也就意味着中间商的选择和培育是不同。有些属于"J"型（无增长上限，如图3.4所示），比如像牙膏、食品等极少数产品采用的是密集分销的方式，因此它会广泛选择中间商；有些属于"S"型（有增长上限），大多数商品都是这类。而且，对于同一产品或企业的渠道系统而言，在不同阶段其中间商种群的增长方式也有所不同，比如在经济形势好、顾客需求旺的情况下，呈现出"J"型，在经济萧条、顾客需求淡的情况下，呈现出"S"型。

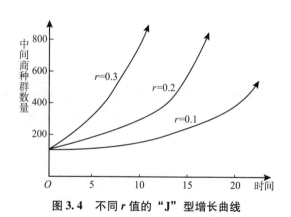

图3.4　不同 r 值的"J"型增长曲线

当然，在营销实践中，由于企业的营销努力，渠道生态系统的容量会有变化，设 K 为一个周期，有 $K_{(t)} = K_0 + K_1 \cos(2\pi t/\tau)$，解下面方程

$$dN(t)/dt = rN(t)\left[1 - N(t)/K\right] \qquad (3.7)$$

则有

①　孙振钧，周东兴. 生态学研究方法 [M]. 北京：科学出版社，2010（7）：74.

$$N(t) = \left\{ r \int_0^t \frac{1}{K(s)} \left[r(s-t) \right] \mathrm{d}s \right\}^{-1} \tag{3.8}$$

此外，渠道生态系统运行必须依赖能量流动与交换。

根据热力学第二定律的数学表达式：

$$\mathrm{d}S \geqslant \frac{\delta Q_\pi}{T} \tag{3.9}$$

当前者大于后者时，能量流动不可逆，当前者等于后者时，能量流动视为可逆。其中 $\mathrm{d}S = \frac{\delta Q\pi}{T}$（被称为熵，熵是渠道生态系统的状态函数），$\delta Q\pi$ 为可逆过程中系统吸收的微量热，T 指环境温度（可逆）或系统温度（对可逆）。

对熵变进行计算，则有：

$$dS_{熵} \geqslant \frac{-\delta Q_{SY}}{T_{熵}} \tag{3.10}$$

其中，$T_{熵}$ 为环境温度，Q_{SY} 指实际过程热。

那么渠道生态系统熵变的计算：

$$\Delta S = \int_{x_1}^{x_2} \left(\frac{\partial S}{\partial x} \right) y \mathrm{d}x + \int_{y_1}^{y_2} \left(\frac{\partial S}{\partial x} \right) x \mathrm{d}y \tag{3.11}$$

3.3 渠道生态系统组分结构分析

由上文可知，渠道生态系统结构主要有组分、形态和营养三种结构形态。渠道组分结构指的是渠道物种类型及数量的分布，这是渠道结构中最基本的结构；渠道形态结构指的是在一定时间、空间内渠道物种的布局，讲的是特定的时间、地理区域；渠道的营养结构指的是渠道物种物质流、信息流以及资金流等渠道能量的传递形式和方法。

3.3.1 渠道生态系统组分基本结构

渠道生态系统组分结构指的是渠道物种类型及数量分布。渠道生态系统包含渠道个体、渠道种群和渠道群落三大主要成分。其中渠道个体（成员）主要由生产商、批发商、零售商、顾客、运输商、仓储、物流、市场调研机构、广告代理商以及保险机构10类构成。而这10类中又形成了不同的渠道种群，首先，有生产商种群、批发商种群、零售商种群以及顾客种群（构成成员参与型渠道子群落）；其次，运输商、库存商、物流商构成物流服务商种群；最后，就是市场调研机构、广告代理机构形成市场服务种群；另外，保险公司属于保险服务商种群。而物流服务商种群、市场服务商种群以及保险服务商种群则形成非成员参与型渠道子群落；生产商种群、批发商种群、零售商种群构成成员型渠道子群落（见表3.4）。其中，批发商种群又可细化为三种种群①：①专营批发商；②代销商、代理商和经纪人；③厂家的分销机构与销售办事处。

表 3.4 渠道生态系统主群落组分结构与功能

主要种群类型		具体类型	主要渠道功能	获利途径	系统角色
生产商种群		生产制造商	提供产品/服务	生产产品	生产者
批发商种群	专营批发商种群	批发商/零售商	取得商品所有权后转售	差价	消费者
	代理商种群	代理商/经纪人/代销商	寻找客户并可代表生产商与客户谈判	佣金/工资	消费者
	分销机构种群	生产商分销机构/办事处	寻找客户并可代表生产商与客户谈判	业绩提成	生产者
零售商种群		零售商	直接销售	差价	消费者
顾客种群		顾客/客户	决定产品或服务的最终去向		消费者

下面对于最核心的渠道群落——成员型渠道子群落进行功能与结构分析②：

生产商种群。从事提取、种植以及制造产品的企业组织我们都称之为生产商，生产商要投入大量的资源生产出能满足顾客需要的产品。当然，还有一种情况就是为满足顾客服务方面的需求的提供者，我们称之为服务供应商，也属于生产商种群。由于它们提供的产品或服务是渠道的源头和起点，因此，生产商是渠道的发起者和推动者，在渠道构建初期往往也是主导者或领导者。生产商不但要大量投资于产品的研发、设计与生产，并有控制产品质量的迫切希望和需求，而且还要致力于建立有效的客户关系管理体系，提高顾客满意度③。那么在渠道生态系统中，这些具有产品或

① 庄贵军，周筱莲，王桂林．营销渠道管理［M］．北京：北京大学出版社，2004（11）：132.

② 魏明侠．绿色营销机理及绩效研究［D］．武汉理工大学博士论文，2002：84.

③ 张晓艳，王涛．基于组织生态理论的企业分销渠道模式选择［J］．商业经济研究，2010（15）：24－26.

服务的个人或机构就构成了渠道生产商种群。

中间商种群。在渠道系统中，所有介于生产者和顾客之间的经营者都叫作中间商。它包括商人中间商（包括批发商、零售商）种群、代理中间商种群和辅助中间商种群三大类。它们构成了中间商种群。中间商履行分销商品的职能，是承接生产商和顾客的纽带与桥梁，是渠道环节的核心，价值实现、商品流通和管理等渠道功能几乎全是由中间商来完成的，中间商内部交易效率的高低和外部竞争力的大小决定了中间商种群的生态位优势①。商人中间商种群主要是通过取得商品所有权进行转售，靠差价获得收益的中间商；代理中间商种群则由销售代理商、经纪人、生产商销售代表等构成，他们依靠寻找客户并可能代表生产商与客户谈判，并不取得商品所有权，通常靠佣金或工资获得收益的中间商。零售商种群是由中间商种群中分化出来的，零售商种群负责产品的终端分销，与顾客种群实现零距离接触——提供购买便利和售后服务，最能反映和了解消费者的需求信息。

顾客种群。顾客种群是由所有消费者组成的群体，每一个个体都可以视作种群内的组织，消费者是渠道生态系统运行的动力源泉，为其他渠道种群提供生存和发展所需要的资源。

另外，在渠道生态系统中，还有非成员参与型渠道种群，包括运输、库存和物流等配送服务商种群以及包含市场调研、广告代理在内的市场服务商种群以及以保险公司为代表的保险服务商种群，他们是通过协助产品分销来获得合同约定的报酬，既不取得商品所有权，又不直接进行购买或销售的谈判工作。非成员参与型渠道种群是由于渠道环境变化而从中间商种群中分化出来的群体。它的职能有所区别，它不与顾客种群实现零距离接触，也不直接参与客户谈判协商，只是负责为产品的分销提供便利性，能"锦上添花"，也能"雪中送炭"，但非关键种群，对渠道生态系统不起决定作用。

因此，在整个渠道生态系统中，产品或服务供应商担当着生态系统中生产者的角色，而批发商、零售商、顾客是渠道生态系统中不可或缺的角色，担当着消费者的角色，而配送商、市场服务商以及保险服务商则可视为分解者。

---

① Ping, Robert A., Jr. Determinants of Distribution Intensity [J]. *Journal of Marketing*, 1992 (10).

3.3.2 渠道生态系统组分结构合理性分析

渠道生态系统结构与功能关系集中表现为种群关系。渠道生态系统中的主要成员构成不同的种群——中间商种群。渠道个体、种群和群落通过自适应环境选择，适者生存、优胜劣汰；渠道种群根据利用占有的渠道资源，争取资源扩大化，从而增强其在渠道系统中的发言权，这样，对渠道生态系统的适应性和控制性也相应的增大。由于渠道资源的稀缺性和排他性（如顾客需求信息），谁拥有这些资源，谁就会在渠道系统中更有话语权，而渠道生态系统的构建极大地提高了渠道资源的共享程度，使得渠道权力结构更趋合理性，共享度越高，渠道生态系统的健康状况越好，而且，哪个渠道种群对环境变化的敏感度越高，其拥有的渠道权力就越大。

渠道是介于市场和层级间类似于网络的结构形式，是通过合同或契约来配置资源的非组织。渠道个体、中间商种群以及群落之间，主要表现为合作关系，但又存在着竞争关系。构建渠道生态系统不但能有效克服市场失灵、降低交易费用，而且能避免官僚层级组织的僵化、管理成本高的缺点①。但是，渠道系统中的合作容易导致机会主义（比如某经销商本不热心作为某消费品的代理，却因为该消费品极低的加盟门槛，选择做其地区代理商），从而直接影响渠道绩效，也会影响渠道群落的资源配置效率。

渠道生态系统结构直接影响到渠道绩效，不同的结构所导致的渠道绩效存在明显差异。比如，相比于成熟阶段的渠道群落，处于初级阶段的渠道群落，由于渠道种群和渠道个体较少，顾客和客户（潜在中间商）对产品认知度和熟悉度均有限，渠道整体收益率相对也较低。渠道生态系统因为具有自我调节和能量转换功能，能根据内外环境适时调整，因此，渠道生态系统结构是比较合理科学的，理由如下：

第一，随着社会发展，专业化程度提高，产业分工变得越来越细，交易费用和机会主义行为因此会增加，企业的管理成本和不可知性因素也随之增加。而构建渠道生态系统能做到在实现分工经济和专业化经济的同时不损失企业甚至整个经济系统的稳定性和获利性。当渠道物种或种群达到一定的数量后（竞争达到一定的程度），渠道种群和物种的增加不但不会增加渠道生态系统的活力，反而在一定程度上会抑制其活力，从而反向影响渠道绩效。这就迫使渠道进行自我调节使得渠道生态系统结构合理化。

---

① 余秀江，张岳恒，孙良媛. 中小企业群落结构合理性研究：一个理论探析［J］. 华南农业大学学报（社会科学版），2004，3（3）：43.

第二，在传统渠道结构中，由于信息的不对称、合约的不完全性，使得渠道成员均有可能产生机会主义倾向。比如已签约的双方在履行合约时可能会采取"机会主义"（有利于自己的行为），某厂商和代理商签订了代理合同（称为甲合同），当其他厂商抛出更诱人的条件时——新代理合同的签订获得的利润比甲合同带给该代理商高很多，那么，已签约的代理商，就有可能违约，从而导致原厂商利益受损。而渠道生态系统是一个开放的动态系统，信息共享、动态反馈是基本特征。因此，渠道生态系统中的渠道个体（成员）信息能做到完全共享，这样，渠道生态系统能有效地规避机会主义。

第三，在传统渠道中，渠道成员的专业化程度和分工水平与渠道竞争状况难以匹配。按照经济发展规律，一定的渠道分工水平势必对应一定的渠道竞争程度，过分强调任何一方而忽视另一方都将不利于渠道的稳定发展。比如，批发商和零售商的功能需要明确分工，但又需要彼此支持；同一级批发商之间既要有权责、区域的分工，又需要有绩效的考核和引入竞争机制。而渠道生态系统中个体、种群和群落专业化程度和分工水平与渠道环境和资源是自适应调节的，容易做到科学匹配，这样能促进渠道生态系统的健康运行。

第四，传统渠道中，渠道管理和技术几乎是所有渠道成员都可以共享的，是一种公共物品，因此，"搭便车"的行为成为常态。比如，有的渠道成员只效仿其他渠道成员现有的分销技术，而自身并不愿意进行探索，坐享其成。由于采取模仿会极大降低渠道成员的成本也更容易进入市场，而先前的分销技术开发者的超额利润（也被称为创新租金）无法长期获取，而模仿者利用低成本优势开展"价格战"，形成重复低水平的恶性竞争，最终导致整体渠道绩效降低。而渠道生态系统通过实现技术、信息等资源的共享有效地避免了渠道成员生态位重叠，使得渠道生态系统健康有序运行。

由上述可知，按照一定规律、一定比例以及存在专业分工和层次区分的合理数量渠道个体（企业）才能构成渠道群落。渠道群落的形成过程就是渠道群落结构不断合理化与优化的过程。在渠道生态系统形成过程中，渠道群落内各种群之间能量落差增大，而且各中间商种群之间的竞争也随着资源的减少会加剧，还表现在渠道群落内关键物种（领导物种、核心物种）及其相关物种（其他渠道成员）协调上，是渠道群落利用自我调节功能克服劣势的自组织过程。

3.4 渠道生态系统形态结构

按照生态学观点，形态结构也叫时空结构，是指各种生物成分或群落在空间上和时间上的不同配置和形态变化特征[①]。由于生态系统内部生产者、消费者和分解者在空间位置上的变动导致生态系统边界具有不确定性[②]。生态系统结构有水平结构和垂直结构之分，生态系统水平结构是指在一定生态区域内生物类群在水平空间上的组合与分布，生态系统垂直结构则是指垂直分布和垂直分层两个方面，包括不同生态系统在不同海拔高度的生境的垂直分布和生态系统内不同类型物种及个体的垂直分层。渠道生态系统同样具有特定的形态结构，渠道生态系统形态结构是指渠道生态系统在一定时间的空间分布形态，有水平结构和垂直结构之分。

3.4.1 渠道生态系统水平结构

渠道生态系统的水平结构指的是渠道个体、种群和群落的组合与布局。批发商、配送商、零售商、代理商等可以被看作渠道生态系统中的主要物种，构成了渠道生态系统的生物成分。而这些成分之间的关系与作用构成了渠道生态系统的空间结构。渠道个体和种群、群落在渠道生态系统中形成各自的空间结构，进而影响到整个渠道生态系统的空间结构。显然，渠道生态系统水平结构包含渠道个体、渠道种群以及渠道群落的水平结构三个层次。

渠道个体水平结构指的是渠道物种的空间分布状况。主要有三种形式：

（1）密集分布（intensive distribution）。渠道物种尽可能分布在各种地方，使顾客尽可能地接触到渠道物种，进而买到这些商品。

（2）选择分布（selective distribution）。渠道物种分布在少数经过精心挑选的地区销售其产品。

（3）独家分布（exclusive distribution）。在某一特定时期、特定空间里只有唯一渠道物种来分销或销售其产品。

而渠道种群的分布是最能代表渠道生态系统水平结构形态的。为研究

---

① Diamond J. M. Assembly of species communities in ecology and evolution of communities [M]. *Harvard University Press*, Cambridge, 1975: 342 – 444.

② Bazzaz F. A. Plant species diversity in old-field sucessional ecosystems in Southern IIlinois [J]. *Ecology*, 1975 (56): 485 – 488.

方便，我们选择中间商种群作为水平结构研究对象，中间商种群的空间分布主要有三种形式（如图3.5所示）：

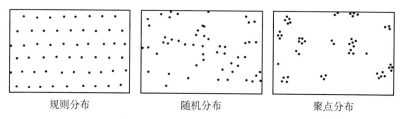

规则分布　　　　　　随机分布　　　　　　聚点分布

图3.5　渠道生态系统水平分布

（1）规则分布（regular distribution），又叫均匀分布（uniform distribution）。指的是渠道中间商在空间呈等距离分布，其数学模型为

$$P(n) = \frac{e^{-m} \cdot m^n}{n!} \tag{3.12}$$

式中，n 为中间商个体数目；m 为目标样本中中间商种群个体的平均数。

比如某产品代理，每个省指定一个总代理，每个地级市选择两个代理商，每个县选择四个代理商，每个乡镇选择八个代销商，形成1248的渠道格局。渠道中间商采取规则分布的主要原因有两个：一是分销的产品，产品不宜采取大规模分销，也不能渠道过窄；二是中间商之间的竞争所决定的，为了争取渠道资源，尤其是代理权，中间商展开竞争，最终合适的几个留在了渠道系统中。

（2）随机分布（random distribution），渠道中间商不受其他渠道物种的影响，在渠道生态系统中随机分布，其统计方差等于平均数。比如牙膏、香皂之类日常生活用品的中间商，其经销产品的机会是均等的，也不存在很多的"门槛"，受其他经销商排挤影响不是很大。

（3）聚点分布（accumulation distribution），独家分销是其典型分布形式。渠道中间商数量集中且少，中间商既不随机，也不均匀，而是集中且聚点。

中间商种群分布类型可以采取市场调查的方式，尤其是聚点分布，其成本低且准确。除了采取市场调查的方法来确定渠道分布类型外，采取计算分散度 S^2（方差）来判别较好。假设取中间商物种样方为 n，x 为样方实际数，样方个体平均数为 m，则其分散度 S^2 的公式为：

$$S^2 = \sum \frac{(x-m)^2}{n-1} \tag{3.13}$$

当中间商种群分布是随机的，则个体出现的频率符合泊松分布（poisson distribution），分散度特 $S^2 = m$（平均数）；当分散度 $S^2 = 0$ 时，可以判定中间商成均匀分布状态；当 $S^2 > m$ 时，此时呈聚点分布状态。

渠道生态系统中渠道群落主要有两个：成员参与型群落和非参与型渠道群落（见表 3.2）。群落结构取决于生态系统的多样性，而多样性则由物种丰富度和均匀度决定。渠道群落的空间结构的测度指标有三个范畴[1]：

（1）α – 多样性，群落中物种的多样性。它可以通过相对多度对其顺序作图得到，也就是说，把多度值最大的排在第一位，第二大的排在第二位，以此类推，由此产生一个物种丰富度关系图；

（2）β – 多样性，度量在地理空间中物种沿某梯度方向从一群落到另一群落的变化率；

（3）γ – 多样性，指地理空间内所有存在的群落的物种多样性。

3.4.2 渠道生态系统的垂直结构

渠道生态系统垂直结构主要是指渠道长度组合与分布。渠道生态系统水平结构呈现出链式结构和网状结构两种基本形式：

（1）链式结构。由于渠道自身不可能拥有全部生存所需的资源和技能，因而渠道的形成和运行离不开外部资源的支持，尤其是离不开上下游的渠道成员的支持（如图 3.6 所示）。链式结构是围绕领导物种（领导物种是渠道的核心成员，占据渠道主导地位，拥有渠道资源支配权，它可以是生产商、制造商、批发商或零售商），通过对渠道物流、信息流、资金

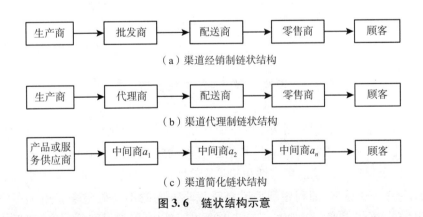

（a）渠道经销制链状结构

（b）渠道代理制链状结构

（c）渠道简化链状结构

图 3.6 链状结构示意

---

① 阿肯齐. 生态学 [M]. 北京：科学出版社，2004：209.

流、促销流、谈判流等的控制，完成销售产品的过程，这个过程是将生产制造商、中间商（含批发商、零售商等）和顾客连成一个整体。这种结构形成了功能网链式，这种方式不仅是一条产品分销的物质链、信息链、资金链，而且是一条增值链，它将目标渠道、供应商和顾客之间连成一个增值链——物料在供应链上因加工、包装、运输等过程而增加其价值，渠道成员则能降低经营风险，提高整体竞争力。

（2）网状结构。自然生态系统中的食物链很少是单条、孤立出现的，往往是交叉的，形成复杂的网络结构，此即食物网。同样，在产品分销过程中，产品不同，其分销系统肯定不同，即使同一种产品，其分销也可以采取不同的方式。因此，在企业实践中，渠道系统分销链之间往往是相互交叉的，形成了网状结构。图3.7是一家医药公司渠道结构图。

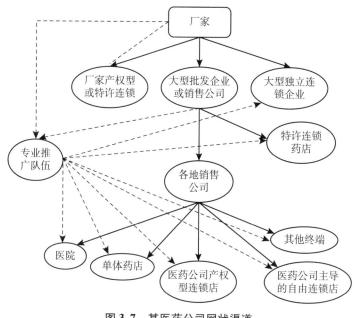

图 3.7 某医药公司网状渠道

渠道个体都是网络结构中的一个节点，不同渠道把由于专业化分工带来的比较优势通过物质、能量和信息的流动将这种优势在网络中进行扩散，使渠道经济活动的可靠性和相互依赖性大大增强。通过对渠道生态系统中各种资源的合理利用和渠道自身战略方向的不断调整来获得生存空间，在合作、竞争、协调的基础上与生态系统中的其他渠道个体逐渐形成互惠互利的共生关系（如图3.8所示）。

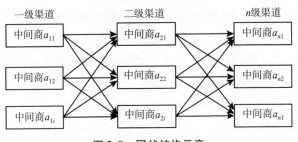

图 3.8　网状结构示意

在图 3.8 中，一级渠道不止一家，而是有 a_1，a_2，…，a_n 等 n 家，二级分销商也是如此。如果动态地考虑，n 级也可能有 a_1，a_2，…，a_m 等 m 家，这样的渠道系统实际上就是一个网状结构模型。在理论上，网状结构模型可以涵盖世界上所有厂家，所有厂家都可视为网状结构模型上的一个节点，并且认为这些节点之间存在着某种联系。这些联系存在强弱之分，且不断地变化着。但是，一个节点（渠道环节或渠道成员）只能与有限个其他渠道环节或成员联系，网状模型恰恰说明了企业营销实践中存在的复杂渠道关系。这种复杂的渠道关系对于渠道生态系统的演化和运行有着重要的影响力。促使渠道生态系统空间结构的演化趋势（如图 3.9 所示）——由链式结构向网络结构转变。

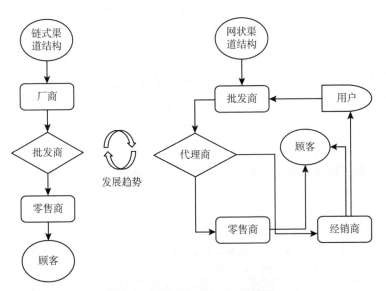

图 3.9　渠道空间结构的发展趋势

随着渠道生态系统的构建和运行，网络渠道柔性更大，密度更高。根据社会网络理论，网络密度的增加会给渠道生态系统带来三种后果①：一是网络密度的增加会使得渠道成员之间联系更加广泛，这样渠道成员之间沟通效率会得到大幅度提升；二是高网络密度会让渠道成员更容易达成共同的价值观、信念和目标以及行为规范。由于网络密度高，信息和资源流动速度就会加快，传播范围也将扩大，这样可以加深渠道成员之间的相互了解，因而更容易形成共同的价值观和信念以及行为规范②；三是网络密度的增加可以提高渠道成员间的沟通效率，而且渠道成员具有共同的价值观、信念与行为规范，这样使得渠道行为目标更为一致，渠道绩效更高。

3.4.3 渠道生态系统时间结构

英国著名经济学家希克斯围绕"星期""计划""预期"三个核心概念，以对时间维度极富创造性的处理方法为基础创造性地构建了动态经济理论③，该理论为渠道生态系统的时间结构研究提供了很好的思路。

根据生态学理论，生态系统结构会随时间变化而发生变化，从而反映出生态系统的动态变化。一般按照时间的长、中、短来考量，长时间量度是以生态系统进化为主要内容的，中等时间量度则以群落演替为主要考察内容，短时间量度是以昼夜、季节和年份等周期性变化为考察内容的，而且短时间周期性变化在生态系统时间结构研究中最为普遍④。

根据上述理论，在一定的时间范围内，所投入资源的物理形态（状）、化学成分会发生变化，不同的资源形式也可能存在相同的物质存在形式⑤。渠道生态系统在不同的时间点上，其物种、种群和群落的存在或表现形式都会有所不同。而渠道生态系统则通过自适应或自我调节把形式不同但属于同一类产品或行业的资源进行科学配置。另外，从时间维度来考量渠道生态系统，长时间度量则体现了渠道生态系统协同进化的结果（具体内容见本书第4章）；从中等时间度量，则考察的是渠道种群、群落的演替变化，比如中间商种群的迁入与迁出；从短期看，主要考察经销商物

① 张闯，关宇. 营销渠道网络结构对渠道权力应用结果的放大与缓冲作用：社会网络视角[J]. 管理评论，2013，25（6）：141 – 145.

② Galaskiewicz J. , S. Wasserman. Mimetic progresses within an interorganizational field：an empirical test [J]. *Administrative Science Quarterly*，1989，34（3）：454 – 479.

③ 邱晖. 希克斯动态经济理论中时间维度处理方法研究[J]. 经济纵横，2012（7）：34 – 36.

④ Nateli Hrionenko Yuri Yatsenko，经济、生态与环境科学中的数学模型 [M]. 申笑颜，译. 北京：中国人民大学出版社，2011（12）.

⑤ 高昂，张道宏. 基于时间维度的循环经济物质流特征研究 [J]. 中国人口·资源与环境，2010（9）：13 – 17.

种的更替、迁入与迁出以及升级等。

由图 3.10（a）某商品中间商的发展变化可以看出，甲、乙、丙为三个不同中间商种群，在不同的时间段内，三者对资源的利用和渠道绩效的贡献度不同：在渠道系统组建的前 2 年，渠道中间商种群丙的作用在渠道绩效和渠道资源的利用方面明显优于甲和乙（而甲又优于乙）；随着时间推移（经过 2 年的发展），到第 4 年渠道种群甲超越了丙，占据了主要渠道优势地位；经过长期发展（8~10 年），乙却遥遥领先于甲、丙。

图 3.10（b）可知，在 $t_2 \sim t_3$ 时间内，甲种群的年龄（时间）组成是衰退型，t_3 以后，渠道物种推出数量要大于进入数量，渠道种群总数进入负增长状态；而乙种群在 $t_1 \sim t_4$ 时间段内种群数量呈整体增长态势，在 $t_1 \sim t_4$ 时间段内呈现衰退迹象。甲种群在 t_3 时刻、乙种群在 t_5 时刻达到了环境容纳的最大值。从图 3.10（b）中看，甲、乙只有在 t_2 之前都处于增

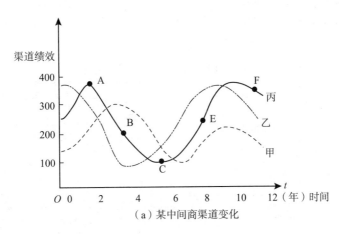

（a）某中间商渠道变化

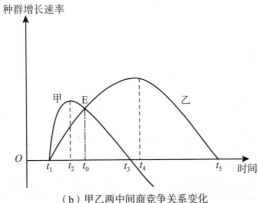

（b）甲乙两中间商竞争关系变化

图 3.10　渠道生态系统时间结构示意

长状态，t_0 以后甲消乙长，这说明这两中间商种群可能存在竞争关系，进入 t_3 以后，群落内斗争激烈，E 点属于渠道领导权和主导地位的易位点，由渠道"甲时代"进入"乙时代"，争夺白热化，并导致乙种群没落。

3.4.4 渠道生态系统综合结构——生态位

与自然生态系统一样，渠道生态系统也存在着生态位问题，但它与自然生态还存在区别。在渠道生态系统中，每个渠道环节都代表着一个生态位，每个渠道个体（成员）也有其生态位。渠道个体、种群和群落在环境中的选择和竞争行为决定了其生态位会经常发生变动。因此，渠道生态位是指在特定时期、特定环境里渠道个体、种群和群落与外部环境发生相互作用过程中所形成的在整个渠道生态系统中的地位、作用及其功能。渠道生态位也反映出渠道个体、种群和群落在一定时空条件下所形成的梯度位置，还反映了渠道在该时空条件下在物质、资金、信息、促销、谈判过程中所扮演的角色。既有静态行为，也有动态适应行为（见表 3.5）。

表 3.5　　　　　　　　　　渠道生态位与自然生态位比较

	自然生态位	渠道生态位
研究主体	理论上是物种，实践中是种群	既有个体（渠道成员），又有种群（渠道中间商），主要是种群
主体选择主动性	不强，主动选择能力弱	主体选择性强，根据市场环境做出主动选择
主动力	自然选择	主要由市场和渠道能动性两种力量决定
实体性因子	实体性因子占主导，几乎无虚体因子	实体性因子和虚体性因子共同作用，此消彼长，遵循一定的规律
生态位区域	一般比较固定	比较固定，上下子生态系统紧密性强
传承性	由上一代通过基因遗传到下一代	可以由上代向下代遗产，也可由潜在下代替上代
承受容量	除非发生颠覆性变化，否则生态位容量基本不变	可以扩大生态位容量，比如市场扩大、渠道联盟和企业产品创新等

正如第 2 章所述，渠道生态系统具有典型的耗散结构特征，它始终要向着有序方向进行演化，各渠道生态系统的形成和运行受到诸多因素的影响，这些因素我们称之为生态因子。它与渠道生态系统之间存在着循环催

化的关系，并因此不断推动渠道的有序演化①。在这个过程中，必然会有"负熵"产生，即系统中要存在有支配作用的序参量。生态因子是影响渠道生态系统形成和演化的关键要素，它不仅与环境有关，而且同时受到渠道物种间协同行为的反作用力的影响。可以这么说，生态因子实质就是渠道生态系统中的序参量，而渠道生态位是由这些序参量群构成的②。现实生活中，渠道系统中的序参量会随时间、空间以及产品不同而不同。渠道生态因子虽然很多，但具体到生态位上表现为序参量特征的因子并不是很多，依据其性质，本书认为渠道生态位因子是由顾客需求、渠道资源、渠道技术和渠道制度构成的，如图 3.11 所示。

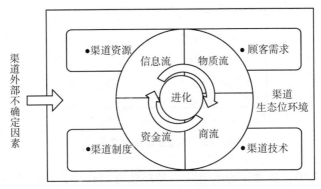

图 3.11　渠道生态位环境因子示意

其中，资源和需求是渠道生态系统演化的催化剂，催生着渠道生态系统形成，为渠道生态系统提供营养物，左右着渠道的发展方向；渠道技术和制度是渠道生态系统的控制器，如同渠道自组织"流"中的调节阀，控制和过滤着"过往"渠道的物质流、信息流和促销流等，以此来促进或抑制渠道生态系统的形成与发展；另外，自渠道系统外部诸如自然界和社会等不确定因素可能引发渠道生态系统自组织不平衡，虽然发生的概率很小，但其作用却不可忽视。由前文可知，渠道生态位受到企业营销系统及其运营系统、行业、宏观环境等多因素、多系统的影响，这些影响有内部自生的，也有外部无法改变只能适应的宏观环境。如果把影响渠道的每种资源条件都视为一维度的话，显然，渠道生态位是一个多维的概念。关于多维

① 高晶，关涛，王雅林.基于突变理论的企业集团生态位状态评价研究 [J].软科学，2007，21 (6)：128 - 132.
② 关涛，高晶，李一军.电子企业集团基于生态位状态的突变模型 [J].南京航空航天大学学报，2009，41 (2)：281 - 286.

生态位模型，哈钦森的 n 维超体积模型能很好地说明渠道生态位的特点①。

为了研究方便，我们设 Y 为渠道生态位，d_1 为渠道资源维度，d_2 为市场空间维度，d_3 为时间维度，d_4 代表生存能力维度，则可将模型表示如下：

$$Y = f(d_1, d_2, d_3, d_4) \tag{3.14}$$

d_1，d_2，d_3，d_4 为定值，代表四维空间中的某个点，这就是渠道在该时间点上的现实生态位。从长期来看，d_i 值可能会有所变化，当 d_i 值不同时，渠道适合度也不同。可见，为维度值呈正态分布，中间大，两头小，如图 3.12 所示。

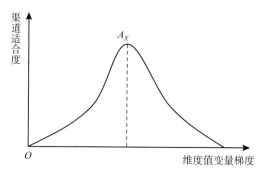

图 3.12　某维度适合梯度示意

图 3.12 中，横轴代表渠道某一种环境资源梯度，如批发商实力，纵轴代表渠道在该梯度上的适合程度。具有高适合度的那部分空间对企业生存是最适宜的。如果增加另一个环境因子 Y 的梯度（如零售商分销能力），则可得到图 3.13。

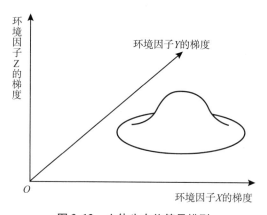

图 3.13　立体生态位简易模型

①　许芳，李建华. 企业生态位原理及模型研究［J］. 中国软科学，2005（5）：131.

以此类推，如果梯度标准为 n 个环境资源条件，则可得到渠道生态位的 n 维超体积模型。

若在渠道 n 维环境资源空间中存在一点 X_A，$X_A = [X_1a, X_2a, \cdots, X_na]$，使得：$f(X_1a, X_2a, \cdots, X_na) = \max f(X_1a, X_2a, \cdots, X_na)$，则 X_A 为渠道最佳生态位。

那么对于渠道生态位状况如何评价呢？

根据本章 3.4.3 中图 3.12 所示。结合系统论与突变论的思想（"突变理论"是由法国数学家 ReneThom 于 1972 年创立的关于"奇点"的理论，它建立于"拓扑学""奇点理论""结构稳定性"等数学理论之上，专门研究不连续变化的情况。"突变理论"采用控制变量和状态变量来对系统进行模拟，提供了一种研究所有跃迁、不连续性和突然质变的普遍适用的方法)，将渠道生态位状态逐级进行分解，提出了由需求、资源、技术、制度 4 个因子形成的各有侧重又相互联系，能综合反映渠道生态位状态的评价指标体系（如表 3.6 所示）。

表 3.6　　　　　　　　　　　渠道生态位状态评价指标维度

指标层	准则层
顾客需求 X_1	交货数量 X_{11} 交货质量 X_{12}
渠道资源 X_2	渠道成本 X_{21} 渠道成员非渠道资金效率 X_{22}*
渠道技术 X_3	物流技术 X_{31} 供应链管理技术 X_{32}
渠道制度 X_4	渠道利益分配 X_{41} 渠道权力 X_{42} 渠道管理 X_{43}

注：*渠道成员非渠道资金指的是渠道成员还存在从事渠道之外的业务，比如铝型材经销商还从事饮料代理工作，该成员的自有资金需要在铝型材和饮料业务中进行分配，那么，饮料业务资金的使用效率也会对铝型材渠道产生影响。

依据突变理论和势函数（系统势函数表示了系统的任一状态的值，而系统任一状态则是状态变量与控制变量的统一，系统势函数变量可分为两类：一是状态变量，即系统的内部表征变量；二是控制变量，即系统运行的外部影响变量），并拟合渠道的统计与观测资料建立突变模型，如图 3.14 进行生态位评价。

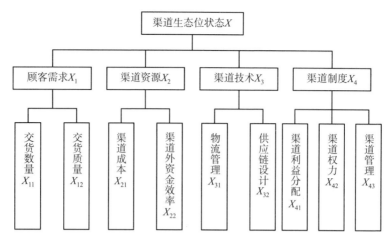

图 3.14　渠道生态位突变模型示意

对渠道生态位而言，可分为两个层次：衡量渠道生态位时，生态位为状态变量，需求和资源因子为控制变量；衡量需求和资源状况时，需求和资源因子为状态变量，技术和制度因子为控制变量。

根据突变理论，事物通常有 7 种初等突变形式：折迭型突变（fold catastrophe）、尖点型突变（cusp catastrophe）、燕尾型突变（swallowtail catastrophe）、蝴蝶型突变（butterfly catastrophe）、双曲型脐点（hyperbolic umbilic）、椭圆型脐点（elliptic umbilic）和抛物型脐点（parabolic umbilic）。

由图 3.14 可以看出，渠道生态位有两个折迭型突变、一个尖点型突变、一个燕尾型突变、一个蝴蝶型突变，分别用函数表示如下：

折叠突变函数：$f(x) = x^3 + ux$　　　　　　　　　　　　　　　(3.15)

尖点突变函数：$f(x) = x^4 + ux^2 + vx$　　　　　　　　　　　(3.16)

燕尾突变函数：$f(x) = x^5 + ux^3 + vx^2 + wx$　　　　　　　(3.17)

蝴蝶突变函数：$f(x) = x^6 + tx^4 + ux^3 + vx^2 + wx$　　　(3.18)

对式（3.16），求一阶和二阶导数，令 $f(x)' = 0$ 和 $f(x)'' = 0$，可得到分歧点方程：

$\{u = -6x^2, v = 8x^3\}$，对其进行归一化处理得到：

$$\{X_u = \sqrt{u}, \quad X_v = \sqrt[3]{v}\} \qquad\qquad (3.19)$$

其中，X_u 表示 u 对应的 X 值，X_v 表示 v 对应的 X 值。

同理，可以得到

折迭突变函数归一式：$\{X_u = \sqrt{u}\}$　　　　　　　　　　　(3.20)

燕尾突变函数归一式：$\{X_u = \sqrt{u}, \quad X_v = \sqrt[3]{v}, \quad X_w = \sqrt[4]{w}\}$　　(3.21)

蝴蝶突变函数归一式：$\{X_u = \sqrt{u},\ X_v = \sqrt[3]{v},\ X_w = \sqrt[4]{w},\ X_t = \sqrt[5]{t}\}$　　(3.22)

渠道生态位是联系渠道物种、种群、群落及其生存环境的纽带，也是体现渠道竞争力的主要标志。渠道物种要立足自身的实力和优势，分析渠道及其环境的特点以及与环境的关系，利用渠道物种的能动性，构建适合的渠道生态位①。具体说来，需要做到以下几点：

（1）依据渠道所在行业以及经济发展态势，发挥渠道生态系统自适应机制的优势，构建优势生态位。渠道物种应根据不同的发展阶段采取不同的渠道对策，并适度超前，既不简单模仿、盲目跟进，也不过度扩展，而是发挥渠道生态系统自适应机制的调节作用，或采取 r—对策（r-strategists），或采取 k—对策（k-strategists）② 以及介于其间的生态对策，构建优势生态位③。对渠道物种而言，占据有利的生态位成为它们竞争获胜的唯一选择。这迫使它们不能简单考虑如何增加渠道覆盖范围（包括产品、地理区域），而必须努力寻找适合自己的生态位，并固守之以阻挡他人的进入。潜在渠道物种若要进入该渠道系统，就应根据顾客需求，综合考虑产品、市场以及自身资源与能力状态，选择合理的渠道模式，尤其是渠道生态系统运作规则等情况，这样才可能找到合适的生态位。否则容易导致生态位过分重叠或生态位泛化，使自身在竞争中处于劣势，不但无法占有优势地位，而且难以生存下来④。

（2）根据渠道目标、对策和渠道能力与要素，完善和调整渠道生态位。渠道生态位是生存竞争和自然选择的双重结果，具有泛化和特化两种趋势⑤。所谓生态位泛化是指渠道物种生态位过分重叠，竞争加剧；所谓生态位特化则是指生态位发展到一定时期，不够清晰明确，容易被其他企业所模仿、复制。而这两者与渠道环境有关，环境的变化导致原有的生态位有可能不再适应环境的需要。因此，渠道生态位应该依托现有的渠道能力与要素，根据渠道系统及渠道物种运营状况，细化和完善自身的生态

①　闰安，达庆利. 企业生态位及其能动性选择研究 [J]. 东南大学学报（哲学社会科学版），2005，7（1）：62 - 66.
②　按照生态学家麦克阿瑟和威尔逊（1967）及莱克的思想，可以采取栖息地和生命参数的生物分类方法，把生物分成两类：r - 对策者和 k - 对策者。在此，r 和 k 分别表示内禀增长率和环境负载量。
③　采取 r—对策的渠道通常渠道成长、扩展能力强但管理较粗放、泛化，竞争能力较弱，存活率低；采取 k—对策的企业则是渠道成长、扩展能力缓慢，但产品（或服务）具有特色性（比如科技含量高、适用于特殊群体等），渠道成长空间大，存活率高。
④　闰安. 企业生命体的行为与理性研究 [D]. 南京：东南大学博士学位论文，2005.
⑤　所谓生态位泛化是指渠道成员生态位过分重叠，竞争加剧；所谓生态位特化则是指生态位发展到一定时期，不够清晰明确，容易被其他企业模仿、复制。

位。世界著名连锁企业——沃尔玛公司在认真分析南京市场环境的基础上，充分考虑到南京新街口、湖南路、中央门等地连锁商业较发达，但其经营相似性高（即生态位泛化），细化程度不够，尤其是苏果连锁在渠道生态位方面有着先天的优势，将其配送区域由村镇、郊区改变为市中心商业集聚区，做到细化生态位，精简供应链，以此达到提高物流配送体系效率，控制渠道成本来达到完善生态位的目的。

（3）发挥渠道自组织、自学习柔性的运行机制，选择、转换与巩固渠道生态位。渠道物种的主动选择和学习适应能力是渠道生态系统自组织和自适应机制实现的基础。正因为如此，渠道生态系统才能敏锐观察和捕捉并快速适应内外环境的变化，从而及时巩固或调整生态位，实现渠道生态系统健康运行。渠道生态位的选择与保持依赖于渠道良好的运行机制，良好的运行机制保证了渠道生态位的巩固，以及在生态位转换时，实现平稳过渡①。

（4）发挥渠道物种的主观能动性，寻找和创造新的渠道生态位。正如前文所述，渠道生态系统能发挥渠道物种的能动性和自主学习性，利用互联网、信息传递与分析等合理的方法与工具，才能有效发挥渠道物种的能动性，实现自组织与自学习，从时间因子（业态发展、经济阶段发展、企业自身发展）、社会因子、资源因子以及空间因子（价值链、地理位置、行业领域等）分析中寻找到合适的生态位，主动适应环境。

3.5　渠道生态系统营养结构

生态系统营养结构是指生态系统中生物与生物之间，生产者、消费者和分解者之间以食物营养为纽带所形成的食物链和食物网，它是构成物质循环和能量转化的主要途径②③。

3.5.1　渠道生态系统食物链与营养级

生态系统中生物组分之间因为吃与被吃的关系联结成一个序列，就像

---

① 闫安，达庆利. 企业生态位及其能动性选择研究［J］. 东南大学学报（哲学社会科学版），2005，7（1）：62－66.

② McNaughton S. J. Diversity and stability of ecological communities: a comment on the role of empricism in ecology［J］. *Ami nature*，1977（111）：512－529.

③ 张占贞，王兆君. 林业产业集群生态系统结构及平衡条件分析［J］. 安徽农业科学，2012（18）：9731－9733.

一条链索一样，所以被称为食物链①。食物链上的每一个环节都是一个营养级，营养级是指生物在食物链上所处的位置。食物链与营养级是相伴相生的，缺一不可。在生态系统中，能量能沿食物链进行传递，能量在食物链传递过程中热量往往是逐级递减的，遵守热力学第二定律（second law of thermodynamics）：热不可能从低温物体传到高温物体而不产生其他影响，或不可能从单一热源取热使之完全转换为有用的功而不产生其他影响，或不可逆热力过程中熵的微增量总是大于零。

根据上述原理，渠道生态系统可以表述为：渠道价值链成员以产品销售为核心，努力实现渠道生态系统结构与其环境、能量相匹配的进化过程（如图 3.15、图 3.16 所示）。

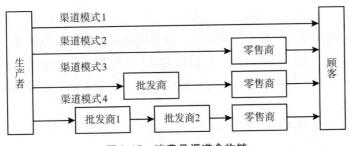

图 3.15　消费品渠道食物链

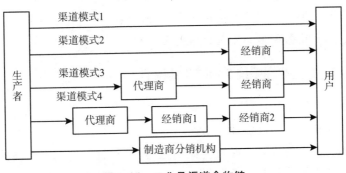

图 3.16　工业品渠道食物链

因此，渠道生态系统食物链表现为以产品销售为核心的价值链传递过程。图 3.15 是消费品渠道食物链示意图，图 3.16 是工业品渠道食物链示意图。渠道各个成员都是食物链中的一环（节点）。

渠道生态系统营养级——互动关系与能量匹配，则具体概括为"增

---

① 吴天一. 浅谈生态系统中的食物链与食物网 ［J］. 现代农业，2013，5（1）：102.

量""提质""稳态"三个层次：第一层次是"量"的增大，包括渠道物种资产和产品、品牌以及渠道整体资产的增值，渠道物种赢利的增加，渠道物种数量的增多等；第二层次是"质"的提升，即渠道管理能力与水平、资源配置能力等方面得到显著提升；第三层次就是"态"的稳定，即渠道生态系统运行稳定且能保持在健康水平上。渠道生态系统营养级的基本特征如下：

（1）渠道食物链中的"食物（营养物）"主要包括产品、产品所有权、资金、促销（含促销物质与促销信息）、渠道权力5个方面。

（2）渠道食物链有相当清晰的能量流、物质流、信息流。食物链实现的是单向的物质（产品）流动（传递），在这过程中，可以将能量流、物质流和信息流分开并具体化，由此形成不同的流动环节①（见图2.1）。

（3）渠道食物链的核心是营养——价值，也是食物链的能量源泉。价值主要体现在经济价值上，物质流、资金流和信息流是价值的承载体，各渠道环节之间通过物质（产品）链接形成一个暂时的稳定状态。这种稳定状态是暂时的，渠道生态系统时空结构发生任何变化，都有可能打破这种稳定状态。

（4）渠道食物链是典型的共生食物链，并非寄生、兼并、分解食物链②。上下节点间存在共存共荣的关系。

（5）渠道食物链的流动同样遵循热力学第二定律，会出现一定程度的能量的衰减，但其衰减主要取决于渠道分销效率。当分销效率高，其衰减就慢些，当分销效率低，则其衰减就多一些。

3.5.2 渠道生态系统食物网及其调节

在生态系统中，物种之间的捕食与被捕食关系，并不是简单的链式关系，一种生物可能会被多种生物食用（比如植物），同时也可能存在一种生物食用其他多种生物的现象（比如人类）。在这种情况下，物种之间传递能量就变得错综复杂，像是无形的网，把所有的生物和物种都包括在里面，直接或间接地发生着联系。这样食物关系变得很复杂，各种食物链交错在一起，形成了食物网。通常，食物网越复杂的生态系统，其抵抗外力干扰的能力越强，反之越弱。另外，生态系统内部营养结构也不是一成不变的，如果某一条食物链发生滞障或断裂，生态系统的自适应机制起作

---

① 陈红. "剩余物质"产业共生系统形成机理［J］. 学术交流，2011（10）：107－111.
② 肖海. 品牌食物链理论—品牌生态学理论的新发展［J］. 企业经济，2008，332（4）：55－57.

用，可以通过其他的食物链来进行调整和补偿①。

渠道生态系统各渠道层级间以及同级渠道物种之间构成渠道生态系统的食物网。它们具有很强的新陈代谢、自适应、自协调能力，与周围环境进行物质、能量和信息交换，处于动态变化中。也就是说渠道生态系统的实现是通过物（产品）流、商流、资金流、信息流、所有权流和促销流等的"新陈代谢"才得以完成的②。这种代谢可能会出现某个局部"断流"（不适应渠道生态系统发展或需要的节点被淘汰），这种"断流"会因为渠道生态系统的自适应与调节迅速得到有效的补充。新节点（经销环节）会进入，断点的不断续接，渠道生态系统的竞争能力在动态发展中不断得到强化，最终出现"和谐""均衡"的结果——资源得到有效利用和参与者效益（经济效益与社会效益）获得满意。这正是食物网概念的反映。

图3.17中，A代表生产商，B是顾客；圆圈1，2，3，4，5代表不同层级的渠道中间商；连接线1，2，3，4，5，6则代表不同渠道环节；其余不同颜色的各圆圈代表不同的影响环节或因素。

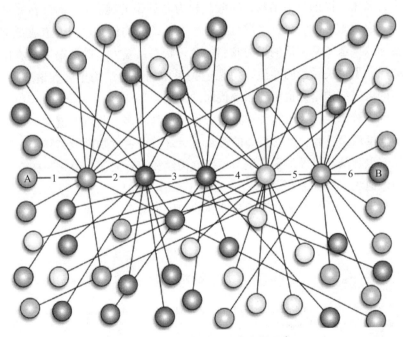

图 3.17　渠道生态系统食物网示意

①　Elwood J. W. Newbold J. D. O' Neill and van Winkled W. Resource spiraling: an operational paradigm for analyzing lotic ecosystems [M]. *Dynamics of lotic ecosystems*, 1983: 198–218.

②　Kondratowicz – Pozoraka, Jolanta. Modern marketing tools traditional ecological farms [J]. *Economic Science for Rural Development Conference Proceeding*, 2009 (20): 89–92.

渠道生态系统食物网的核心是渠道权力，因为只有渠道权力能把其余产品、产品拥有权、促销以及资金4种"营养物"串联起来。对于什么是渠道权力，能力学派和关系学派的观点有些不同，能力学派认为"渠道权力是某渠道成员为了自身利益而影响另一个渠道成员行为的能力"[1][2]，关系学派认为"渠道权力来源于某个渠道成员对另一个渠道成员的依赖程度"[3]。因此，对于渠道权力的来源也分化为两种观点，一种是依赖—权力说，一种是权力基础说（庄贵军，2004）。依赖—权力说认为"渠道权力来源于依赖"，即渠道权力根植于渠道成员之间的相互依赖关系[4]，因此，从依赖的角度分析渠道权力结构成为该学派一种惯常的研究方法。而权力基础说则认为渠道权力和其他权力一样，存在着奖励权、强迫权、法定权、认同权、专家权和信息权6种渠道权力基础[5]。

实际上，从深层次上讲，这两种观点是一致的。渠道成员在资源禀赋、专业能力和渠道角色等方面存在差异，为达到目标相互依赖，这是依赖权力说的观点；而渠道成员因为这些差异，形成不同权力差级，导致了渠道关系中不同的权力结构，这就是权力基础说的观点[6]。而且在实证研究中，也很难将两者分开，况且渠道生态系统的构建，迫使渠道成员努力改变导致渠道效率偏低的权力倾斜的竞争状态，权力基础被渠道共有价值所取代，渠道关系趋向共生，使渠道关系中的权力结构走向和谐与均衡，均衡的渠道结构是渠道生态系统代谢的"终点"。

但不管怎样，渠道物种从渠道合作中获利越多，其对渠道和渠道物种的信任度就会越高，其对权力的遵从也更好，渠道食物网就越稳定，其渠道绩效也越高。另外，渠道生态系统的构建和运行促使渠道物种树立了共同的价值观、目标及行为规范，避免了合作中的机会主义行为，共担风险、共享收益，对渠道的干扰和控制的动机也被大大削弱了，使得整个食物网趋向稳定。

① 于晓霖，周朝玺. 渠道权力结构对供应链协同效应影响研究 [J]. 管理科学，2008，21 (6)：30 - 36.

② EI - Ansary Adel I. Determinant of Payer - dependence in the distribution channels [J]. *Journal of Retailing*，1975，55 (Summer)：59 - 94.

③ Frazier Gary L. On the measurement of interfirm power in channels of distribution [J]. *Journal of Marketing Research*，1983，20 (2)：158 - 166.

④ 夏文汇，徐刚. 当前工商企业营销渠道的矛盾冲突与对策研究 [J]. 中国流通经济，2001 (3)：28 - 31.

⑤ 庄贵军等. 营销渠道管理 [M]. 北京：北京大学出版社，2012：247.

⑥ Emerson Richard M. Power - dependence relations [J]. *American Sociology Review*，1962，27 (2)：31 - 41.

在整个渠道食物网中，各种食物网中的节点分别完成产品的分销，但哪一种节点对渠道最有利则需要对渠道的投入和产出进行分析。因此，我们将渠道食物网中的路径分为：核心路径、重要路径和次重要路径三类。其中，核心路径是指既能够让顾客获得产品满足其需要同时又能让渠道物种获得满意感的分销环节和方法组合；重要路径，即满足顾客需要或者让渠道物种获利的环节与方法。

下面采用消耗系数来分析食物网种群路径选择问题。我们将渠道直接消耗系数（直接消耗系数指的是渠道运行过程中单位产出所直接消耗各种资源投入的数量）与完全消耗系数（完全消耗是指渠道直接和间接消耗资源总和）看作是衡量渠道种群在渠道生态系统中所起到的桥梁和纽带作用的系数。

直接消耗系用式 3.23 表示：

$$a_{ij} = \frac{x_{ij}}{X_j}, \quad (i, j = 1, 2, \cdots, n) \tag{3.23}$$

式中，a_{ij} 表示渠道种群 j 总产出对渠道种群 i 的消耗量，反映的是分销过程中与直接消耗的共同消长的线性比例关系；x_{ij} 表示渠道种群 j 未获得当期总产出面对渠道种群 i 的消耗量；X_j 表示渠道种群 j 的总产出。

完全消耗系数用式 3.24 表示：

$$B = (I - A)^{-1} - I \tag{3.24}$$

其中，B 为完全消耗系数矩阵，I 为单位矩阵，A 为直接消耗系数矩阵。

直接消耗表示渠道种群内生物之间单条食物链的直接层级关系，完全消耗表示种群内物种（渠道成员）之间通过多条食物链构成的网状结构直接和间接层级关系总和。那么，其路径选择模型为（3.25）所示，式中，s_{ij} 为第 i 渠道种群对第 j 种群的完全消耗系数与直接消耗系数的比值；$\min\limits_{j=1}^{n}(s_{ij})$ 表示最短路和最大流问题，是关键路径选择模型，即要想快速分销产品，应当协同快速发展使 s_{ij} 取得最小的第 i 渠道种群；l_{ij} 为第 i 渠道种群对第 j 的完全分配系数与直接分配系数的比值；$\max\limits_{j=1}^{n}(l_{ij})$ 表示渠道种群的弹性和刚性问题，是重要路径选择问题，即要想稳步发展第 i 渠道种群，应当间接协同快速发展使 l_{ij} 取得最大的第 j 渠道种群；能够分别满足 $\min\limits_{j=1}^{n}(s_{ij})$ 和 $\max\limits_{j=1}^{n}(l_{ij})$ 的渠道种群 j 及 j' 是保证渠道种群 i 又快又好发展的必然路径选择和最优路径选择。

$$\begin{cases} \min(s_{ij}) = \min\limits_{j=1}^{n} \dfrac{b_{ij}}{a_{ij}} \quad (i,\ j=1,\ 2,\ \cdots,\ n;\ a_{ij} \neq 0) \\ \max(l_{ij}) = \max\limits_{j=1}^{n} \dfrac{w_{ij}}{d_{ij}} \quad (i,\ j=1,\ 2,\ \cdots,\ n;\ a_{ij} \neq 0) \end{cases} \tag{3.25}$$

3.6 案例研究：美的空调营销渠道生态系统结构

在前面理论阐述的基础上，现结合美的空调的营销渠道生态系统结构进行案例分析①：

3.6.1 美的渠道模式演变与特点

美的渠道模式主要是根据美的公司的渠道组建和管理而定的。美的公司在各省设立自己的分公司，在地级市设立办事处。在区域市场内，分公司和办事处一般通过当地的几个批发商来管理数目众多的零售商，批发商可以自由向零售商供货。

美的公司的这种营销渠道结构，与其较早介入空调行业及市场环境有关。20 世纪 80 年代美的就开始介入空调行业，那个时候无论是经销商的销售能力，还是渠道配送能力都比较有限。因此，选择由众多的批发商作为代理商来承担主要的分销任务是一种不错的选择。

经历了两个发展阶段。以 2008 年作为分水岭，第一个阶段属于代理商阶段。在 20 世纪 80 年代到 20 世纪末，美的的渠道模式采取的是成立营销分公司，主要采取代理商制度，在全国招收代理商的模式，分为一级代理和二级代理，那时美的渠道批发商数目众多，意愿和分销能力是代理商的主要衡量指标。到 21 世纪初，美的空调开始进行渠道变革，2005 年开始了空调营销改革试水，由美的制冷设备有限公司与三家代理商（中山珠海地区唯一代理商中山顺昌投资发展有限公司、浙江省五金交电化工有限公司、上海锦辉工业供销公司）合作成立了三家控股销售合资公司（三家合资销售公司美的占 51% 的股份，参股代理商占 49% 的股份）。美的空调经销商与美的分公司管理团队合资成立营销分公司，美的不投资，也不占股，合资销售分公司与总部完全变成市场关系。此后，美的采用这种方

---

① 本案例由庄贵军、周筱莲、王桂林编著的《营销渠道管理》（北京大学出版社，2004：123 – 126）与编辑部. 渠道再铸徘徊中再寻——美的渠道变革之轨迹〔J〕. 现代家电，2011（30）：10 – 13 及美的官网〔EB/OL〕https：//mall.midea.com/相关资料改编而成。

式在全国建立起 58 家营销分公司，到 2008 年上半年基本完成渠道改制，2009 年推广到公司其他部门。

3.6.2　渠道生态系统组分结构与功能

其主要组分结构与功能如表 3.7 所示。主要物种包括：生产商——美的总公司、分销商——美的分公司、批发商和终端销售商——大商场与零售店；主要种群有三种，为分销商种群、批发商种群和零售商种群；群落则是由分公司、批发商与零售终端构成的销售群落。

美的渠道模式中，批发商具有重要的地位，属于批发商带动零售商模式。美的公司（工厂）提供产品给各地分公司或办事处；各地分公司或办事处向批发商供货并负责促销以及进行渠道管理；批发商向各零售商供货，负责分销；零售商负责销售。

表 3.7　　　　　　　　美的渠道生态系统组分结构与功能

主要种群（或物种）	渠道角色	主要渠道功能	功能定位
生产商物种	美的公司	提供产品、负责促销	生产者
分销商种群	美的分公司	提供产品、促销与管理渠道	消费者
批发商种群	批发商	负责分销	消费者
零售商种群	零售商	直接销售	消费者
顾客种群	顾客/客户	决定产品或服务的最终去向	消费者

3.6.3　渠道生态系统形态结构与功能

美的渠道形态结构主要指的是渠道物种的空间分布状况，由于美的渠道模式属于批发商带动型，因此，其形态结构主要是指批发商的空间分布状况。

从图 3.18 可知，美的的渠道形态水平结构属于选择分布（selective distribution）型，即美的在销售区域内精心挑选少数实力雄厚（或资金实力雄厚，或销售网络深广）的批发商。美的渠道形态垂直结构如图 3.18 所示，分为四级，属于典型链状结构。

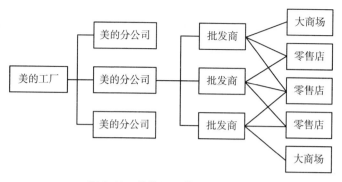

图 3.18　美的公司营销渠道结构

根据 3.6.1，我们描绘出美的渠道形态时间结构，如图 3.19 所示。其中有三个关键节点：2005 年、2008 年、2011 年。2005 年是美的空调渠道变革之始，2008 年是渠道模型成型之时，2011 年是从空调事业部推广到整个公司的渠道变革形成之年。

至此，美的实现了销售平台下移，总部的权限下放到分公司，原有分公司的职责转移到合资公司，由"总公司—分公司—代理商—经销商"变为"总公司—合资公司—经销商"，缩减了环节，流程更短，市场反应更快。而美的也逐步退出了合资销售公司，完全实现了销售渠道社会化。

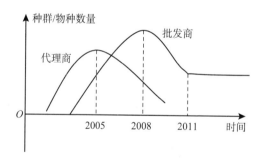

图 3.19　美的渠道种群/物种数量变化

美的渠道合作伙伴生态位关系如表 3.8 所示。渠道成员与外部关系以竞争为主，尤其是同行（如格力、海尔等），而渠道成员生态位关系则是以合作为主，但又存在竞争关系，而且还存在生态位重叠现象。

根据生态位内涵，渠道生态位宽度是指渠道利用各种资源的总和，因此，渠道宽度与其所占资源总量的比例呈正比关系，也代表了渠道适应环境变化的能力与程度。

表 3.8 美的渠道伙伴生态位关系

收益		关系类型	主要特征
渠道成员 1	渠道成员 2		
美的公司 +	美的分公司 0	合作	上下级、内部控制
美的分公司 ⊕	批发商 ⊕	合作	彼此收益、分离不能独存
批发商 ⊕	零售商 ⊕	合作	彼此收益、分离不能独存
批发商 + −	批发商 + −	合作竞争	彼此竞争、互补、离开后能独存
售商 +	顾客 0	偏利	零售商收益、顾客无影响

注: + 为增加, − 为减少, 0 位不变, ⊕ 表示互利性增加。

渠道生态系统的构建能有效地促进渠道成员资源共享与互补, 增加渠道成员生态位宽度, 同时, 渠道成员彼此独立存在, 可以投入更多的资源建设自身核心竞争力, 在增加渠道成员生态位宽度的同时特化了渠道生态位。

我们不妨假设销售区域内有 AB 两个美的批发商, 他们之间既存在竞争关系也存在合作关系。A 批发商对 B 批发商的生存会产生副作用, 但反过来, A、B 在美的渠道中的资源共享、优势互补对各自的生存与发展产生正作用。

下面我们对美的渠道生态位状态主要从渠道整体和渠道成员个体两个方面进行简要评价。为此, 需要建立两个指标体系: 一是渠道系统指标体系, 反映渠道整体绩效; 二是渠道成员指标体系, 反映的是渠道成员间协调和信任的关系。根据系统论和突变论的思想, 需将渠道生态位状态进行层次化处理, 再确定二级指标。

在下面的研究中, 我们选择美的分布在华中地区的 A、B、C、D、E 6 家批发商进行实证分析。根据中国家电行业信息发布中心《2012 年家电行业研究报告》、各公司 2012 年报及中国家电网、中国产业信息网等相关网站的资料以及项目组开展市场调查研究得到的数据, 对评价指标中各变量进行赋值, 见表 3.9。

表 3.9   渠道生态位状态评价指标维度

指标	企业	A	B	C	D	E	F
顾客需求 X_1	交货数量 X_{11}	9.23	5.83	4.83	7.63	8.83	3.80
	标准化值	0.900	0.568	0.387	0.723	0.837	0.360
	交货质量 X_{12}	1	4	6	2	5	3
	标准化值	0.2	0.8	1	0.4	1	0.6
渠道资源 X_2	渠道成本 X_{21}	4	3	1	5	2	1
	标准化值	0.4	0.6	0.2	1	0.8	0.2
	渠道成员非渠道资金效率 X_{22}	4	3	5	2	1	2
	标准化值	0.6	0.4	1	0.2	1	0.2
渠道技术 X_3	物流技术 X_{31}	1	1	1	1	1	1
	标准化值	1	1	1	1	1	1
	供应链管理技术 X_{32}	10.88	7.39	2.27	22.35	2.31	0
	标准化值	0.361	0.245	0.074	0.742	0.077	
	渠道收益率 X_{33}	22.00	16.81	16.21	37.08	16.20	0.11
	标准化值	0.057	0.452	0.436	1	0.435	0
渠道制度 X_4	渠道利益分配 X_{41}	9	10	5	8	6	7
	标准化值	0.889	1	0.222	0.778	0.556	0.667
	渠道权力 X_{42}	17.24	13.02	10.56	14.08	12.03	12.08
	标准化值	1	0.755	0.613	0.817	0.698	0.701
	渠道管理 X_{43}	6	3	2	5	4	1
	标准化值	1	0.6	0.4	1	0.8	0.2

注:
(1) 交货数量是根据每个批发商年度销售家具产品数量来衡量的,这里没包括各个批发商尚未销出去的货物。
(2) 交货的效率则是采用每个批发商每年销售家具产品数量除以分公司每年供给该批发商的数量来衡量的。
(3) 渠道成本主要是指该批发商投入的初始成本,包括建仓库、运输设备及人员工资等。
(4) 渠道成员非渠道资金效率是通过研究组进行实地调查得到的。
(5) 我国家电物流模式基本相似,基本上处于一种仓储、运输、组装的状态,因此可以假设这些渠道成员具有近似物流技术掌握程度。
(6) 关于供应链管理技术,虽然目前我国家电行业成熟度较高,渠道效率仍存在差异,这种差异来源于供应链设计技术差别。供应链设计包含供应链成员及合作伙伴选择、网络结构设计、供应链运行基本规则以及协调机制等方面。其数据的取得是通过广东省物流协会和中国物流采购联合会发布的相关数据获得的。
(7) 渠道收益率是指渠道从产品销售中得到回报占零售价格的比例,不同渠道的利润率是有差异的,取决于渠道对于这类产品的盈利期望,通过调整渠道利润率可以一定程度上改变渠道的盈利期望,最终影响品牌的渠道覆盖密度。
(8) 渠道利益分配和渠道权力以及渠道管理方面是根据项目组对相关渠道成员进行调查得到的,其中渠道收益分配是批发商认为基本达到了理想效果的则认为5,然后由低到高进行赋值;渠道权力是指美的在整个渠道中的控制权和分配权;渠道管理是根据渠道成员在渠道权力不同而导致事实存在细微差别进行赋值的(渠道管理中最主要参考的是窜货问题的处理权)。

根据表 3.9 的各项数据，利用归一式沿着倒树形结构逐步向上演算综合，直到最高层，从而得到"渠道生态位"评价参数。

以美的公司渠道为例，其突变模型如图 3.20 所示，最下层是其原始数据（标准值），然后运用归一式向上演算，得出 X_1、X_2、X_3、X_4 的值，最后得到美的公司的生态位评价参数。

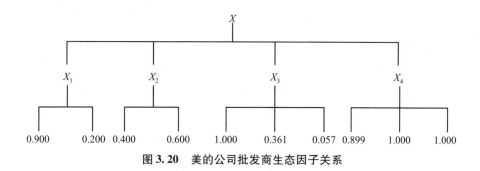

图 3.20 美的公司批发商生态因子关系

X_1、X_2 为尖点突变函数，根据归一式 3.6，我们可以得到：

$$X_{11} = \sqrt{0.900} = 0.949 \qquad X_{12} = \sqrt[3]{0.2} = 0.585$$

$$X_{21} = \sqrt{0.400} = 0.632 \qquad X_{22} = \sqrt[3]{0.6} = 0.843$$

按互补求平均值得到：

$$X_1 = (X_{11} + X_{12})/2 = 0.767 ; \quad X_2 = (X_{21} + X_{22})/2 = 0.7375$$

为燕尾型突变函数，根据归一式 7，我们可以得到：

$$X_{31} = \sqrt{1} = 1 \qquad X_{32} = \sqrt[3]{0.361} = 0.712 \qquad X_{33} = \sqrt[4]{0.57} = 0.869$$

$$X_{41} = \sqrt{0.889} = 0.943 \qquad X_{42} = \sqrt[3]{1} = 1 \qquad X_{43} = \sqrt[4]{1} = 1$$

按照互补求平均值得到：

$$X_3 = (X_{31} + X_{32} + X_{33})/3 = 0.860 \qquad X_4 = (X_{41} + X_{42} + X_{43})/3 = 0.981$$

按"大中取小"原则，最终 A 的 X 参数为：

$$X = \text{Min}[X_u X_v X_w X_t] = 0.7375$$

至此，得到了美的公司的生态位评价参数 X_v，按此步骤计算其余 5 家公司的生态位参数如表 3.10 所示。

根据表 3.10 的数据结果，可以得出 6 家企业在 2012 年的生态序列状态。其中 A 各项指标比较平均，表明该批发商发展态势稳定，处于该渠道生态系统生态位的高点；E 虽然各项指标均不是最高，但相当均衡，位次靠前；B 虽在其他项目上表现较好，但其资源利用情况不佳，因此在竞争中处于下风。

表 3.10　　　　　　　　　　　渠道生态位状态评价参数及结果

指标 ＼ 家电企业		A	B	C	D	E	F
顾客需求 X_1	交货数量 X_{11}	9.23	5.83	4.83	7.63	8.83	3.80
	交货质量 X_{12}	1	4	6	2	5	3
渠道资源 X_2	渠道成本 X_{21}	4	3	1	5	2	1
	渠道成员非渠道资金效率 X_{22}	4	3	5	2	1	2
渠道技术 X_3	物流技术 X_{31}	1	1	1	1	1	1
	供应链管理技术 X_{32}	10.88	7.39	2.27	22.35	2.31	0
	渠道收益率 X_{33}	22.00	16.81	16.21	37.08	16.20	0.11
渠道制度 X_4	渠道利益分配 X_{41}	9	10	5	8	6	7
	渠道权力 X_{42}	17.24	13.02	10.56	14.08	12.03	12.08
	渠道管理 X_{43}	6	3	2	5	4	1
指标层及计算得分							
	X_1	0.949	0.754	0.622	0.085	0.916	0.600
	X_2	0.476	0.547	0.643	0.953	0.543	0
	X_3	1	1	1	1	1	1
	X_4	0.987	1	0.534	0.920	0.941	0.958
准则层及计算得分							
	X_u	0.974	0.868	0.789	0.922	0.957	0.775
	X_v	0.984	0.818	0.863	0.781	0.816	0
	X_w	1	1	1	1	0.816	1
	X_t	0.983	1	0.983	0.977	1	0.991
参数 X 得分		0.922	0.818	0.789	0.781	0.816	0
生态位		1	3	4	1	2	6

运用突变论构建渠道生态位模型，并将之运用到实际的渠道成员评价中，在理论界尚处于初步探索阶段。通过上述评价，我们不难发现，一些我们认为具有很强竞争优势的渠道，如 C 的生态位状态反而不是排名最前的，这与评价指标的选取、指标权重的设置、采用数据的来源和真实性有

关，但并不会影响对整个评价方法和过程的描述与展示。如果能对渠道生态位四个因子的细化特征量做进一步的分析与研究，不仅会对整个评价体系大有帮助，而且也会提升渠道生态位状态的特征描述水平。同时需要指出的是，渠道生态位的形成需要一定的时间来检验，虽然评价结果在一定程度上能够反映出渠道的现实状态，但仅针对 1 年的评价，无法准确地判断该渠道的真实能力情况。而出现这一问题的主要原因：一是我国目前尚未形成一个完整、透明、具有延续性的产业统计数据库；二是受访渠道成员对自身数据的提供保持高度的敏感性，这不但加大了资料收集的不确定性，而且减弱了所得数据与研究需要的匹配程度，进而在一定程度上削弱了研究的说服力。因此，如何将时间因素加入到模型中，采用更科学的指标选取方式，还有待于今后的进一步研究。

3.6.4　渠道生态系统营养结构与功能

美的渠道生态系统营养结构中食物链上下级关系如图 3.16 所示。其营养物主要包括：产品、产品所有权、资金、促销以及渠道控制权 5 个方面。

产品流向基本上是单向流动的，有极少部分存在逆流现象，主要是指那些在销售终端销售不力的产品或退回、召回产品。

产品所有权随着产品的流动而随之转移。

资金方面，这种模式具有最大的优势。采用渠道模式可有效实现融资，较大地缓解了资金压力，让公司留出更多的资金来进行产品开发和市场推广。

促销方面则是由总公司与各地分公司或办事处共同承担，总公司做规划，各分公司与办事处执行。

在渠道控制权方面，美的公司占主导地位。美的公司保留了价格、促销和渠道服务与管理等工作，而把分销、库存等工作给其他渠道合作者。美的分公司或办事处不直接向零售商供货，但会要求批发商上报零售商名单，并会加强与零售商的联系，一方面了解实际零售情况，另一方面还可以了解渠道政策执行情况。批发商的主要责任就是分销，一个地区有几个批发商，公司直接向其发货，再由他们向零售商供货。零售指导价格由制造商定，同时制造商还负责协调批发商价格，但并不一定要求批发商严格遵守。

3.6.5 评述

中国家电结构发生变化，主要分为四个阶段①：固定销售渠道（1990年以前），计划经济和有计划的商品经济时代，供不应求、货源紧张，家电厂商基本采取传统渠道模式，即"厂家—批发商—零售商—消费者"；网络多元（1990～1994年）厂家竞销，传统渠道仍为主渠道，但呈现多元特点；自建网络（1994～1997年）家电买方市场出现，厂家开始主动向少环节、多网点方向发展，苏宁、国美等家电零售巨鳄是一大亮点；稳定网络（1997年至今），自建网点增加厂商成本（渠道建设费用、库存等），价格战成为重要的行业特色，厂商利润渐薄，厂商开始调整与渠道商的关系，实现分工互补。

美的的渠道结构变化符合渠道生态系统结构变化，体现了"结构跟随环境"构建的基本思路，即随着环境（市场）的变换，渠道物种、种群、群落及其生存环境发生相互适应。渠道结构应适时作出调整和变化，其变化的合理、科学与否取决于整体企业渠道系统是否占据优势生态位，合理性和适宜性是渠道系统的主要标志。就渠道个体而言，渠道物种（包括厂商、批发商、代理商、零售商等）要立足自身的实力和优势，分析渠道及其环境的特点以及与环境的关系，利用渠道物种的能动性，构建适合的渠道生态位，从而取得竞争优势。

从美的的案例看出，要基于渠道生态系统来实现渠道结构的创建和调整。首先，分析渠道面临的市场环境，确定渠道的需求，包括各个参与者的分销数量、服务以及利益等方面的需求。其次，参照上面的渠道需求，按照组分、形态和营养结构三个方面进行匹配，来确定渠道生态系统的整体结构。当然，更为重要的是在渠道生态系统构建后必须发挥其自适应机制的优势，能敏锐观察和捕捉并快速适应内外环境的变化，从而及时调整，实现渠道生态系统健康运行。渠道物种（种群）可以应根据不同的发展阶段采取不同的渠道对策，并适度超前，既不简单模仿、盲目跟进，也不过度扩展。

---

① 庄贵军，等. 营销渠道管理［M］. 北京：北京大学出版社，2012：115.

第4章 渠道生态系统演化

渠道生态系统演化包含两个方面：一是渠道生态系统的演替，演替是渠道生态系统的基本特征。渠道生态系统演替是有序的，即它是有规律地向一定方法发展的。二是渠道生态系统的进化，这是由于渠道系统受到内外因素的影响而发生变化，其中渠道内部因素是其主要控制阀。进化是演替的前提与过程，演替是进化的结果，演替最终是以渠道生态系统的稳定为标志的。

4.1 渠道生态系统演化原则与特征

自然生态系统演化最终表现为一个群落替代另一个群落的次序。渠道生态系统同样遵循类似的规律。渠道生态系统的形成过程中，初期渠道规模狭小、结构简单，随着进一步发展，渠道后期提供的服务或产品与市场容量基本相匹配，渠道成员的经营目标、资源与渠道整体目标及市场环境相适应，从而保持自身及渠道生态系统的相对稳定。

4.1.1 渠道生态系统演化基本原则

（1）互动与动态原则。生态学观点认为，生态系统内诸要素间存在结构性互动与关联，也就是说，生态系统中某要素的变化可能会导致其他要素产生相应的变化。渠道生态系统也是如此，渠道生态系统演化过程中，由于渠道参与者都是利益相关者，它们之间存在内在、多维性、复合性的互动关系。如物流服务供应商与物流服务购买者之间达成有关配送、价格等方面的协议，如果前者希望通过变更协议来使自己得益，那么它会受到后者的反对或抵制，甚至会对其他物流服务供应商产生影响，进而可能改变整个渠道或行业的物流服务体系，导致渠道物种的利益重新分配。这种互动关系也正是导致渠道生态系统处于动态变化之中的主要原因。在渠道生态系统的形成过程中，渠道物种的利益诉求逐步得到满足，渠道资源、流程、服务、信息传播等方面得以优化、再造。因此，渠道生态系统是一个动态、可控的利益共同体。

（2）共同进化原则。按照格雷·戈里贝茨森的观点：任何系统内的所有行为都是共同进化的①。在渠道生态系统中，渠道物种的共同进化能够促进渠道生态系统的形成。渠道生态系统的进化属于自发、自组织行为，它使得渠道从无序状态自发"组织"成有序状态，这个过程在渠道各个层级都存在相应的进化驱动机制。渠道生态系统的形成和健康运行，在每一时空节点都有与其相适应的外部环境。当相关环境发生变化时，进化驱动机制开始发挥作用，经过一定的选择后，自发地创造出新的渠道模式，从而实现共同进化。因此，渠道生态系统的形成和健康运行，不仅需要对渠道物种的竞争与合作进行评估，而且需要确定渠道生态系统进化机制与模式，以降低或消除生态位重叠和异化的现象。

（3）生态流原则。生态系统中所有的活动和表现都与能量流动、物质循环、信息传递有关，这些活动与表现都伴随着"流"现象，我们把生态系统中这种"流"现象称为"生态流"。没有生态流就不会有生态系统。渠道生态系统的形成与健康运行需要整合各种要素和资源，除了物流外，还有所有权流、资金流、信息流等生态流。生态流原则就是要实现渠道生态系统信息、知识、决策模式的共享和在此基础上协调渠道物种的行为。而所有权流、资金流、信息流等生态流伴随着信息、价值传递不断循环往复。如果以信息流为主导生态流不畅，则难以资源整合、信息共享、协同进化，也容易被竞争对手超越和渗透②。

（4）生态平衡原则。一个相对稳定的生态系统，其组成要素及结构也是相对稳定的，物质、能量的输入和输出基本平衡，因而生态系统能保持平衡，生态学把这种机制称为稳态机制③。当外力增强时，生态系统通过自我调节在新的水平上实现新的平衡，从而出现一系列稳态阶梯。在这种状况下，虽然生态系统还能自适应，但已无法回复到原先的水平状态。当然，生态系统的稳态是有一定限度的，超过这个极度，正负反馈就无法控制，生态系统也会招致毁灭。渠道生态系统的形成、演化与运行也遵循这

① 科斯，路易斯·普特曼，兰德尔·克罗茨纳. 企业的经济性质 ［M］. 上海：上海财经大学出版社，2000：112 - 160.

② 秦立公. 物流服务销售渠道的生态化整合 ［J］. 现代商业，2008，26：18 - 19.

③ James F. Moore. The death of competition：leadership and strategy in the age of business ecosystems ［M］. *New York：Harper Collins*，1996.

一规律。因此，在渠道生态系统形成与运行过程中要根据生态平衡的原则，合理地选择渠道成员，科学划分渠道成员功能，明确渠道成员权利，再造渠道资源，实行渐变式的渠道管理变革。

4.1.2 渠道生态系统演化主要特征

渠道生态系统是一种典型的耗散结构。耗散结构有三个基本特征：①存在于开放系统中，靠与外界进行能量与物质的交换来产生负熵流，从而使得系统熵减少形成有序结构。②远离平衡态。系统中物质、能量流和热力学中的"力"是非线性的。贝纳特流（rayleigh-bénard convection）①中，液层上下达到一定温差的前提条件就是确保远离平衡态。③系统要素存在非线性关系。根据复杂动力学理论，涨落是对稳定的一种主要的破坏和干扰力量，涨落实质上是一种有序的干扰手段，在远离平衡态条件下，非线性作用使得涨落放大，从而达到有序②。因此渠道生态系统的演化具备以下几个基本特征：

（1）动态化。渠道生态系统演化属于动态演化（dynamics evolution），渠道生态系统的形成和自然生态系统有着极为相似的地方。渠道生态系统的演化过程实际上是渠道生命周期的变化过程，是经历诞生、成长、发育繁殖、衰老和死亡的生命周期。渠道物种数量、质量与稳定性是衡量生态系统演化阶段的重要指标。各阶段渠道物种的数量、质量及稳定性大不相同。一般来讲，渠道物种数量是由少到多，然后基本稳定，在渠道生态系统衰退时，则会减少。而渠道物种质量与稳定性是伴随着渠道生态系统的成长而逐步提高的，直至系统衰退。图 4.1 中虚线表示渠道成员的稳定性变化，细实线表示渠道成员质量的变化，粗实线表示渠道成员数量的变化。由图 4.1 可知，渠道成员的数量随着渠道生态系统的演化由少到多在渠道生态系统形成之初达到最高，而后逐渐减少，最后稳定在一定的数量上，而其成员质量变化则相对波动要小一些。

（2）自组织（self-organization）。根据"协同学"创始人哈肯对"自组织"的定义：如果一个体系或系统在一定的时间、空间内，其功能或结

---

① 在容器内充有一薄层液体，液层宽度远大于其厚度，从液层底部均匀加热，液层顶部温度亦均匀，底部与顶部存在温差。当温差较小时，热量通过液层传导，液层中不会产生任何结构（变化）。但当温差达到一定值时，液层自动出现许多六角形小格子，液体从每个格子的中心涌起、从边缘下沉，形成规则的对流。这种现象就叫做贝纳特流。

② 时龙. 复杂系统研究的基本思想及教育反思 [J]. 教育科学研究，2013（7）：13–20.

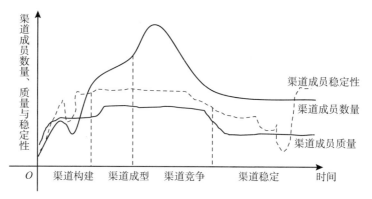

图 4.1　渠道生态系统演化不同阶段渠道物种数量、质量与稳定性变化

构没有受到外界的特定干涉，那么，它便是自组织的①。由此可知，判断一个生态系统是否属于自组织，主要看是否受到外界特定的干扰，如果没有就是自组织，如果存在特定干扰，则是他组织的。显然，渠道生态系统属于自组织：首先，渠道生态系统承担的是产品或服务的分销工作，一般情况下受外界干扰较少，其"源头"是产品或服务，其"源尾"是顾客需求，一旦确定这两者，那么，渠道基本固化（要调整也是局部调整），其抗干扰能力较强；其次，渠道系统外部的营销系统、企业运营系统、行业系统以及宏观环境系统都能对渠道系统产生或多或少的影响，并与之发生物质、信息、资金的交换（交流），从而不断优化其自身结构；再次，渠道生态系统既有物种问题，又有种群（如中间商种群）问题，还有群落问题（比如群落中非参与成员争夺渠道权力而努力成为参与型成员），物种、种群和群落之间结构和功能复杂，但却都围绕渠道的功能和绩效来运行。如图 4.2 所示，软件供应商、硬件供应商、数据中心托管服务商围绕应用服务提供商形成自组织系统，进行物质、能量的交流。

（3）开放性。开放性是渠道生态系统演化的基本特征，它是渠道生态系统有序进化的前提。正如普利高津（1969）指出的那样："只有开放系统才具有生命力。"② 孤立或者封闭的系统是终究要死亡的。渠道生态系统为了实现其自身的有序演进，满足其自身生存与发展的需求，必须与外界不断进行物质、能量、信息的交换（交流），渠道中常见的如渠道物种演替（进入与退出渠道）、渠道中间商种群结构的变化等，都说明了渠道

①　HAKEN H. An introduction: non-equilibrium phase transitions and self-organization in physics, Chemistry and Biology [M]. Berlin & New York: *Springer Verlag*, 1983: 191.

②　周健. 组织、生态和开放系统的复杂性研究 [J]. 中国管理科学, 2000, 8 (11): 320.

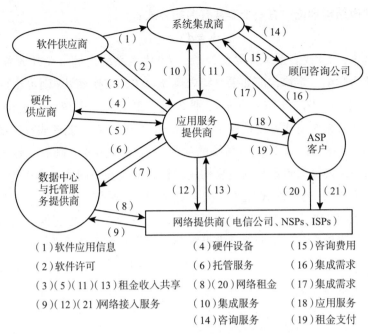

（1）软件应用信息　　　　　　（4）硬件设备　　　　（15）咨询费用

（2）软件许可　　　　　　　　（6）托管服务　　　　（16）集成需求

（3）（5）（11）（13）租金收入共享　（8）（20）网络租金　（17）集成需求

（9）（12）（21）网络接入服务　（10）集成服务　　　（18）应用服务

　　　　　　　　　　　　　　　（14）咨询服务　　　　（19）租金支付

图 4.2　某 IT 企业渠道自组织形成特征示意

生态系统是开放的系统。而这种开放性导致的结果就是渠道业绩的显著提升。如图 4.3 所示，是维特①（Twitter）在全球构建生态系统带来的规模变化的估算，据学者约翰·博思威克研究 bit. ly 在 2009 年的数据，Twitter 生态系统为其带来的流量是 twitter. com 自身的 3 倍。

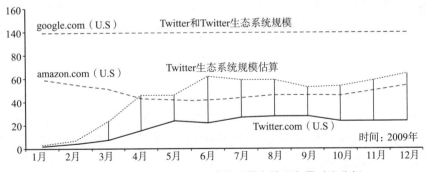

图 4.3　Twitter 构建生态系统前后带来的业务量对比分析

资料来源：本图所有数据来自 bit. ly 网站。

---

　　① Twitter（非官方汉语通称推特）是由杰克·多西在 2006 年 3 月创办的美国一家社交及微博网站，是全球互联网上访问量最大的十个网站之一。它可以让用户更新不超过 140 个字符的消息，这些消息也被称作"推文（Tweet）"。Twitter 在全世界都非常流行，全球拥有过上亿用户，Twitter 被形容为"互联网的短信服务"。

耗散结构理论中有一个非常有名的公式：

$$ds = d_e s + d_i s \tag{4.1}$$

其中，$d_e s$ 代表系统外界交换熵，$d_i s$ 代表系统内熵。在开放条件下，遵循热力学第二定律，即如果系统内熵 $d_i s > 0$，交换熵 $d_e s$ 则可正可负①。如果出现 $d_e s < 0$，且 $|d_e s| > d_i s$，那么说明渠道生态系统的总熵降低了，也就意味着系统有序程度提高了，系统实现了自组织，能形成有序结构。

（4）多样化。渠道生态系统的演化方式多种多样，既有线性的（比如渠道系统遵循渠道系统的简易构建过程，即选择中间商—配送产品—顾客关系维护），也有非线性的（大多数情况）。既有自发演替（比如因渠道激励机制的改变，渠道成员改变原有的业务模式），也有推行演替（比如戴尔与康柏合并后整个渠道进行整合，使得原来各自的经销商进行整合优化），还有异发演替（比如联想收购 IBM 的个人 PC 业务，导致原 IBM 的经销系统进行了改变）。

4.2 渠道生态系统演化规律

4.2.1 渠道生态系统演化动因

环境条件的变化是导致生态系统物种、种群遗传与变异的根本原因。物种与种群的变化导致了生态系统的演化。因此，个体、种群和群落对动态环境的适应能力是生态系统演化的内因。在自然生物系统中，基因的复制实现了基因的遗传，而在渠道生态系统中，成功的惯例其实就是一种优质基因，会获得累积性保留，并通过渠道物种的模仿、传授和训练过程得以传播和有效扩散。也正因为渠道生态系统的学习行为会改变渠道个体（成员）的行为方式，从而改变种群、群落的行为，进而使渠道生态系统发生演化。渠道生态系统的演化动因分为内因和外因，体现出内因性演化和外因性演化趋势。

（1）内因性演化。

渠道生态系统内因性演化的显著特点是渠道群落中渠道个体（成员）的活动会改变渠道环境，然后渠道环境反过来又会作用于渠道个

---

① 吴鹏举等. 基于系统自组织的产业生态系统演化与培育 [J]. 自然杂志，2007，30（6）：354.

体、种群并影响到渠道群落乃至渠道生态系统。而且外因性演化都是通过内因来实现的，因此，内因性演化是渠道生态系统最基本和最普遍的演化形式。

在渠道生态系统中，渠道个体（成员）之间存在矛盾和竞争，即使渠道系统内外部没有显著改变，渠道种群和群落仍会进行演化，这也是内因性演化。比如中间商种群的变化或中间商的更替。

内因性演化和外因性演化是两个相对的过程。一般情况下，两种情况在渠道实践中都存在。每种演化除了受渠道系统主导条件影响外，还在一定程度上受到诸如产业系统、宏观环境等影响。

在渠道生态系统内因性演化当中，生产制造商、产品、中间商以及渠道行为（综合）都是最重要的内因变量①（如表 4.1 所示）。而生产（制造）商是产品或服务的提供者，其资金、规模以及渠道通路的管理能力以及控制渠道的欲望是其采取渠道行为最重要的衡量指标；对中间商而言，其资金、运行成本及管理能力与服务水平是主要影响因素；而渠道分销对象——产品则是渠道生态系统形成的基，没有它，渠道不可能存在，产品规格、所能提供的价值以及储存性、技术性决定了渠道的长短、宽窄，也就意味着影响到渠道生态系统的容量。

表 4.1 渠道生态系统演化影响因素

内因性变量				外因性变量	
生产商变量	中间商变量	产品变量	行为变量	顾客变量	其他变量
资金 规模 通路管理能力 渠道控制欲望	资金 成本 服务水平 管理能力 控制欲	产品规格 价格 价值 技术性 储存性等	渠道管理 渠道控制 渠道合作	数量 分布 态度 购买行为	企业营销系统 企业运营系统 行业竞争渠道 政治等宏观环境

资料来源：参考了 Rosenbloom 对渠道结构设计影响因素的研究。

对渠道生态系统而言，渠道行为是最为重要的且直接的内因性变量。在营销实践中，渠道成员往往不是考虑整体渠道利益而是片面追求自身的利益，这是引发渠道冲突的主要原因，这也是渠道生态系统演化的最直接的驱动力之一。这会引起渠道权力的变化和改变渠道合作形式，从而导致

---

① 张平淡，徐建忠. 渠道结构设计的两维决策模型 [J]. 生产力研究，2008（3）：120 - 123.

渠道结构的变化。如果我们希望采用所有权方式来治理渠道机会主义，那么就可能会出现渠道结构单一的问题，最终可能出现一体化渠道结构现象；或者我们采取优选渠道伙伴方式来治理渠道机会主义，那么可能得到的结果通常是多维管理渠道结构。我们还不如采取阶段性激励中间商的方式更有效解决机会主义行为，中间商因及时得到激励更能保护他们实现渠道功能的积极性①。

（2）外因性演化。

外因性演化是由于系统外部环境因素作用而引起的。对渠道生态系统而言，则意味着环境的选择决定了其演化的方向，主要体现在两个方面：一是环境选择合适的渠道生态系统的过程；二是渠道生态系统能动地适应环境的过程。

渠道生态系统能否被环境所选择关键看渠道系统的适应能力，而渠道系统的适应能力则取决于渠道要素的多样性。在市场经济下，消费市场掌握着渠道的生存与发展的最终审判权。"优胜劣汰、适者生存"是达尔文进化论的重要观点。虽然传统营销学定义中顾客不是渠道系统内的成员，但在渠道系统中确实是核心，因为渠道的构建和形成的原始动因就是顾客。在渠道生态系统中，顾客种群更是其最为重要的组分（见 3.1）。因而渠道生态系统的"环境"核心是"顾客"，渠道生态系统在"顾客"力量的作用下，保留了有利的变异，消除了有害变异，从而实现了渠道生态系统的演化。顾客的市场"选择"可以解决渠道高度复杂的配置问题，渠道个体、种群和群落的进化是响应环境的结果，渠道生态系统的进化实质上是在传播"好的"变异，抑制（或淘汰）"差的"变异。构建渠道生态系统最为重要的是促使渠道在开放的环境下进行演化——那些长期运作不佳的渠道个体（成员）、种群和群落会失去其顾客（供应商和用户），进而失去资金和人才，市场将重新把有限的资源配置给那些能够发挥更大作用的渠道物种。所以，顾客变量是渠道生态系统中最重要的外因性演化变量（见表 4.1 和图 4.4）。而且这个变量是通过渠道系统才能起到作用的，即满足了顾客需求，就意味着渠道系统为顾客提供更多主观满足与价值增值，这是渠道生态系统健康运行，也是渠道系统得以发展、壮大的基础。

---

① 高维和，黄沛，王震国. 行为驱动结构——中国渠道结构变动研究 [C]. 2008 年度上海市社会科学界第六届学术年会文集（经济·管理学科卷），2008 – 11 – 01.

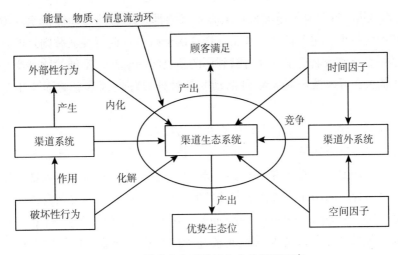

图 4.4　渠道生态系统演化内外诱因示意

　　除了顾客之外，在渠道生态系统中，渠道个体（成员）本身的营销系统、运营系统以及行业生态系统乃至宏观环境系统都是渠道生态系统的外因性变量（见表 4.1）。而这些外因性变量通过渠道生态系统的生态位表现出来，其驱动力在于获取优势生态位。

4.2.2　渠道生态系统演化方式

　　自然生态学中认为生态系统的成长体现在种群成员数量扩散、系统成员位势关系结构建立以及成员协同竞争引致的内外部能量匹配优化等自发过程中。其起点标志是种群、群落的形成。自然生态系统的演化过程是从低级到高级、从无序到有序的信息积累、自组织、自优化的过程①②。因此，渠道生态系统的演化也遵循类似的规律，但又在方式、过程方面有着不同的特点。

　　在自然生态学中，生态系统的演化方式通常被称为生态演替（ecology succession）。生态演替是指一个自然群落中，物种的组成连续地、单方向的、有顺序的变化③。生态演替通常有自发演替、退行性演替和异发演替

---

① Woodwell, G. and Whittaker, R. Primary production in terrestrial ecosystem［J］. *Am. Zool*, 1968，8（1）：19 – 30.
② 吴佳琳. 集聚业态的旅游企业生态系统发展研究［D］.：华侨大学硕士论文，2011（3）.
③ A. 麦肯齐，A. S. 鲍尔等著，孙儒泳译. 生态学（中译本）［M］. 北京：科学出版社，2010：227.

3种形式①。自发演替通常来自生态系统内部，是物种与外部营销环境相互作用的结果，包含自适应和自我选择两个阶段；退行性演替则指的是在耗尽一些资源或制造了其他可被利用的新资源的时候，不同的物种交替产生或消失；异发演替是指物种活动受某种外界环境因素影响而产生某种变化。

根据上述定义，结合渠道生态系统的特点，我们认为渠道生态系统的演化主要有以下四种方式：自适应、自我选择、渠道再造、环境适应。

（1）自适应。根据牛津词典中对于"适应"的解释，主要是指作出调整以适合新的用途或者新的条件环境。荷兰教授提出的复杂自适应系统理论CAS（complex adaptive system），指出自适应性的主体（adaptive agent）能够主动与环境及其他元素（个体）进行交流，反复发生相互作用，在这种持续不断的交互过程中，主体不断"学习"或"积累经验"，主动改变自身的结构和行为方式来适应不断变化的内外环境②。对于渠道生态系统而言，渠道物种之间以及渠道物种与渠道环境不断发生交互，积累经验"干中学"，使得渠道物种能有效识别渠道目标以及内外环境参数的变化，动态改变自身行为，保持柔性和快速响应环境的能力，实现配送、分销和销售各环节的"无缝"对接，科学、合理、高效地实现渠道功能和目标。这个过程就是自适应演化的过程。

根据前文2.1和3.2.1的内容，渠道生态系统是一个多层次、多子系统的复杂系统。在渠道生态系统中，第1层次是核心渠道种群，包括领导种群和关键种群；第2层次是支持种群；在第3层是寄生种群。在渠道生态系统中的渠道物种都具有主动或能动适应环境的能力，不断与外界进行各种信息、物质和能量的交换，从而获得渠道管理与运营的知识和经验。另外，渠道物种在不断追求自身优化的同时，还不可避免地与其他渠道系统乃至自然生态系统发生相互作用。渠道生态系统则通过内在演化以适应外部环境的改变，体现出复杂系统的自组织、自适应的演化特征。因此，我们可以采取CAS范式来分析渠道生态系统自适应演化方式。

我们采用桑塔费研究所（SFI）开发的用于CAS建模的软件平台——SWARM，给出一个基于Multi – Agent的渠道供应链仿真模型，如表4.2所示。SWARM模型定义了建模的框架，该模型考虑到了不同渠道物种之间

①　Tilman D. Plant strategies and the dynamics and structure of plant communities ［M］. Princiceton University Press，1988.

②　U Lichtenthaler. Absorptive capacity，environmental turbulence and the complex entarity of organizational learning process ［J］. Academy of Management Journal，2009，52（d）：822 – 846.

的差别、地理空间分布以及软件平台本身的特性等因素，让用户有所选择地构建自己的模型，同时，它针对单个物种采取通过独立事件进行交互的方式，来研究由多主体组成的复杂系统的行为。

表4.2　　　渠道生态系统分销链与SWARM模型之间的映射关系

渠道供应链	SWARM 模型
不同物种、种群在渠道分销链担任了不同的角色	一系列状态、行为规则各异的 Agent
不同物种、种群之间信息流、能量流、资金流的交互	不同 Agent 之间信息、能量、资金地传递
物质流动、信息加工的过程	离散事件仿真、时间触点上的 Agent 行为
渠道种群集聚、分化及相互作用实现渠道分销链的整体功能与绩效	Agent 行为决定了整个系统的行为和绩效

资料来源：表内容由张涛（2003）等论文整理而成。

在此基础上，建立基于 Multi – Agent 的渠道分销链仿真模型（如图4.5 所示，具体实现细节见 4.3.3）。在该模型中，制造商 Agent、批发商 Agent、零售商 Agent 以及顾客 Agent 都是自适应主体。整个渠道系统的物质流、信息流、资金流以及能量流是在需求的拉动下运行的。

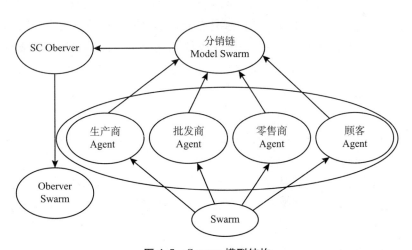

图4.5　Swarm 模型结构

Model Swarm 产生订单（根据客户需求）并把订单分配给相应的 Agent，然后，客户 P（这里客户可能是终端顾客，也可能是下一级中间商）向上级 Agent 询问价格、交货期、宣传促销等，该级 Agent 向上级Agent咨询同样的信息，随后逐级回馈信息（含报价、优惠促销政策等），最后一环是零售商反馈给最终顾客的信息，客户 P 选择最好的零售商作为其供货方。这些分销环节（链）完成后，每级 Agent 都要对上级 Agent 的信誉、分销效率、销售政策等进行评估，并更新历史数据。

（2）自我选择。"自我选择"是经济学中的一个非常重要的概念①。在渠道系统中，渠道成员关心的关键问题是如何以合适的分销方式尽可能多、快地将自己手中的产品输送出去，并实现利润最大化。渠道成员自产品渠道创建伊始就投入大量的人力、物力、财力，所以具有很高的投入成本，一般来说渠道物种都不愿意轻易放弃；同时它由于具有一定的可移植性和可复制性，尤其是同类产品渠道移植能力很高。因此，渠道物种以自身利益最大化为原则，对其渠道行为通常会作出谨慎的选择，尽量做到科学地"自我选择"。按照博弈论的观点，局部最优不一定是整体最优，"囚徒困境"讲的就是这个道理。显然，不管渠道物种自愿还是被迫，其自我选择也面临渠道资源的制约。渠道系统追求的最优目标和渠道物种目标会产生冲突，只有那些"自我选择"方向和渠道整体绩效方向一致的渠道物种才能留下来。

根据格雷厄姆（Graham T. S.，1994）等人的研究：渠道成员关系带来的好处至少要 3 年才能体现出来。也就是说，短期内渠道成员效益无法得到充分体现，也就意味着渠道成员关系一旦确立，就意味着是长期的、可持续的合作关系，否则对任何参与者而言都是一种资源、人力与时间的浪费和巨大机会成本②。渠道个体（成员）之间是一种明显的渠道成员关系，但出于自身利益最大化的考虑，各渠道个体（成员）的目标不尽相同，虽然也会受到渠道其他个体、种群和群落的影响，但其组织机构、管理方式以及组织文化都是相对独立的，况且很多成员还可能是其他渠道系统的成员，这也是导致渠道冲突的主要原因。从企业营销实践来看，这是根本无法消除的③。

渠道个体通过自我选择的方式组建渠道系统，其选择动机主要有：一是在渠道物种加入渠道系统后，可以分享渠道系统在特定市场机遇下获得

---

① 陶长琪. 信息市场中"自我选择"的实现［J］. 经济学情报，1999（8）：15.

② GRAHAM T. S.，DAUGHERTY P. J. DUDLEY W. N. The long-term strategic impact of purchasing partnerships［J］. *The Journal of Supply Chain Management*，1994，30（4）：12－13.

③ BARRATT M. Understanding the meaning of collaboration in the supply chain［J］. *Supply Chain Management：An International Journal*，2004，9（1）：30－42.

的经济利益；二是通过构建渠道生态系统来有效整合渠道系统内外资源以应对市场机遇进行快速的反应；三是渠道各成员之间实现风险分担。

为了保证渠道生态系统运行，就必须保证能满足市场需求，进行自我选择。根据渠道目标，选择能最大化实现市场机遇的渠道物种组合。

设

$$\theta_{ij} = \begin{cases} 0, & \text{未被选中} \\ 1, & \text{被选中} \end{cases} \tag{4.2}$$

自我选择模型①可以表示为

$$\max B = \sum_{i=1}^{k} \sum_{i=1}^{n} b_{ij} r_{ij} \theta_{ij} \tag{4.3}$$

$$\sum_{j=1}^{n} \theta_{ij} = 1 \tag{4.3a}$$

$$\sum_{i=1}^{k} \sum_{j=1}^{n} t_{ij} \theta_{ij} \leq T \tag{4.3b}$$

$$\sum_{i=1}^{k} \sum_{j=1}^{n} c_{ij} \theta_{ij} \leq C \tag{4.3c}$$

其中，b_{ij} 表示第 j 个潜在渠道个体（成员）完成第 i 项分销环节的收益；r_{ij} 表示第 j 个候选渠道个体（成员）完成第 i 项分销环节的风险概率。

式（4.2）表示物种（成员）数量约束，一般而言，潜在渠道物种进入渠道生态系统，必然会产生一定的成本。因此，每项子过程选择 1 个渠道物种，式 4.3a 表示时间约束。构建渠道生态系统就是要通过渠道内外部资源的整合，快速应对市场变化。而且市场瞬息万变，一旦错过了市场机遇，优势（有利）的生态位就会被其他渠道系统或种群所占用，因此，渠道个体（成员）的选择受时空的限制，即 4.3b 表示成本约束。渠道生态系统关键物种与周围物种通过互补，以降低市场交易费用来达到渠道目标和绩效，但如果成本大于或等于外部市场费用，那么建立渠道关系就没必要了。因此，选择渠道物种受到成本的约束，即满足 4.3c。

（3）渠道再造。渠道再造是指为适应不断变化的市场环境，在科学合理的制度安排下，借助现代科技手段，以培养渠道核心竞争力为主要目标，改变传统的渠道运作模式，将渠道内外部资源进行整合的一种动态管理运作过程。（如图 4.6 和表 4.3 所示）。

---

① 刘家国，赵金楼. 基于自我分类的供应链合作伙伴选择模型［J］. 哈尔滨工程大学学报，2011（6）：835 – 840.

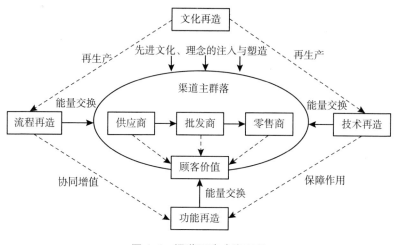

图 4.6　渠道再造功能实现

表 4.3　　　　　　　　　　　　　　　　渠道再造途径

映射关系	主要途径和方法	备注
文化再造	基于渠道成员所拥有的知识存量，转变渠道使命、基本目标、战略	属于高级形式再造
流程再造	科学的流程设计、合适的人员配置与良好的工作环境	对顾客需求作出快速反应和渠道流程本身有效性的根本保证
功能再造	科学的功能设计与规划	结合技术再造进行
技术再造	在分销技术、物流运作技术、信息技术和渠道管理技术等方面创新	技术也是渠道的一种重要资源

　　渠道再造不仅仅是对渠道原有资源进行重新优化配置，更为重要的是使渠道的运作形态发生根本性的转变——由以职能为中心的传统运作形态向以优化资源配置为中心的运作形态转变。渠道再造并非泛泛进行的，它不仅需要先进的观念，还需要渠道物种拥有科学的组织、制度、技术、文化、信息，另外，足够的知识技能也是渠道再造必须依赖的①。渠道再造主要可以通过文化再造、流程再造、功能再造和技术再造来实现。

　　在渠道再造过程中，渠道文化再造是指基于渠道成员所拥有的知识存量，通过渠道使命、基本目标、战略的转变来保证渠道资源再造的顺利完

---

① 卢浩，周凌云. 传统物流企业业务流程再造的研究 [J]. 物流科技，2006，1（2）：21 - 22.

成，是渠道资源的一种较高形式的再造。渠道流程再造的使命是为顾客创造价值以及实现优异的渠道绩效，渠道流程再造通过科学的流程设计、合适的人员配置与良好的工作环境共同作用来达成，尤其是科学的流程设计（包括应用先进物流网络技术）。流程设计需要先进的物流技术作保证，而技术是一种重要的渠道资源，流程设计是否科学合理是渠道对顾客需求作出快速反应和渠道流程本身有效性的根本保证。渠道技术主要包括分销技术、物流运作技术、信息技术和渠道管理技术等方面。

渠道成员在采用渠道所需新技术后，应大力建立自己的物流信息系统，采用网络技术连接渠道流程再造的各个工作单元，构建渠道内部网络以协调和管理各种渠道资源，再将其与 Internet 进行连接，为渠道生态系统的健康运行提供可靠的技术支持。

海尔集团通过渠道再造，实现了渠道的创新与变革，取得了良好的市场表现，具体内容如下[①]：

①商流整合。海尔集团于 2000 年在家电行业率先建立企业电子商务网站（含采购平台和定制平台），全面开展 B2B 业务（针对供应商）和 B2C 业务（针对消费者个性化需求）。通过电子商务网站与供应商、销售终端建立起紧密联系，实现企业和供应商、消费者互动沟通。这样有效地构建了动态企业联盟，实现双赢，提高整个渠道和渠道参与者的市场竞争力。

②物流整合。海尔搭建起了全球采购配送网络，采取 JIT（just in time）分销方式，将下线后的产品快速地送到客户手中，大大地改善了海尔的物流状况，降低了渠道成本。海尔物流管理系统的成功实施和完善，取得了显著的经济效益：仓储面积减少一半，节约库存资金约 7 亿元，库存资金周转日期从 30 天降低到 12 天以下。

③资金流整合。海尔通过整合资金流，很好地解决了其下属单位、分（子）公司独自对银行、供应商、商业公司擅自对外担保问题，另外通过严格执行所有产品现款现货制度（中国家电企业唯一一家）来实现"零坏账"目标，解决了困扰中国企业的应收账款问题。

④构建电子虚拟市场。通过建立海尔电子商务网站（www. Ihaier. com）构建电子虚拟市场（e - Marketplace），将客户、经销商、制造商等信息系统连接在一起：经销商通过虚拟市场获得订单，并通过制造商的产

---

① 案例来源：海尔集团的市场链与信息流重组［EB/OL］. 广东工业大学信息管理学精品课程网，http：//jpkc. gdut. edu. cn/08xjsb/xxglx/jxzy/xxglal2. html，2016 - 8 - 14.

品计划的集成信息，实时进行交货期确认；制造商按照订单进行定制生产①（如图4.7所示）。

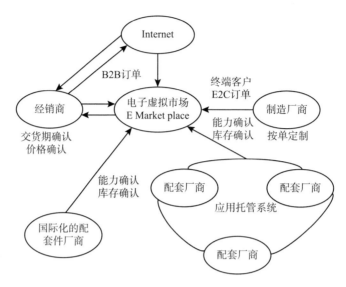

图4.7 海尔网络供应链管理

（4）环境适应。按照组织生态学的观点，组织变异之所以不能迅速改变其结构适应环境变化，其变异具有随机性和盲目性，这是由于组织具有惰性导致的（Harman & Freeman，1977）②。变化的环境会自动选择更具适应性的组织，而淘汰那些不适应的组织。因此，物种与种群的适应性改变是建立在物种大规模变异的基础上，而环境选择决定了它们的生存、发展与死亡（Carroll，1988）③。

从环境适应的角度分析，渠道生态系统的演化主要经历四个阶段：第一个阶段为变异（variation），即在渠道生态系统中新渠道个体、种群不断出现；第二个阶段为选择（selection），那些适合渠道内外环境的物种或种群被选择留下来了，它们能够找到合适的生态位，并从生态系统中获得资源；第三个阶段为保留（retention），那些有着优秀基因（能满足渠道目

① 陈长彬，陈功玉.浅析电子商务环境下企业供应链管理［J］.经济与管理，2001（12）：10－11.

② Harman，M T.，Freeman，J. H. The population ecology of organizations［J］. *American Journal of Sociology*，1977，82（5）：929－964.

③ Carroll，R G. Ecological models of organizations［M］. *Ballinger，Cambridge*：*Ballinger Pub Co*，1988：241－258.

标且达到良好渠道绩效的分销途径和手段）的物种和种群得以保存下来；第四个阶段为遗传（inheritance），那些被选择物种、种群会保存下来构成群落，并形成制度化或形式化（实现优秀基因的遗传）。

在渠道生态系统演化过程中，环境选择机制起着决定性的作用。首先，由于渠道个体存在结构惰性，要转变其基本结构和特征是很困难的。当环境发生变化时，渠道生态系统中物种、种群如果对环境无法做出及时的适应性调整，那么，它能等到的是淘汰的命运①。其次，渠道生态系统中，各物种、种群之间存在着竞争关系，在渠道种群内部，由于资源有限（比如代理权一个地区只授予一个），在种群形成初期，物种数量增加，可以增加种群的制度合法化（比如代理商的权、责、利），增强种群获取资源的能力，避免被环境淘汰。但是，如果渠道种群继续增长，则由于种群密度的限制，导致物种与物种、种群与种群之间的竞争加剧，谁能适应渠道生态系统中资源、能量的特点，谁就能占据有利的生态位（niche），其运行机制被形式化或制度化，而另一些则被淘汰，也就完成了渠道生态系统演化的保留和遗传。

4.2.3　渠道生态系统演化过程

由于每个企业、产品采取的渠道模式会有所不同，其渠道生态系统形成和健康运行状况也会有所不同。有些产品，由于技术含量高，市场需求量大，竞争品少，因而其渠道生态系统成长速度很快，运作情况良好，渠道物种也获利丰厚。而有的产品则由于没有优势，市场需求少，竞争力不强，其渠道生态系统成长速度缓慢，长期发展不起来，甚至中途夭折。此时，渠道生态系统的主要影响因素来自渠道内部资源，渠道物种关注的重点在于产品（或服务）能否构建起营销渠道。

第一阶段，产品渠道的构建阶段。渠道生态系统始于市场所需要的产品或服务。当某项新发明、新技术，或发现新规则、新细分市场（顾客），甚至一个新的理念或想法，只要能比现存的产品和服务更好、更有优势，其渠道生态系统便开始萌芽。因为当一个企业创建以后，必须解决产品或服务的营销问题，这也就意味着渠道生态系统就开始建立并发挥作用了。在这个时期，发起企业一般都满怀激情地开发渠道，努力吸引渠道物种的注意力和投资，把适当的批发商（或代理商、经销商）、配送商和零售商

---

① 井润田，刘丹丹. 组织生态学中的环境选择机制研究综述［J］. 南大商学评论，2013，22（2）：3-5.

等纳入渠道价值创造系统中，初步建立一种有序的共生关系——渠道生态系统。尽管不太成熟，不太完备，但至少可以满足用户的初始需要。这个阶段要成功必须具备三个基本条件：①具有明确的渠道获利模式。在初始阶段主要由产品供应商或制造商来确立，这一模式要解决一个根本问题——渠道成员能否从中获利和得到其他满足。②渠道所提供的产品或服务是否能引起顾客的兴趣。这也是渠道成员能否获利的关键因素。市场规模的大小决定了渠道盈利的空间大小。③建立互利共生的网络组织形式。渠道领导物种（种群）必须找到可以合作的伙伴或成员，科学设计与规划渠道收益、责任与义务，形成链状组织形式。领导物种着力采取合适的渠道运行模式来形成互利共生的组织形态，比如采取渠道成员参股的形式来保持以信任为基础的长期合作关系，如图 4.8 所示。

图 4.8　渠道生态系统演变第一阶段：产品渠道的构建

第二阶段，优势渠道选择阶段。企业诞生以后，努力寻找适合自己的营销渠道模式。这个阶段往往属于渠道成长期，渠道模式尚在探索中，如图 4.9 所示。

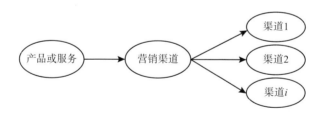

图 4.9　渠道生态系统演变第二阶段：优势渠道选择

在这个阶段，会有大量渠道物种、种群加入到渠道系统中来，但渠道容量有限，这个时候渠道物种之间存在较为激烈的竞争关系。而且这个时候，渠道生态系统非生物成分也与渠道生态系统内物种、种群和群落一起发生着变化。但此时渠道受到内部资源的影响更大，其重点在于寻求渠道最优化。这时，要考虑以下几点：①渠道生态系统边界与范围，即渠道需覆盖的市场范围有多大，存在哪些竞争对手；②现在的渠道模式能否提供更快捷、准确的服务，做到比原来的模式更加协调和更富有效率；③现有渠道是否能适应竞争的环境，努力做到避免与主流渠道产生激烈的竞争，保持渠道生态系统稳定运行，培育互利共生渠道关系。此阶段的主要特征为：渠道种群增多、生态系统的边界得到扩展，竞争力和维稳能力逐步提高，表现出较强的生命力。

第三阶段，渠道领袖地位争夺期。当渠道生态系统基本稳定健康运营时，由于渠道系统与外界信息、能量、物质等的交换基本稳定，渠道竞争力量也处于均衡，由于渠道沿袭原来的成功模式，抛弃那些不成功、不适合的渠道模式，渠道系统带来的收益（包含利润）得到渠道物种的广泛认可。这期间表现出来的是渠道变异，比如渠道个体、种群和群落的调整。渠道资源变得更为稀缺和珍贵，这个阶段典型的特征是渠道物种、层级比例基本稳定，渠道出现了优势种群——渠道核心成员，相比较而言，渠道受外部环境影响远远大于内部环境的影响，渠道受环境影响的梯度变化基本一致。这个阶段成功的关键是在你希望关注和开发的市场界限内建立渠道核心团体，区分并团结大多数可利用的令人满意的潜在的联盟——忠诚、能干的中间商。但这时的渠道系统内存在两个潜在的变量：一是其他潜在渠道进入者往往会被利润率高的渠道系统所吸引而努力争取进入该生态系统；二是渠道内资源支配权争夺变得更为密集和激烈，为了夺得渠道控制权，渠道个体、种群都可能会争取和利用一切机会向渠道领导者（领导物种或种群）发起挑战。

图4.10就是描述通用汽车渠道领导权竞争的基本格局示意图，它说明了为提供汽车产品或服务过程中渠道成员争夺渠道领导权的状况。图中，围绕汽车相关产品的销售，各个生产商、销售商组织在一起形成渠道生态系统。其中可能存在几个渠道任务中心（潜在的渠道领袖地位的争夺者），比如图4.10就存在通用汽车整车产品、UPS汽车及其配件的物流配送、Fluent汽车服务软件或技术的提供三个中心。

第四阶段，渠道生态系统通过协同进化，达到均衡状态。使得渠道资源利用更加有效，渠道（群落）结构更为合理，渠道物种素质较高、系统运行越来越良性化、扩张能力越来越强、其竞争能力也极大提高，渠道系统和外部环境之间保持相对的平衡和稳定。这时候，渠道生态系统内部争夺渠道领导权的竞争也异常激烈。这有可能会破坏渠道生态系统的健康运行，降低渠道绩效和阻碍企业的可持续发展。在这个阶段渠道的领导种群和核心成员最为重要，它应该做到以下几点：①保持在渠道系统中的权威性，保持并不断增强自身的管理能力和领导能力，确立渠道生态系统未来

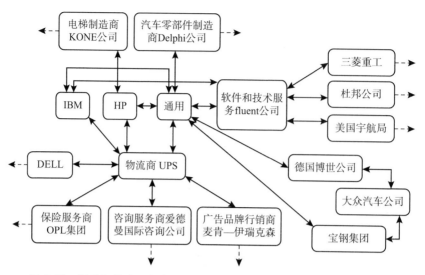

图 4.10 渠道领袖地位争夺示例：通用汽车产品渠道领袖地位争夺格局

发展的方向，控制渠道系统的扩展速度，使其健康有序运行，避免盲目扩张。②不断调整以保持其在渠道生态系统中的领导物种（或种群）地位，并带领和保持整个渠道系统的创新，阻止克隆（模仿）者和新范式竞争者的攻击。③对渠道生态系统其他成员不断进行投资，培养他们的渠道忠诚度，以避开竞争对手的攻势。另外，对渠道生态系统其他个体、种群而言，则需要具有异常敏锐的视觉，以便能够适应渠道领袖及其管理方式和文化，寻求通过参与更多的共享（比如渠道信息），来获得自身利益最大化。如图 4.11 所示。

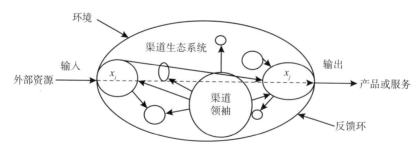

注：x_i、x_j 表示不同层级的渠道成员；
　　圆圈的面积大小代表渠道成员的实力和对渠道资源的掌控能力；
　　虚线箭头代表渠道绩效实现方向。

图 4.11 渠道生态系统演变第四阶段：渠道生态系统稳定期

4.3　渠道生态系统演化机制

按照德国社会心理学家勒温的观点，任何社会行为的产生都是行为主体因素与外界环境因素及内部因素和外部因素相互影响、相互作用的结果。他用数学公式来表示社会行为的一般规律，即 $B=f(P, E)$。其中，B 为行为，f 为函数，P 为主体变量，E 为环境因素。渠道生态系统亦是如此，渠道生态系统受到渠道物种、顾客、行业、企业自身等众多主体因素的影响，而使得彼此之间以及渠道系统与外部环境之间发生相互作用，其演化过程更加复杂。

4.3.1　渠道生态系统演化内部机制

作为一个动态复杂系统，渠道生态系统的演化过程表现出极强的自组织特征。这样，以哈肯的协同论为代表的自组织理论为分析渠道生态系统动态演化的内在机制提供了新的视角和工具[①]。

渠道系统是企业营销中的优质基因，其核心竞争力的构建可以通过创新机制、吸收机制和转化机制来实现。这三种机制的实现过程就是优质渠道体系的自组织的过程。而根据自组织理论，渠道作为一种自组织形式必须具备自组织的四个基本条件：开放系统、远离平衡状态、非线性、系统涨落[②]。

渠道系统是一个开放的系统，它不断地与内外环境进行着物质、资源、信息的交换，从而使得渠道系统内外部因素协调发展。渠道生态系统的开放性使得渠道能及时获取市场、竞争者、顾客等各方面的信息，柔性应对市场及环境的变化，比竞争者更有效地满足市场需求。

根据企业营销实践可知，渠道要保持旺盛的生命力，它必须是动态的、非平衡的。从渠道物种的组成上看，它是动态的，一个产品渠道开始时渠道物种数量有限，当产品成熟、有旺盛的市场需求时，很多渠道物种愿意主动要求进入渠道系统，在市场上几乎没有一个产品的渠道物种是"从一而终"或渠道物种数量一成不变的；从分销绩效来看，每个成员在不同时期的分销数量是不尽相同的，有的时候多，有的时候少，有的渠道

---

①　陈国铁. 我国企业生态化建设研究 [D]. 福州：福建师范大学，2009.04：100 – 102.
②　徐建中. 企业生态化系统与发展模式 [M]. 哈尔滨：哈尔滨工程大学出版社，2012.5.

物种更容易和其他成员合作，而有的则损害其他成员的利益；另外，从渠道权力看，不同的时期，渠道核心成员的地位会发生变化，初期可能是生产商，成长期可能是大型连锁零售企业，成熟期可能是代理商成为渠道核心成员。总之，渠道系统是动态的、非平衡的。

在渠道系统内部，人员、促销、资金等都存在协同问题，渠道成员之间也存在市场开拓、技术创新、促销等方面的协同问题。按照自组织理论，协同作用（synergy effect）实际上是个体元素之间非线性的相互作用，因此，协同效应则是指个体元素整合后的绩效表现大于整合前的单独绩效之和，即 $1 + 1 > 2$。在诸如渠道收购与并购（Swaminathan et al.，2008）、渠道延伸、渠道组合等渠道实践中更是如此[①]。由于渠道拥有的资源总量都是有限的，合理的配置资源并有效地使用它，实现资源使用的协同效应是达到渠道自组织状态的重要保证。

根据自组织理论观点，涨落是系统有序演化的重要内部诱因之一。渠道环境的动荡是导致渠道涨落的重要因素。一方面，每一次市场需求的变化、技术的革新都会促使渠道成员的重新洗牌，有些渠道物种面临淘汰，有些新成员会进入，渠道"涨落"自然在所难免；另一方面，渠道"涨落"也是渠道创新的原动力，市场需求及市场环境的变化，渠道技术不断创新都会迫使渠道不断创新。比如，娃哈哈为解决销售"瓶颈"，进行渠道再造——采取"联销体制"重新设计营销渠道（联销体制度是指娃哈哈和代理商之间建立一个共同经营产品的渠道体制，明确规定和执行厂家、经销商到终端每个渠道环节的利益和义务）[②]：第一步，娃哈哈自建销售队伍，组建一支2000人左右的销售队伍，分派各地，主要负责市场开发（含甄选经销商）、厂商联络与经销商服务；第二步，在全国各地开发1000多家业绩优异、信誉良好的一级代理商及数量众多的二级代理商，确保渠道重心下移到二、三线市场。并针对不同的零售业态分别设计不同的渠道模式，比如，针对机关、学校、大型企业等集团客户，采取厂家上门直销方式；针对大型零售卖场及连锁超市，采用直接供货方式；对于小型超市、便利店以及酒店餐厅，则采取由经销商密集辐射的方式。

综上所述，渠道生态系统的自组织特征是导致渠道生态系统演化的根本原因。通过上面的分析，我们可以知道：渠道生态系统演化内部机制概

① Dant，Rajiv P and Patrick Schul. Conflict resolution processes in contractual channels of distribution ［J］. *Journal of Marketing*，1992，2（56），38 – 54.

② 庄贵军，周筱莲. 零售商与供应商之间依赖关系的实证研究. 商业经济与管理. 2006（6）：20 – 25.

括起来就是"两种组织""两种状态""两种效应"。"两种组织"指的是初组织和自组织,渠道系统由初组织的自由状态,最终达到自组织状态;"两种状态"指的是渠道生态系统的开放状态和涨落状态;"两种效应"则是指通过协同效应和创新效应,实现渠道生态系统的演化,如图 4.12 所示。

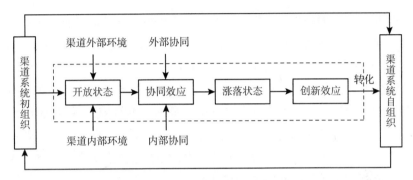

图 4.12 渠道生态系统演化内部机制

4.3.2 渠道生态系统演化外部机制

在自然界中,生物进化的方向取决于自然环境选择。在复杂的环境中,生物体既能保持亲本的遗传性状,又可能产生变异。生物体的变异会存在有利和不利的变异两种走向。经过长期的自然选择,有利的变异会积累,生物体也因此进化[①]。对渠道生态系统而言,其发展也必然经历环境的"筛选"——环境选择。面对纷繁芜杂、瞬息万变的环境,为了生存和发展,渠道生态系统必须主动适应环境,因为只有适应了环境,才能构建合适的生态位。也只有保持了持续的竞争优势,才能谈得上真正的演化[②]。

对于适应性,哈耶克和巴纳德都认为是适应性是经济组织所应具备的一种基本素质,是经济组织的核心问题[③]。它体现的是生物体对环境变化的一种能动反应。因此,渠道生态系统的形成与演化必须与环境动态适应。渠道系统要具备环境动态适应力,对环境变化要保持高度敏感性,及时感知、捕捉和接收到环境变化的信号,及时响应,甚至主动影响环境。

① 冯俊华,赵剑. 基于企业 DNA 理论企业再造机理 [J]. 商场现代化,2009 (4):76.
② 胡斌,李旭芳. 企业生态系统动态演化研究 [M]. 天津:同济大学出版社,2013:54.
③ 李林. 制度环境适应下的我国家族企业治理研究 [J]. 合作经济与科技,2008 (9):32.

由于渠道物种之间存在较大差异，因此，需要通过相互之间的信息沟通和能量交流来加深了解，寻求目标、文化的一致性。环境适应机制的核心问题是渠道物种关系。因此，应当重点关注和重视渠道物种的交互性、学习性与适应性，渠道整体的环境适应力通过渠道物种个体适应表现出来。环境适应机制要求渠道充分调动各种资源，实现渠道变革与创新来应对和适应环境变化。

渠道系统在面临外部环境时会产生选择压力。这种选择压力主要来自三个方面：一是来自其他渠道系统，尤其是同行企业的渠道系统，比如，联想从1998年起引入专卖店的特许经营模式，构建直营店，到2004年受DELL电脑直销模式的挑战和影响，联想再次进行通路改革，建立"通路短链 + 客户营销"新渠道模式，强调"缩短客户距离"和以客户为中心①；二是来自产品本身所在的运营系统，尤其是企业营销系统、营销方式；三是社会、经济、文化等环境的压力，如社会公众对企业经济行为对环境的破坏和资源的浪费的关注和批评。

能适应环境是渠道生态系统演化的充分条件。只有先适应，才有可能存活下去。这种适应从严格意义上来说是对市场的适应，尤其是对顾客需求的适应。而现实情况往往是很多企业仅从自身的角度思考问题，比如，长沙有家专门做批发业务的连锁超市以提供免费送货上门服务招徕客户，但却限定免费送货范围为3公里，很多远道的客户就抱怨不公平了。该超市完全是从自身角度来考虑问题，免费为自己招徕客户，送货距离限制是控制自己的送货成本。除此之外，渠道生态系统的适应性还包含另外两层意思：一是渠道生态系统结构与渠道功能相适应（匹配）；二是渠道生态系统需要在能适应的环境和条件下形成和健康运行。前者是指渠道生态系统结构必须有助于其功能的实现，它需要将产品有效分销，并在分销过程中提高效益和降低成本。后者是指渠道生态系统及其结构能否适应外部大环境，即渠道生态系统本身存在优胜劣汰问题，哪个渠道生态系统能让渠道物种和顾客满意，那就说明该渠道生态系统更适合，否则就面临优胜劣汰问题，这就是环境选择的含义。

当然，对渠道生态系统而言，在外部环境的作用下，随着时间的推移，其演化路径是曲折、动荡的（如图4.13所示），而且在同样的环境中（比如时空条件一致），不同的渠道生态系统演化的路径不同，如图4.13

---

① 冯俊华，赵剑. 市场生态环境选择机制下的企业进化 [J]. 工业工程，2009，12（6）：1-4.

中 A、B 就分属不同的渠道生态系统。

在图 4.13 中，α 表示主动变异曲线，β 表示环境适应（被动选择）演化曲线。

曲线 β 说明：在不确定环境下，渠道与环境协同进化，随着时间的推移，其选择点形成一条曲线，而曲线上的点表示渠道生态系统"停滞"过的点，代表渠道生态系统环境适应的结果。

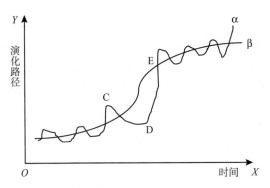

图 4.13　渠道生态系统环境适应演化曲线

为了适应不断变化的环境，渠道生态系统主动选择变异，这样，不同时间点的变异逐渐形成一条曲线 α（如图 4.13）。当渠道生态系统选择主动变异与环境选择点恰好重合时（如 E 点），说明渠道的演化最有效率，这时渠道既能获得竞争优势，又能进化。

D 点表示渠道生态系统主动变异点在环境选择曲线下方，表明渠道选择主动变异绩效不佳，不足以使其获得竞争优势，长期来讲，这种渠道迟早会被环境所淘汰。

C 点表示的渠道主动变异点在环境选择曲线上方，表明渠道不仅可以获得竞争优势，而且还具备一定的潜力，此时渠道资源尚未得到充分利用，因此需要调整渠道进化路径或方向（比如再次变异），最终使得渠道资源得到充分利用，进而获得更大竞争优势。

通过上述分析，我们可以知道：渠道生态系统演化是采取主动变异抑或被动适应（环境选择）取决于渠道所处的内外部环境。当然，也有可能因环境突变导致基因变异，但这种突变是偶发、随机的，但渠道生态系统的选择是非随机的而且有方向性的，环境迫使渠道生态系统中那些具有适应性的基因得以遗传和保留。根据分销对象的不同，渠道结构可以采取基因构建和显型构建两种不同方式重构。基因构建指渠道生态系统通过不断

"学习"，对其基因进行调整；显型构建指未对渠道生态系统基因造成影响的构建行为。例如，建立新的渠道文化、渠道流程再造、渠道绩效评价体系重构等行为属于基因构建行为；渠道物种间分销信息沟通、渠道价格体系、渠道物种协调、产品仓储与运输等为显型构建。基因构建促使渠道生态系统产生质的变化，是渠道演化的前提和基础；显型构建只引起了渠道显性变化，它是体现和巩固渠道基因的必要手段①，但对渠道生态系统本身演化方向和本质不会产生根本性的影响。

渠道的进化过程是渠道系统与环境协同进化的动态过程。渠道生态系统在自我更新和渠道外部作用力的驱动下，随着时间的推移，同时向更高层次进化。因此，渠道生态系统与内外部环境之间不仅仅是选择和被选择的关系，还是适应与被适应的关系，更是协同进化的关系。另外，在渠道生态系统中，某产品渠道与另一产品渠道存在着竞争关系，这也体现了渠道与其环境协同进化，实现双方共赢的过程。

4.4 渠道生态系统演化模型

正如 4.3 所阐述的那样，渠道生态系统演化存在内部和外部两种机制。内部演化机制主要是基于渠道生态系统自组织、非线性演化的特点，受到资源和环境的双重约束，这与生物种群演化的 Logistic 模型比较吻合；而外部演化机制主要是渠道系统本身与渠道外部环境之间的相互作用，这与 Lotka - Volterra 模型研究种间协同演化比较吻合。因此，我们用 Logistic 模型推演来分析渠道生态系统内部演化机制，用 Lotka - Volterra 模型来推演外部演化机制。

4.4.1 渠道生态系统演化 Logistic 模型

由前文可知，渠道生态系统具备了自组织、非线性的特点，同时渠道物种追求价值增值的驱动而发生相互作用。如果渠道生态系统演化主要由内在的增值为主驱动力的话，系统则一般会呈现出指数增长形式。② 但作为一种生态系统，渠道生态系统的演化必然受到资源与环境承载量的约

---

① Piero Morosini. Industrial clusters knowledge integration and performance [J]. *World Devel*, 2004, 32 (2)：305 – 326.

② 赵树宽，赫陶群. 基于 Logistic 模型的企业生态系统演化分析 [J]. 工业技术经济，2008，27 (10)：70 – 72.

束，在推动与约束并存的条件下，渠道生态系统的演化显然较为吻合 Logistic 模型。

Logistic 模型是由哈尔斯特最终提出来的，后被皮尔里德深入挖掘，因而 Logistic 模型又被称 Verhulst – Pearl 模型（V – P 模型）[①]。Logistic 模型是一个经典的生态学模型，用于描述生物种群数量的时空动态关系（如图 4.14 所示）。

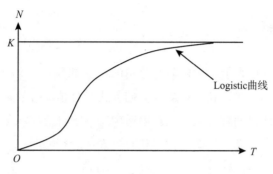

图 4.14　逻辑曲线示意

Logistic 经典模型如下：

$$\frac{\mathrm{d}N(t)}{\mathrm{d}t} = r(t)\left[\frac{K - N(t)}{K}\right]N(t) \tag{4.4}$$

其中，K 表示一定时空形态下，渠道生态系统的最佳绩效；$r(t)$ 表示理想状态下，渠道生态系统自然增长率；$\frac{\mathrm{d}N}{\mathrm{d}t}$ 表示渠道生态系统演化速度；$N(t)$ 表示渠道生态系统演变过程；而 $\frac{K - N(t)}{K}$ 代表环境承载量，也被称为 Logistic 系数，代表渠道生态系统的成长空间。

当渠道生态系统演化不受任何因素影响时，有 $\frac{\mathrm{d}N}{\mathrm{d}t} = rN$，即有 $N = N_0 \cdot e^n$；当 $N(t) = K$ 时，$\frac{\mathrm{d}N}{\mathrm{d}t} = 0$，这时渠道生态系统达到最大渠道容量。对于某渠道物种，在 t 时间内，演变过程为：

$$\frac{\mathrm{d}n(t)}{\mathrm{d}t} = g(t)Z_t(n_m - n_t) \tag{4.5}$$

① Cabezas H. Pawlowski CW, Mayer A L. et al. Simulated experiments with complex sustainable system: ecology and technology [J]. *Resources Conservation and Recycling*, 2005, 44 (3): 279 – 291.

$$n(t) = \frac{n_m}{1 + e^{-\int_0^t g(t)\,dt}} = \frac{n_m}{1 + e^{-G_0}} \qquad (4.6)$$

其中，n_t 表示 t 时刻渠道系统包含的渠道分销方式或途径的数量；$g(t)$ 表示渠道生态系统的平均增长率；n_m 表示渠道生态系统容量；z_t 表示渠道物种协同进化的关系。

那么，不同分销方式和组合的渠道生态系统演化的 logistic 模型可表示为：

$$\frac{dN_i(t)}{dt} = r_i(t) N_i(t) \left[1 - \frac{N_i(t)}{K_i} + \sum_{i=1}^{n} k_{ij} N_j(t) \right] \qquad (4.7)$$

其中，$N_i(t)$ 表示 t 时刻渠道分销的产品数量；$r_i(t)$ 表示理想状态下，渠道绩效的自然增长率；K_{ij} 为分销方式对分销绩效的影响系数。

如果我们假设两种分销方式在渠道生态系统自适应演化过程中表现出竞争与协作两种状态，那么，竞争状态可表示为：

$$\frac{dN_1(t)}{dt} = r_1(t) N_1(t) \left[1 - \frac{N_1(t)}{K_1} + k_{12} N_2(t) \right] \qquad (4.8)$$

协作状态可表示为：

$$\frac{dN_2(t)}{dt} = r_2(t) N_2(t) \left[1 - \frac{N_2(t)}{K_2} + k_{21} N_1(t) \right] \qquad (4.9)$$

求式（4.8）、式（4.9）的平衡点（$N_1(t)$，$N_2(t)$），则有

$$(N_1(t),\ N_2(t)) = \left(\frac{K_1(1 + k_{12} K_2)}{1 - k_{12} k_{21} K_1 K_2},\ \frac{K_2(1 + k_{21} K_1)}{1 - k_{12} k_{21} K_1 K_2} \right) \qquad (4.10)$$

通过研究 logistic 系数 K，我们可以知道：

（1）当 $K_{12} = K_{21} = 0$ 时，两种分销方式彼此独立，不会产生相互影响，不存在竞争与协作关系；

（2）当 $K_{12} < 0$，$K_{21} < 0$ 时，两种分销方式表现为竞争关系，从而使得渠道生态系统表现出不稳定、非平衡的特征，渠道生态系统寻求自适应调整达到有序状态；

（3）当 $K_{12} > 0$，$K_{21} > 0$ 时，两种分销方式表现为协同进化关系，从而使得渠道生态系统表现出稳定、平衡的特征，渠道生态系统通过自适应调整达到有序状态；

（4）当 $K_{12} > 0$，$K_{21} < 0$ 或 $K_{12} < 0$，$K_{21} > 0$ 时，两种分销方式既有竞争也有协同关系，在一定条件下可以实现相互转换。渠道核心成员以及其他角色地位不稳固，但彼此依赖，推动渠道生态系统的演化。

4.4.2 渠道生态系统演化 Lotka – Voterra 模型

Lotka – Volterra 模型（L – V 模型）是由美国学者洛特卡于 1925 年和意大利沃尔泰拉于 1926 年提出的[①]。在自然生态学的协同演化研究中，它是研究种间协同演化的经典模型。因此，本书用 L – V 模型来研究渠道生态系统中渠道系统本身与和其外部系统之间的演化过程。

在渠道运营过程中，渠道系统会与外界，尤其是竞争者（同行）的渠道产生相互作用。我们不妨假设有同行产品渠道 1 和 2，其渠道种群数量随时间 t 的增长率（或增长变量）可用如下方程表示[②]：

$$\frac{\mathrm{d}N_1(t)}{\mathrm{d}t} = r_1(t)N_1(t)\left(\frac{K_1 - a_{12}N_2(t) - N_1(t)}{K_1}\right) \tag{4.11}$$

$$\frac{\mathrm{d}N_2(t)}{\mathrm{d}t} = r_2(t)N_2(t)\left(\frac{K_2 - a_{21}N_1(t) - N_2(t)}{K_2}\right) \tag{4.12}$$

其中，$N_1(t)$、$N_2(t)$ 分别代表两种渠道种群的数量；$r_1(t)$、$r_2(t)$ 分别代表两个种群在不互相影响下的最大增长率；K_1、K_2 分别代表两个种群在现有环境最大承载量；a 为两个种群的相互竞争系数，a_{12}、a_{21} 分别表示种群 2 对种群 1 的竞争效应和种群 1 对种群 2 的竞争效应。

根据上述两式，求得平衡点：

$$\frac{\mathrm{d}N_1(t)}{\mathrm{d}t} = r_1(t)N_1(t)\left(\frac{K_1 - a_{12}N_2(t) - N_1(t)}{K_1}\right) = 0 \tag{4.13}$$

$$\frac{\mathrm{d}N_2(t)}{\mathrm{d}t} = r_2(t)N_2(t)\left(\frac{K_2 - a_{21}N_1(t) - N_2(t)}{K_2}\right) = 0 \tag{4.14}$$

显然有

$$a_{12}N_2(t) + N_1(t) = K_1 \tag{4.15}$$

$$a_{21}N_1(t) + N_2(t) = K_2 \tag{4.16}$$

那么，对于种群 1 而言，当 $N_1(t) = 0$ 时，$N_2(t) = \dfrac{K_1}{a_{12}}$；当 $N_2(t) = 0$ 时，$N_1(t) = \dfrac{K_2}{a_{21}}$；对于种群 2 来说，当 $N_1(t) = 0$ 时，$N_2(t) = K_2$；当 $N_2(t) = 0$ 时，$N_2(t) = \dfrac{K_2}{a_{21}}$。

---

① 陈瑜等. 基于 Lotka – Voterra 模型的光伏产业生态创新系统演化路径的仿生学研究 [J]. 研究与发展管理，2012，24（3）：75.

② [丹] S. E. Jorgensen，[意] G. Bendoricchio. 生态模型基础 [M]. 何文珊等译. 北京：高等教育出版社，2007.4：265 – 271.

由式（4.10）、式（4.11）知道这是两条直线，我们记为 L_1、L_2，则在直线内侧，$\dfrac{\mathrm{d}N(t)}{\mathrm{d}t}>0$，表示渠道物种的容量可增加；在直线的外侧，$\dfrac{\mathrm{d}N(t)}{\mathrm{d}t}<0$，表示渠道物种的容量会减少。这样，就会得到 4 种解，如图 4.15 所示。解式 4.15 和式 4.16 得到式 4.17 和式 4.18 如下：

$$N_1(t)=\frac{K_1-a_{12}K_2}{1-a_{12}a_{21}} \tag{4.17}$$

$$N_2(t)=\frac{K_2-a_{21}K_1}{1-a_{21}a_{12}} \tag{4.18}$$

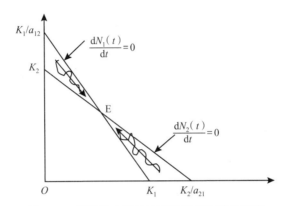

图 4.15　渠道生态系统达到平衡点的演化示意

根据渠道生态系统的内涵与特征，一般有 $0<a_{12}a_{21}(a_{21}a_{12})<1$，这时可能出现四种情况：

一是 $\dfrac{K_1}{K_2}>a_{12}$ 且 $\dfrac{K_2}{K_1}>a_{21}$，这时说明渠道 1 种群容量大于渠道 2 种群容量，其竞争结果将是渠道 1 胜出；

二是 $N_1(t)$、$N_2(t)\rightarrow\infty$，且 $\dfrac{K_2}{K_1}>a_{21}$，这时说明渠道种群 1 可以继续增长，而种群 2 的容量受到抑制，不能继续增长，渠道生态系统处于不稳定阶段，两者都可能采取竞争措施和手段，其结果取决于资源的利用情况；

三是 $\dfrac{K_1}{K_2}<a_{12}$ 且 $\dfrac{K_2}{K_1}<a_{21}$，这时说明渠道种群 1 容量受到极大的限制，而渠道 2 种群容量可继续增长，其竞争结果将是渠道 2 胜出；

四是 $\dfrac{K_1}{K_2}<a_{21}$ 且 $\dfrac{K_2}{K_1}<a_{21}$，这时说明渠道种群 1 容量受到极大的限制，

不能继续增长，而种群2可以继续增长，渠道生态系统处于不稳定阶段，但双方通过协同进化可以达到平衡点，实现彼此共存共赢。

从上面的分析我们可知，只有第四种状况，渠道生态系统才可能通过协同演化达到平衡点，实现双赢。其他三种情况下，渠道生态系统都不稳定。另外，还存在一种特殊情况，那就是 $a_{12}a_{21}(a_{21}a_{12}) \to 1$ 时，$N_1(t)$，$N_2(t) \to \infty$，这时，无论是渠道种群1，还是渠道种群2，其竞争能力都非常强，渠道种群之间受干扰程度很低，这使得渠道受外界影响也微乎其微。

4.4.3 渠道生态系统演化仿真模型

对渠道生态系统而言，渠道子系统对整个渠道生态系统的影响最为深远，是其核心子系统。根据4.3.1，我们知道，Logistic模型是用来描述生物种群在有限空间和资源稀缺条件下成长的经典模型。渠道生态系统的形成同样经历了一个产生、发展和稳定共生的演化过程。为了直观反映问题的全貌，我们采取多智能自主体系统（multi-agent system，MAS）来仿真渠道生态系统的运行。构建渠道生态系统 Multi – Agent 仿真模型突破了仿真模型只能按照指定规则运行的传统，使仿真模型里的智能体不仅可以遵从指定的规则运行，还能直接受控于参与仿真操作者[1]。

渠道生态系统具有动态、不确定以及渠道物种间彼此依赖的特点，考虑到渠道谈判与沟通的成本、渠道层级价差以及信息传递的折损等因素，只有在动态情况确立的最佳产品分销策略和渠道模式才能达到渠道的目标。而渠道生态系统最终是以均衡、稳定为健康运行标志的，显然只有寻求科学的市场均衡才能实现，而这需渠道种群各食物链之间（如制造商种群对批发商种群、批发商种群对零售商种群、零售商种群对顾客种群）的利润和分销量趋于合理才能实现。

基于此，我们可做相关假设：

（1）渠道种群供给与需求由供需函数决定，以利润最大化为目标，渠道种群之间（制造商种群、批发商种群、零售商种群）可根据市场适度调整产品分销数量，以达到市场供需均衡；

（2）同渠道种群中渠道个体信息不互通，市场属于自由竞争市场；分销、配送、仓储、交易等由相应的经济函数决定；

---

① 胡宪伍，滕春贤. 动态供应链网络均衡仿真模型研究 [J]. 统计与决策，2009（22）：43 – 46.

（3）产品供应可满足当期所有市场需求，不考虑生产能力限制条件；

（4）中间商种群中渠道个体（成员）数量为 n 个，渠道层级为 j，渠道宽度为 $K(j)$；

我们做如下定义和符号描述：

定义 1：实体代理人（entity agent）：包含制造商种群 i，代理商种群 j，批发商种群 k，零售商种群 l、顾客种群 h 的所有 Agent 集合，即每个代理人均为渠道种群之一。

符号描述如下：

制造商种群 i 的代理人集合为 $a_i \in \{A_i \mid i = 1, \cdots, I\}$；

代理商种群 j 的代理人集合为 $a_j \in \{A_j \mid j = 1, \cdots, J\}$；

批发商种群 k 的代理人集合为 $a_k \in \{A_k \mid k = 1, \cdots, K\}$；

零售商种群 l 的代理人集合为 $a_l \in \{A_l \mid l = 1, \cdots, L\}$；

顾客种群 h 的代理人集合为 $a_h \in \{A_h \mid h = 1, \cdots, H\}$。

定义 2：功能代理人（function agent）：在实体代理人中，用于描述其功能或某种实现机制的代理人；在每个实体代理人中，不同的功能拥有不同的代理人，因此，实体代理人均包含不同的功能代理人。由 2.3.3 可以知道，渠道具有实物拥有、所有权转移、促销、谈判、财务、风险、订购和支付 8 大功能。

符号描述如下：

功能代理人（function agent）：以 f 代表功能 x 所有 Agent 的集合；

f_1：实物拥有代理人（physical ownership agent，POA）；

f_2：所有权转移代理人（ownership transfer agent，OTA）；

f_3：促销代理人（promotion agent，PRA）；

f_4：谈判代理人（negotiation agent，NA）；

f_5：财务处理代理人（finance agent，FA）；

f_6：风险分担代理人（risk sharing agent，RSA）；

f_7：订购代理人（ordering agent，OA）；

f_8：支付代理人（payment agent，PA）。

定义 3：信息源与宿主：发出信息的代理人为信息源；接收信息的代理人为宿主。R 代表接收信息的 Agent 来源群组，S 代表传递信息的 Agent 目标群组。

符号描述为：

$$R \in \{A_r \mid r = 1, \cdots, r\} \text{ 和 } S \in \{A_r \mid s = 1, \cdots, r\}$$

从信息源到宿主的传递的信息作为渠道的决策变量，这些信息主要通过分销商品数量、价格变化、顾客购买商品量等来传递。

定义4：功能组件（functional component）：功能代理人按需完成的最小单位的任务。渠道中每道环节都有一定的分销数量损毁，假设从制造商分销到代理商的数量为 Q_1，从代理商到批发商的数量为 Q_2，从批发商分销到零售商 S 的数量为 Q_3，从零售商到顾客端的商品数量为 Q_4。

制造商 Agent 如图4.16所示。

符号描述如下：

（1）信息：q_i^j（分销数）、M_i^L（销售收入）、R_i^I（商品售价）、P_t^J（促销信息）和 S_i^q（服务信息）。

（2）功能组件：f_1，f_2，f_3，f_4，f_5，f_6，f_7，f_8。

（3）关系对象：R：a_i，S：a_j。

接收零售商订单信息（市场需求）q_i^j、$\sum q_i^j$ 及商品付款 M_i^L、$\sum M_j^L$；根据市场需求，企业生产出商品，将产品 $\sum_{i=1}^I q_i^j$、S_i^q、$\sum_{i=1}^q s_i^q$ 分销给代理商，并将价格体系 R_i^I 促销信息 P_t^J、$\sum_{i=1}^J P_i^J$ 传递给代理商。

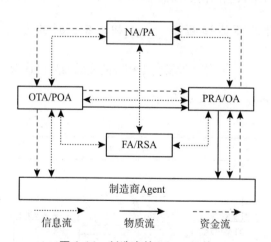

图4.16 制造商的 Agent 组件

代理商 Agent，如图4.17所示。

符号描述如下：

（1）信息：q_i^j（分销数）、$M^{(1)L}_i$（代理商销售收入）、$R^{(1)I}_i$（商品批发价）、$P^{(1)J}_t$（促销信息）和服务信息 $S^{(1)q}_i$。

（2）功能组件：f_1，f_2，f_3，f_4，f_5，f_6，f_7，f_8。

（3）关系对象：R：a_j，S：a_k。

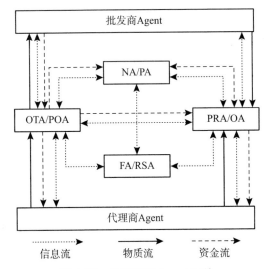

图 4.17 代理商的 Agent 组件

代理商获得来自制造商的商品 q_i^j 和 $P_t^{(1)\,J}$、$S_i^{(1)\,q}$ 等信息后，按照商品批发价 $R_i^{(1)\,I}$ 向批发商传递商品 $\sum\limits_{i=1}^{I} q_i^j$ 和促销、服务方面的信息 $P_t^{(1)\,J}$、$\sum\limits_{i=1}^{J} p_j^{(1)\,L}$ 和 $S_i^{(1)\,q}$、$\sum\limits_{i=1}^{q} s_i^{(1)\,q}$，批发商也相应的完成商品付款 $M_i^{(1)\,L}$、$\sum\limits_{j=1}^{L} M_j^{(1)\,L}$。

批发商 Agent，如图 4.18 所示。

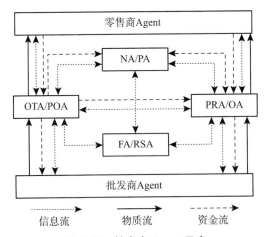

图 4.18 批发商 Agent 示意

符号描述如下：

（1）信息：$q^{(1)j}_i$（分销数）、$M^{(2)L}_i$（批发商销售收入）、$R^{(2)I}_i$（商品批发差价）、$P^{(2)J}_t$（促销信息）和服务信息 $S^{(2)q}_i$。

（2）功能组件：$f_1, f_2, f_3, f_4, f_5, f_6, f_7, f_8$。

（3）关系对象：R：a_k，S：a_l。

批发商获得来自代理商的商品 $q^{(1)j}_i$、$\sum\limits_{i=1}^{J} q^{(1)j}_i$ 和 $P^{(2)J}_i$、$\sum\limits_{i=1}^{J} P^{(2)J}_i$、$S^{(2)q}_i$、$\sum\limits_{i=1}^{Q} S^{(2)q}_i$ 等信息后，按照商品批发价 $R^{(2)I}_i$ 向批发商传递商品 $\sum\limits_{i=1}^{I} q^j_i$ 和促销、服务方面的信息 $P^{(2)J}_t$、$\sum\limits_{i=1}^{J} P^{(2)J}_i$ 和 $S^{(2)q}_i$、$\sum\limits_{i=1}^{q} s^{(2)q}_i$，批发商也相应的完成商品付款 $M^{(2)L}_i$、$\sum\limits_{j=1}^{L} M^{(2)L}_j$。

零售商 Agent，如图 4.19 所示。

符号描述如下：

（1）信息：$q^{(2)j}_i$（分销数）、$M^{(3)L}_i$（零售商销售收入）、$R^{(3)I}_i$（商品售价）、$P^{(3)J}_t$（促销信息）和服务信息 $S^{(3)q}_i$。

（2）功能组件：$f_1, f_2, f_3, f_4, f_5, f_6, f_7, f_8$。

（3）关系对象：R：a_l，S：a_h。

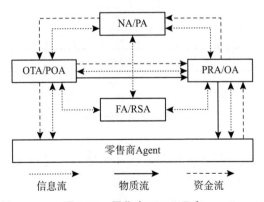

图 4.19　零售商 Agent 示意

零售商获得来自批发商的商品 $q^{(2)j}_i$、$\sum\limits_{i=1}^{J} q^{(2)j}_i$ 和 $P^{(3)J}_i$、$\sum\limits_{i=1}^{J} P^{(3)J}_i$、$S^{(3)q}_i$、$\sum\limits_{i=1}^{Q} S^{(3)q}_i$ 等信息后，按照商品批发差价 $R^{(3)I}_i$ 向零售商传递商品

$\sum\limits_{i=1}^{I} q_i^j$ 和促销、服务方面的信息 $P^{(3)J}_t$、$\sum\limits_{i=1}^{J} P^{(3)J}_i$ 和 $S^{(3)q}_i$、$\sum\limits_{i=1}^{q} s^{(3)q}_i$，零售商也相应的完成商品付款 $M^{(3)L}_i$、$\sum\limits_{j=1}^{L} M^{(3)L}_j$。

顾客 Agent 如图 4.20 所示。

符号描述如下：

（1）信息：$q^{(3)j}_i$（分销数）、$M^{(3)L}_i$（零售商销售收入）、$R^{(3)l}_i$（商品售价）、$P^{(4)J}_t$（促销信息）和服务信息 $S^{(4)q}_i$。

（2）功能组件：f_1，f_2，f_3，f_4，f_5，f_6，f_7，f_8。

（3）关系对象：R：a_l，S：a_h。

零售商商品数量 $\sum\limits_{i}^{J} q^{(3)j}_i$，按照商品售价 $R^{(3)l}_i$ 以及促销信息 $\sum\limits_{t=1}^{J} P^{(4)J}_t$，传递给顾客，顾客与零售商开展服务信息 $\sum\limits_{i=1}^{Q} S^{(4)q}_i$ 交流，顾客付款给零售商。

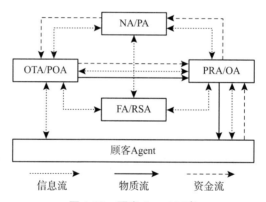

图 4.20　顾客 Agent 示意

本书研究的渠道假定为 5 个阶层（制造商、代理商、批发商、零售商、顾客），其渠道结构采取网状如图 4.21 所示。

考虑顾客愿意支付的价格（购买价格），制造商决定最佳产量；并考虑决定采取最佳渠道策略将商品分销给中间商；中间商从制造商处获得商品后，考虑顾客可接受的市场价格与需求量，决定最佳分销策略给零售商，整个渠道会经由市场供需机制逐渐趋向市场均衡，即在各阶层之间的价格与数量会趋于均衡。

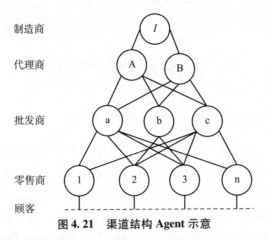

制造商

代理商

批发商

零售商

顾客

图 4.21　渠道结构 Agent 示意

根据上述原理，我们建立基于决策方式与最优化条件结构方程式如下：

制造商生产成本：

$$C(q_i) = (\sum_{i=1}^{I} q_i)^2, \ \forall i, \ L$$

制造商对代理商分销成本（包含分销、交易、服务等成本）：

$$C^{(1)}(q_i^{(1)}) = (\sum_{i=1}^{2} \sum_{i=1}^{J} q_i^{(1)})^2, \ \forall i, \ J$$

代理商对批发商分销成本：

$$C^{(2)}(q_i^{(2)}) = (\sum_{i=1}^{3} \sum_{i=1}^{K} q_i^{(2)})^2, \ \forall i, \ K$$

批发商对零售商分销成本：

$$C^{(3)}(q_i^{(3)}) = (\sum_{i=1}^{4} \sum_{i=1}^{L} q_i^{(3)})^2, \ \forall i, \ L$$

零售商分销成本：

$$C^{(4)}(q_i) = (\sum_{i=1}^{n} \sum_{i=1}^{H} q_i)^2, \ \forall i, \ H$$

市场需求量：

$$Q_i = -aC^j - bC^{j+1} + c$$

其中 i, $j = 1$, 2, 3, 4；a, b, c 代表相应渠道层级的调整系数。

运用 EM – Plant 内部 SimTalk 程序语法撰写基因算法，并与该软件内 Object 联结，在 Windows7 Professional 作为计算机操作系统中进行测试及验证该程序、运算可得到仿真的各个渠道层级的利润额（计算结果）[①]。

---

① 胡宪武，腾春贤. 动态供应链网络均衡仿真模型研究［J］. 统计与决策，2009，298 (22)：46.

4.5 渠道生态系统演化路径

4.5.1 渠道个体（成员）的复制动态演化

为了获得自己的竞争优势，渠道物种往往注重于自己核心能力的培育和发展，忽视非核心能力的培养与开拓，比如，制造商热衷于生产制造技术的培养与开拓，而对不擅长的销售环节则采取外包的方式。

在渠道系统中，当领导成员在创建营销渠道时，往往面临着如何选择渠道物种及选择什么样的渠道物种的问题。渠道物种的质量对于能否实现渠道目标和取得良好的渠道绩效起着决定性的作用。但是在渠道物种的选择过程中包含着大量不确定性和模糊的因素，仅凭决策者的主观经验往往容易出现选择偏差甚至错误。构建渠道生态系统是未来渠道管理和构建的方向和重点，如何选择和优化渠道个体（成员）是构建渠道生态系统的关键。

渠道生态系统中的个体不再是简单的生产者、批发商和零售商，他们之间的关系也不再是纯粹的交易关系①。渠道生态系统的构建对渠道个体提出了新的要求，它讲究系统性、协作性（见 2.1）。渠道个体（成员）之间是一种合作关系，他们以协作、双赢、沟通作为渠道谈判的基点，通过竞争、捕食、寄生和互利共生 4 种手段（见图 4.22），努力提高渠道的整体绩效（质量和效率），最终达到渠道物种多赢的局面。

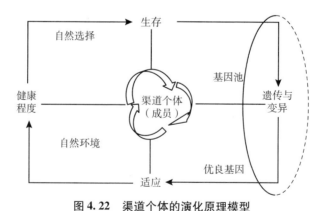

图 4.22　渠道个体的演化原理模型

---

① 菲利普·科特勒认为传统营销渠道由一个独立的每个成员作为独立企业实体都在追求自己利润的最大化，即使它是以损害系统整体利益为代价也在所不惜。没有一个渠道成员对于其他成员拥有全部的或者足够的控制权。在这里每个渠道成员都是机会主义者，都追求个人收益最大化。

生物学家 Darwin 指出：物种进化是一个动态过程，包括新物种的产生和类型的选择，即环境根据物种适应程度进行的优胜劣汰[1]。在自然界中，物种为了能在自然环境中生存下来，需要繁殖出更具适应性的下一代。在这个过程中，物种通过基因的重组（比如交叉互换）和变异改变其性状，得以繁殖出更具适应性的下一代，这就是有名的"适者生存"理论。

在渠道生态系统中个体同样具备这样的特征。渠道个体（图中称为物种）与环境发生作用，这时候渠道个体能否适应环境是决定其能否在渠道生态系统中生存下来的主要原因。而渠道个体能适应环境而生存下来，其从基因池获得生存与遗传的重要基因。然而，由于渠道资源（环境容量）的有限性，只有那些适合的物种能够存活下来，而且这些物种不断进化并逐代繁衍[2]，原理如图 4.22 所示。

这种渠道个体的适应和遗传——渠道个体的演化最终必须趋于稳定（这也是渠道生态系统的目标）。而作为经济体的渠道个体具有有限理性的决策特点，下面从有限理性出发，以渠道个体为研究对象，分析其演化稳定策略：

我们假定存在甲、乙两个执行不同渠道策略的中间商，其中甲属于某个执行某一特定渠道策略的中间商，大群体；乙则为执行不同渠道策略的突变中间商，小群体。乙进入到甲渠道后而形成渠道丙，如果乙在丙中与甲产生博弈行为，其所收益大于进入前的收益，那么说明乙能够侵入甲中，反之，乙无法侵入甲渠道中，那么甲在演化过程中就会自动消失（被淘汰）。如果在渠道种群或群落中能消除所有类似乙这样的渠道物种侵入，那么我们就称该渠道种群或群落达到了一种演化稳定状态，此时它所选择的策略就是演化稳定策略[3]。

如果 $\forall y \in A$，$y \neq x$，那么存在 $\bar{\varepsilon} \in (0, 1)$ 满足

$$u[x, \bar{\varepsilon}_y + (1-\varepsilon)x] > u[y, \bar{\varepsilon}_y + (1-\varepsilon)x] \qquad (4.19)$$

该不等式对任意 $\varepsilon \in (0, \bar{\varepsilon}_y)$ 均成立。

式（4.19）中，A 是群体中个体博弈时的支付矩阵；y 表示突变策略；$\bar{\varepsilon}_y$ 代表与突变策略相关的一个常数——侵入界限 x；$\bar{\varepsilon}_y + (1-\varepsilon)x$ 则表示

---

[1] 赵健宇，李柏洲. 对企业知识创造类生物现象及知识基因论的再思考 [J]. 科学与科学技术管理，2014, 35 (8): 23.

[2] 李柏洲，赵健宇. 基于 SECI 模型的组织知识进化过程及条件 [J]. 系统管理学报，2014 (4): 514 – 523.

[3] 张丽萍. 基于演化博弈的营销渠道合作关系研究 [D]. 上海：同济大学硕士学位论文，2006.

选择演化稳定策略群体与选择突变策略群体所组成的混合群体。

式（4.19）说明：当渠道生态系统处于演化稳定均衡的吸引域时，它能够抵抗外部小冲击，实现稳定演化。

在生物演化过程中，不同物种在同一个生存环境中竞争同种生存资源时，那些具有高适应度的物种存活下来，而低适应度的物种被淘汰。同样，当某渠道策略的适应度比渠道策略的平均适应度要高时，该策略就会得到发展、复制并遗传，这就是所谓的复制者动态（replicate dynamic）的基本思想①。

在渠道实践中，渠道物种会进行策略调整以适应渠道生态系统或种群、群落状态，这时表现出不断重复博弈来，这个过程可用"选择策略—演化—选择新策略—再演化"的生物演化博弈"复制动态"机制来模拟②。

我们可以采用 Taylor 和 Jonker（1978）提出的模仿者动态的微分方程来对渠道物种个体演化博弈进行分析：

$$\frac{\mathrm{d}x_i}{\mathrm{d}t} = \left[f(s_i,\ x) - f(x,\ x) \right] \cdot x_i \qquad (4.20)$$

可以看出，如果选择纯策略 s_i 的渠道物种支付少于整个种群平均支付，那么选择纯策略 s_i 的渠道物种在渠道种群所占比例将会随着时间的变化而不断减少；如果选择策略 s_i 的渠道物种所得支付多于渠道种群平均支付，那么选择策略 s_i 的渠道物种在渠道种群中所占比例将会随着时间的变化而不断地增加；如果渠道物种选择纯策略 s_i 所得支付恰好等于渠道种群平均支付，则选择该纯策略的渠道物种在群体中所占比例不会发生变化③④。

4.5.2 渠道种群演化路径

种群是生态系统中最基本、最重要的组成。20 世纪 70 年代后期，汉南和福瑞尔（Hannan1，Frearan，1977）将种群生态学理论运用到组织行为研究中，创立了组织种群生态学理论，认为组织竞争表现为种内或种间

① 殷向洲. 基于演化博弈的闭环供应链协调问题研究［D］. 武汉：武汉理工大学博士学位论文，2008.

② 丁晓杉. 基于演化博弈论的营销渠道合作竞争关系分析［J］. 商业时代，2010（2）：40 - 42.

③ 张良桥. 进化博弈基本动态理论［J］. 中国经济评论，2003，3（18）：58 - 60.

④ 罗昌瀚. 非正式制度的演化博弈分析［D］. 辽宁：吉林大学博士论文，2006.

争夺生态位的竞争，企业生物体通过新陈代谢、群集与整合、创新与变革适应环境的变化，实现自我发展①。

根据仿生学原理，田秀华、聂清凯（2006）等将企业互动关系划分为共生、共栖、偏害、互利共生、竞争、捕食六种关系②。而这些关系共同的特征就是对企业有限环境资源的争夺。邵昶、蒋青云（2011）在研究渠道理论演进中提出渠道演进 4C 分析框架（4C 指 Co - opetition 竞合、Coordination 协调、Co - creation 价值共创和 Co - evolution 共演）③，认为渠道成员间的竞合关系、渠道协调与渠道价值共创相互作用构成了渠道共演的过程。其中，渠道成员间的竞合关系是推动渠道演进的主驱动力和起点，渠道协调是渠道演进的过程，渠道价值共创是渠道演进的结果，反过来又会对渠道竞合关系产生影响。

种群的演化包括种内演化和种间演化两个方面。在组织进行环境选择时，组织惰性、密度依赖和生态利基是其单个种群的主要选择机制与路径（井润田、刘丹丹，2012）。种间演化原理与单一种群内部演化原理基本类似，不同的是将一个种群演化的规律扩展到两个种群之间的演化（黄鲁成、张红彩，2006）④。

在渠道生态系统中，渠道种群的基本形式有单种群、双种群和多种群之分，而中间商种群则是其核心种群。正如前文所述，在渠道生态系统的研究中，环境选择是其唯一演化机制。渠道生态系统之所以会演化，就是渠道个体、种群和群落在有限的渠道资源中进行争夺。因此，渠道演化有着唯一的演化路径就是竞争，只不过渠道生态系统种群之间的竞争所呈现出来的是三种不同的形式——竞争、共生与协调（见图4.23），而共生（symbiosis）实质上是合作式的竞争，本书中称为竞争（competition）的，实际上是冲突式竞争，而协调（coordination）则是因为振荡式竞争导致的。

① 张明星，孙跃，朱敏. 种群生态理论视角下的企业间相互关系研究 [J]. 首都经贸大学学报，2006（4）：51 - 56.

② 田秀华，聂清凯等. 商业生态系统视角下企业互动关系模型构建研究 [J]. 南方经济，2006（4）：50 - 56.

③ 邵昶，蒋青云. 营销渠道理论的演进与渠道学习范式的提出 [J]. 外国经济与管理，2011，33（1）：50 - 58.

④ 黄鲁成，张红彩. 种群演化模型与实证研究 [J]. 科学学研究，2006，24（4）：524 - 528.

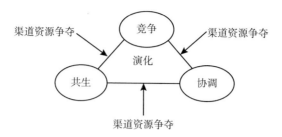

图 4.23　渠道种群演化三种典型途径

在渠道系统中，同级渠道种群和上下级渠道种群相互叠加，形成复杂的竞争关系。既有"短期合作"，又有"长期合作"，既有"外部竞争"（如不同渠道体系之间的竞争），又有"内部竞争"（如同一渠道内各成员之间的竞争）。由于渠道利益、权力、制度等原因，渠道冲突在所难免，在传统的渠道管理模式中，渠道成员往往着眼于消除眼前的利益冲突，属于短期行为。但在渠道生态系统中，渠道个体（成员）会基于"信任、满意和承诺"开展合作，实现"知识、学习和能力"共享①，这是渠道种群共生的结果。因此，构建渠道生态系统就必须着力于渠道"合作关系"的培养，建立科学合理的渠道制度，要规划渠道物种的分工与合作，强调通过制度建设来建立长期合作关系以避免有损渠道参与方利益的行为。比如，渠道物种的分工经常会发生变化，就需要双方相互适应。

我们用 Logstic 模型来对上述过程进行描述。

在渠道生态系统中，渠道种群既存在竞争，又存在共生的情况。为研究方便，我们假定有两个种群为种群 i 和种群 j，它们的渠道产出遵从 Logistic 规律。

记 r_1、r_2 是其对应的固定产出率，N_1、N_2 为其对应的最大产出量，由于种群 1、种群 2 是一种竞争关系，会彼此影响到对方的产出量，c_{ij}、o_{ij} 分别代表种群 j 对种群 i 的影响系数，其中 $-1 < c_{ij} < 1$、$-1 < o_{ij} < 1$。渠道产出量可表示为

$$\begin{cases} \dfrac{\mathrm{d}x_1}{\mathrm{d}t} = r_1 \left(1 - \dfrac{x_1}{N_1} - c_{12}x_2 + o_{12}\dfrac{x_2}{N_2} \right) \\ \dfrac{\mathrm{d}x_2}{\mathrm{d}t} = r_2 \left(1 - \dfrac{x_2}{N_2} - c_{21}x_1 + o_{21}\dfrac{x_1}{N_1} \right) \end{cases} \tag{4.21}$$

① 邵昶，蒋青云．营销渠道理论的演进与渠道学习范式的提出［J］．外国经济与管理，2011，33（1）：50–58．

其中因子 $\left(1 - \dfrac{x_1}{N_1}\right)$ 表示种群 1 在争夺渠道有限资源中产量的阻滞，而

受种群 2 竞争的影响因子为 $-\delta_1 \dfrac{x_2}{N_2}$（其中，$\delta_1$ 表示种群 2 抢夺种群 1 的 1

单位资源消耗量的 δ_1 倍），其余同理。根据式 4.21，那么可得到不动点和
稳定条件（如表 4.4 所示）。

表 4.4　　　　　　　渠道竞争与合作模型的不动点与稳定条件

不动点	稳定条件
$(N_1, 0)$	$1 - c_{21}N_1 + c_{21} < 0$
$(0, N_2)$	$1 - c_{12}N_2 + c_{12} < 0$
$(A, B)^*$	$1 - c_{21}N_1 + c_{21} > 0$ 或 $1 - c_{12}N_2 + c_{12} < 0$
$(0, 0)$	不稳定

注：$* A = \dfrac{N_1(N_2 c_{12} - o_{12} - 1)}{(N_2 c_{12} - o_{12})(N_1 c_{21} - o_{21}) - 1}$，$B = \dfrac{N_2(N_1 c_{21} - o_{21} - 1)}{(N_2 c_{21} - o_{12})(N_1 c_{21} - o_{21}) - 1}$

求解得到，种群 1 和种群 2 共生的现实稳定条件是：$0 < \delta_1 < 1$，$0 < \delta_2 < 1$，

稳定点是 $\left(\dfrac{N_1(1 + \delta_1)}{1 - \delta_1 \delta_2}, \dfrac{N_2(1 + \delta_2)}{1 - \delta_1 \delta_2}\right)$。而 $0 < \delta_1 < 1$，$0 < \delta_2 < 1$ 时，则表示

在渠道生态系统中，种群 1 和种群 2 相互之间的贡献彼此都不大。种群 1
和种群 2 对对方的贡献主要是通过市场区域划分和渠道功能分工实现市场
规模的扩大，产品、促销、需求等信息的共享以及彼此之间的承诺和信任
的交易成本降低等。另外，当 $1 - C_{12}N_1 + C_{21} < 0$ 或 $1 - C_{21}N_2 + C_{21} < 0$ 表示
种群 1 和种群 2 激烈竞争超过了彼此间的有效合作，这种竞争导致其中某种
群的淘汰或合并为一个渠道；当 $1 - C_{12}N_1 + C_{21} > 0$ 或 $1 - C_{21}N_2 + C_{21} > 0$，则
表示种群 1 和种群 2 彼此间的合作非常有效，即使存在竞争，但这也是一
种互补性的竞争，而且将长时间存在，两种群都将获得成长。

4.5.3 渠道群落演化路径

"群落"是一个生态学概念，是指在特定的空间或特定生境下，具有
一定的生物种类组成及其与环境之间彼此影响、相互作用，具有一定的形
态结构与营养结构，并具有特定的功能的生物组合[1]。生物群落是一个比

---

① 李博，杨持，林鹏. 生态学 [M]. 北京：高等教育出版社，2000.

生物个体和生物种群更高层次的概念，它是由生物种群构成的有生命的部分。群落的演化是生态系统的主要特征之一。

渠道群落是指围绕渠道目标，由若干组织或个人构成，并在渠道环境中所形成的并与环境相互作用的群体集合。渠道群落的形成始终贯穿着专业化分工与协作这条纽带，它通过渠道种群的横向（如渠道中间商种类的增加）与纵向繁衍（渠道层级增减）不断让群落得以成长和成形，同时也扩大了市场范围，并使得渠道个体、种群专业化分工和协作程度不断加深，降低渠道个体、种群之间的交易费用，从而出现规模经济，使得渠道群落得以演进。

渠道群落的演化是一个能量流、物质流和结构变化的动态过程。生物群落的动态主要包括群落的内部动态、群落的演替以及群落的生物进化三个方面。它具备以下三个基本特征：

（1）渠道群落演化是一个有序的发展过程，即渠道群落中种群数量和质量以及群落中各种演化会随时空的变化有规律地朝一定的方向演化，因而能够进行预测。

（2）渠道群落是渠道种群和外界环境发生作用的结果，也是渠道种群竞争和夺取渠道资源的结果。渠道群落的物理环境（比如仓储条件和运输设备等）决定了渠道群落的演化类型、方向和速度以及演化的极限。同样渠道群落的演化也将推动物理环境的极大改变（比如电子商务的发展推动各种 APP 软件的诞生）。

（3）渠道群落演化以渠道生态系统的稳定与健康作为发展的顶点。在这个时候，渠道单位有效能流将达到最大生物量，渠道个体与种群实现共生。

渠道群落的演化既是动态的，也是非线性的。在非线性条件下，我们可用 logstic 模型来描述群落演化。首先做如下假设：

（1）渠道群落中生态演进只限于渠道系统内部的个体。

（2）外部宏观环境在观测周期（某时间段）内保持基本稳定。

（3）渠道群落中演化在观测周期（某时间段）内处于一个平均值并保持相对稳定。

（4）渠道种群或个体的决策是有限理性的，其信息不完全也不对称，渠道群落的演化是一个渐进过程。

我们设 $\dot{X} = \frac{\partial x}{\partial t}$、$\dot{Y} = \frac{\partial y}{\partial t}$ 分别代表群落 X、Y 的成长情况，Y 为 X 演进后的群落；K 表示 X 群落在观测周期内平均增长率，也就是代表在渠道生态

系统内，群落 X 演进到 Y 群落的转化率；而由 Y 群落退化到 X 群落的概率为 d；X、Y 群为：

$$\begin{cases} \dot{x} = kx(N - x - \beta y) - dx \\ \dot{y} = dy(N - y - \beta y) - ky \end{cases} \tag{4.22}$$

求平衡点①，令

$$\begin{cases} \dot{x} = kx(N - x - \beta y) - dx = 0 \\ \dot{y} = dy(N - y - \beta y) - ky = 0 \end{cases} \tag{4.23}$$

解上述方程，得到平衡点：

$$A(0,\ 0);\ B\left(\frac{kN - d}{k},\ 0\right);\ C\left(0,\ \frac{dN - k}{d}\right);$$

$$D\left(\frac{d[Nk(1 - \beta) - d] + k^2\beta}{kd(1 - \beta^2)},\ \frac{k^2(2\beta - 1) + d(kN - \beta)}{kd(1 + \beta)}\right)$$

令 $\dfrac{k^2(2\beta - 1) + d(kN - \beta)}{kd(1 + \beta)} = M > 0,\ \dfrac{d[Nk(1 - \beta) - d] + k^2\beta}{kd(1 - \beta^2)} = U > 0$

计算其偏导数，得矩阵：

$$D_z = \begin{bmatrix} \dfrac{\partial \dot{x}}{\partial x} & \dfrac{\partial xv}{\partial y} \\ \dfrac{\partial \dot{y}}{\partial x} & \dfrac{\partial \dot{y}}{\partial y} \end{bmatrix} = \begin{pmatrix} kN - 2kx - k\beta y & -k\beta x \\ -d\beta y & dN - 2dy - d\beta x - k \end{pmatrix} \tag{4.24}$$

将四个平衡点代入该矩阵，得到

$$D_z^A = \begin{pmatrix} kN - d & 0 \\ 0 & dN - k \end{pmatrix}$$

$$D_z^B = \begin{pmatrix} kN & \beta(d - kN) \\ 0 & dN - d\beta\left(N - \dfrac{d}{k}\right) - k \end{pmatrix}$$

$$D_z^C = \begin{pmatrix} kN - k\beta\left(N - \dfrac{d}{k}\right) - d & 0 \\ \beta(d - kN) & k - dN \end{pmatrix}$$

$$D_z^D = \begin{pmatrix} kN - 2kM - k\beta U - d & -k\beta M \\ -d\beta N & dN - 2dU - k \end{pmatrix}$$

根据微分方程稳定性原理，说明 A、B、C 三个平衡点是不稳定的。对于 D 点，我们可以对式 4.24 进行近似计算，得到

① 李昆，魏晓平. 企业群落生态化演进动力机制的比较 [J]. 科技导报，2006，24（10）：60 - 66.

$$M \approx \frac{N}{1+\beta} = \delta \; ; \; U \approx \frac{N}{1+\beta} = \delta。$$

这样，对于 D 点的特征方程可表示为

$$\left(\lambda - k\left[N - \delta(2+\delta) - d\right]\right)\left(\lambda - d\left[N - \delta(2+\delta) - k\right]\right) - kd\beta^2\delta^2 = 0$$

由于 $0 < \beta < 1$，所以 $2U \approx 2M = 2\delta > N$，且 $N - \delta(2+\delta) = U < 0$

因此，D 点的特征方程可近似表达为

$$\left(\lambda - kU\right)\left(\lambda - dU\right) - kd\beta^2\delta^2 = 0$$

这样可求得

$$\lambda_{12} = \frac{U(k+d) \pm \sqrt{U^2(k-d)^2 + 4kd\beta^2\delta^2}}{2}$$

我们讨论：

$$M - U = \frac{d\left[Nk(1-\beta) - d\right] + k^2\beta}{kd(1-\beta^2)} - \frac{k^2(2\beta-1) + d(kN-\beta)}{kd(1+\beta)}$$

$$= \frac{k^2\left[1 + 2\beta(\beta-1)\right] - d\left[d - \beta(1-\beta)\right]}{kd(1-\beta^2)} \tag{4.25}$$

由于 $0 < \beta < 1$，比较 $\dfrac{k^2\left[1 + 2\beta(\beta-1)\right]}{kd(1-\beta^2)}$，若

（1）$d > \beta(1-\beta)$，$\dfrac{k^2\left[1 + 2\beta(\beta-1)\right]}{d\left[d - \beta(1-\beta)\right]} > 1$ 时，渠道群落 Y 占优，说明 X 向 Y 演化；$\dfrac{k^2\left[1 + 2\beta(\beta-1)\right]}{d\left[d - \beta(1-\beta)\right]} < 1$，渠道群落 X 占优，此时说明渠道群落演化的结果是由 Y 向 X 演化。

（2）$d \leqslant \beta(1-\beta)$，$\dfrac{k^2\left[1 + 2\beta(\beta-1)\right] - d\left[d - \beta(1-\beta)\right]}{kd(1-\beta^2)}$，此时说明渠道群落演化的结果是线性的，渠道群落无法演进。

上述分析反映了在一个开放的渠道群落[①]中，当渠道资源利用存在重叠关联、群落外部存在更具竞争力的渠道群落（比如其他渠道中的中间商群落）时，渠道群落内部总是存在着渠道种群（表现为群落）的生长和演化现象，而且也会出现原先渠道群落退化和淘汰的现象。所以，只要有退化率 d 存在，渠道群落中的个体、种群演化的稳定状态就成为一个复杂的问题。当 $d > \beta(1-\beta)$ 时，渠道群落的演化会出现相对稳定的状态；相反，若当 $d < \beta(1-\beta)$ 时，渠道种群的稳定态表现为只有 1 种群落占优，

---

① "开放"特征来自非线性演化研究的假设（2），即渠道群落被认为具有"耗散"品质，从而保证在与外界进行物质、能量和信息的交流过程中，渠道群落能够持续获得"负墒"以挣脱"热寂"的命运。

这也就是说，当我们构建渠道生态系统时可以引导渠道系统中渠道个体、物种和种群适合渠道生态系统，完成渠道的创新和改造，来达到渠道绩效和目标。

假设渠道群落的演替分为两个阶段（以每阶段有一稳态为标志）（如图 4.24 所示），水平轴代表两个渠道群落的规模，垂直轴代表两个渠道群落的区位收益，因此，总有 $n_j + n_f = t$（t 为常数，代表渠道总收益在监测时段基本不变）。

群落 i 为渠道原有的群落，其环境承载力为 K_i 较小；而群落 j 为渠道新群落（比如增加网购新销售渠道），环境承载能力 K_i 较大。由于前面假设（4），渠道成员是有限理性的，因此他们经常是根据渠道收益来判断自己是否加入渠道群落的，第一阶段只有一个稳态 E'，其中 $B'_i = B'_j$ 且 $n'_i \geqslant n'_j$。第二阶段有一个稳态 E''，其中 $B''_i = B''_j$ 且 $n''_i \geqslant n''_j$。

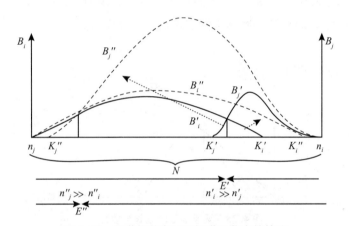

图 4.24　渠道物种在不同渠道群落中的转移

资料来源：参考 Maggioni M. A. 2004 的思路，结合 Maynard Smith J. 1974 绘制的生态学曲线以及申恩平（2005）提出的厂商转移曲线得出的。

由于渠道群落 j 资源状况好、收益高，有不少渠道个体被吸引过来。因此，群落 i 将发生渠道物种外流现象。用逻辑方程来表示群落 j 的成长，有

$$G_j = \dot{n}_j = r_j n_j^2(t)\left[1 - \frac{n_j(t)}{K_j}\right] \tag{4.26}$$

O_j 为斜率，它会随着时间而增长，且依赖于群落 i、j 的容量，那么群落 i 的增长率则取决于 G_i 和 O_i 的差额

$$N_i = G_i - O_i = \dot{n}_i = r_j n_j^2(t)\left[1 - \frac{n_j(t)}{K_i}\right] \tag{4.27}$$

群落的规模增减由 G_i 和 O_i 的相对位置来决定①。当 $G_i > O_i$ 时，n_i 增加，反之，n_i 减少。如果 $\dot{n}=0$，则 n_i 为常数，$G_i = O_i$。

渠道群落规模增减分三种情况：

（1）如果 $0 \leqslant n_i \leqslant n'$，则渠道群落将分解直至消失；

（2）如果 $n' \leqslant n_i \leqslant n''$，则渠道群落将保持成长而且规模达到 $n''(n'' < K)$；

（3）如果 $n'' \leqslant n_i$，那么渠道群落规模将收缩直到规模达到 n''。

o 和 n'' 是稳定均衡，而 n' 是不稳定均衡。

当 $O_i > O_i{}'$，方程达到起始均衡点，渠道群落 i 发展取决于 r_j（渠道群落 j 的内在增长率）、K_j（渠道群落 j 的容量）、λ（渠道群落 i 迁出渠道个体数量）三个参数。

当 $O_i = O_i{}'$，方程存在两个均衡点（稳定均衡点和鞍点），如图 4.25 所示。

（1）如果 $0 \leqslant n_i \leqslant n^*$，则渠道群落将分解直至消失；

（2）如果 $n_i > n^*$，则渠道群落收缩直到规模达到 n^*。

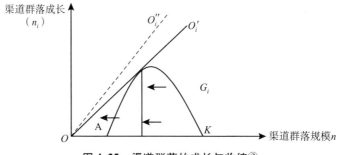

图 4.25　渠道群落的成长与收缩②

4.5.4　渠道生态系统演化路径

诚如前文所述，渠道生态系统是一种自组织。按照自组织演化路径论，渠道生态系统演化的路径可分为三条：一是临界点或临界区域突变演化路径，其演化结局难以预料，小的刺激或激励极有可能导致大的涨落（如图 4.26a 所示）；二是间断性演化路径，属于断崖式演变，有大的跌宕

①　申恩平. 企业群落演化路径与厂商行为研究——从生态演化的角度展开分析［D］. 杭州：浙江大学学位论文，2005：89 - 90.

②　借鉴 Maggioni M. A. High - rech Firms' Location and The Development of Innovative Industrial Cluster：A survey of the Literature Politica，2004. 127 - 165.

和起伏，变化突然，除了有些区域或结构点不可预测外，其大部分演化路径可以预测（如图4.26b所示）；三是渐进式演化路径，其路径基本可以预测（如图4.26c所示）。

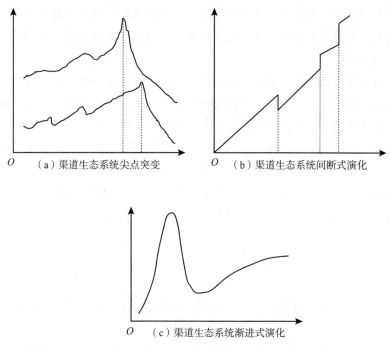

图4.26　渠道生态系统尖点突变、间断式演化、渐进式演化示意

　　渠道生态系统三条演化路径实际上都是"变化"，只不过这种"变化"可能是"突变"，也可能是"渐变"。因此，可以采用突变理论①进行研究。"突变理论"是采用控制变量（影响系统的关键因素）和状态变量（系统对控制变量的响应）来对系统进行模拟②，该理论也为研究跃迁、不连续性和突然质变的现象与问题提供了一种普适方法③。在前面研究渠道生态系统结构中，得出生态位主要用于描述渠道生态系统综合结构。因此，用突变理论结合生态位理论来描述渠道生态系统演化路径比较合适。

---

　　①　"突变理论"是由法国数学家Rene Thom于1972年创立的关于"奇点"的理论。它建立于"拓扑学"、"奇点理论"及"结构稳定性"等数学理论之上，专门研究不连续变化的情况。

　　②　Ulilliam L. Li1ala1，Kobert A. Lasken. Management applications of catastrophe theory ［J］. *Business Horizons*，1980，23（6）：35－42.

　　③　苏阿诺尔德（V. I. Arnold）. 突变理论 ［M］. 北京：高等教育出版社，1990：1.

在生态学中，对生态位的衡量涉及适应深度和适应宽度两个方面。适应深度又被称为是适应程度或耐受程度，主要指渠道个体在生态位上的竞争力和生存效率；适应宽度也称之为生态位宽度，指渠道个体在环境中的耐受范围或适应范围，是它利用的各种资源的总和。没有适应深度的渠道在生态位上缺乏竞争力，并可能被淘汰出该生态位；适应宽度涉及渠道应变能力，指的是渠道具备连续变异的能力，以适应不同特征、不同层次的生态位需要①。

由突变理论可知，系统势函数是研究系统突变的主要工具。系统势函数表示系统的任一状态值，系统势函数值是由极大向极小或由极小向极大的方向越迁的②。当系统势函数值达到极值时，质态就会突变，但能否达到极值，则受势函数控制变量的影响，而控制变量之间又存在相互关联和相互作用。因此，了解渠道突变机制的关键就在于如何分析与判断出系统势函数的极值点，这些极值点的集合组成渠道生态系统的突跳区。我们根据统计和观测资料用突变模型拟合渠道生态系统运动方程，寻找到渠道生态系统演化规律。

4.6 案例研究：飞利浦公司彩电中国营销渠道演化

下面结合渠道演化理论，对飞利浦公司彩电中国的营销渠道进行分析③。

4.6.1 企业及其渠道环境简析

荷兰皇家飞利浦电子公司（简称飞利浦公司），飞利浦是个综合性大集团，是世界上最大的电子公司之一，旗下部门有：飞利浦消费电器、飞利浦半导体、飞利浦照明、飞利浦医疗系统、飞利浦家庭小电器与个人护理。在 2015 年世界 500 强排行榜名列 385 位。2015 年的销售额达 3087.6 亿美元，在医疗诊断影像和病人监护仪、彩色电视、电动剃须刀、照明以及硅系统解决方案领域居于世界领先地位。飞利浦公司现在拥有 112959 名员工，在 60 多个国家活跃在医疗保健、时尚生活和核心技术三大领域。

---

① 钱辉. 生态位、因子互动与企业演化 [D]. 杭州：浙江大学博士学位论文，2004.

② 高晶，关涛，王雅林. 基于突变理论的企业集团生态位状态评价研究 [J]. 软科学，2007，21（6）：128 - 132.

③ 资料来源：百度百科、菲利普公司官网和财富中国网站，为2015年数据。

飞利浦公司早在 1920 年就进入了中国市场，总部位于上海。从 1985 年设立第一家合资企业起，飞利浦公司就秉承扎根中国的承诺，将世界领先的技术、产品和服务同步带到中国市场。目前，飞利浦公司已成为中国电子行业最大的投资合作伙伴之一，累计投资总额超过 34 亿美元，在中国建立了 35 家合资及独资企业，在全国设有 60 多个办事处，业务遍及 600 多个城市，共有 20000 多名员工。

2014 年 9 月，飞利浦公司宣布战略性精准聚焦健康科技和照明解决方案领域，建立两家市场领先的公司。其中，健康科技公司充分利用专业医疗保健和消费终端市场的融合趋势，旨在提供全方位的健康关护服务，即：从健康生活方式及预防到诊断、治疗和家庭护理。照明解决方案公司将进一步加强在 LED 光源、灯具及智能互联照明系统和服务领域现有的市场领导地位。

中国彩电产业起步于 20 世纪 80 年初期，到 1990 年，各大厂家纷纷增加产能来满足市场，而市场需求也从原来供不应求变为供大于求，以至于各大厂家纷纷以降价作为市场竞争的唯一法宝，家电厂商之间的价格战愈演愈烈，整个行业的零售价格指数和出厂价格指数仍然持续下降①。以 1996 年长虹挑起彩电价格大战，中国彩电首次全面降价为标志，2001 年家电行业全面亏损。这不得不迫使彩电厂商转变战略思维，跳出价格战，开始在产品研发和营销创新上实现战略转型。但价格战硝烟依然存在，这时主体发生了变化：由厂家转为的渠道商，最常见的是，中间商未经厂家允许擅自降低零售价格，从而引发了渠道冲突。从此，渠道管理成为了中国家电市场最难处理、也是长期困扰厂家的营销难题。

在这个阶段，长虹、康佳、TCL 等国产彩电集体井喷，压制住了进口品牌的"势"。由于有高额利润做底，大多数进口品牌仍然可以维持，但由于对市场缺乏足够的了解和决胜把握，他们不敢轻易动弹。是时，多数国产、进口彩电品牌普遍在国内市场采取代理、自营共存的渠道模式，大型卖场采取厂家直供，二、三级市场代理出去，比如海尔、索尼；有的一直采取代理制，比如东芝、TCL。

2000 年以前，中国的家电零售企业以分布于各大、中、小城市的百货商场、专卖店为主，不存在全国性或区域性的连锁企业。自 1999 年中期家电零售企业开始跨地区连锁经营以来，传统渠道逐渐退出家电流通领

① 仲崇文，杜玉申，张屹山. 渠道演化与供应链中的利益分配——以家电产业为例 [J]. 社会科学战线，2010（6）：188－193.

域。以往厂家定价、零售商执行的流通格局被经销商—厂商议价制甚至经销商招标制所代替。同时，苏宁、国美等连锁家电零售巨鳄开始了跑马圈地竞赛，同一城市、同一街区，毗邻开店，零售商之间的价格战伴随着跑马圈地运动愈演愈烈，逐渐成为行业发展的主旋律。零售商已不再是制造商统一价格政策的执行者，而是作为一股独立的市场力量在发挥重要作用。

4.6.2 渠道演化特征及动因分析

飞利浦公司渠道演化过程的特征及动因分析如下：

（1）互动性。飞利浦公司的渠道演化过程存在多重互动关系，主要有两个方面：一是受中国市场环境的影响，比如最开始也就是1997年前，飞利浦公司沿袭国外代理制的成功经验采取的是代理制，但随着中国市场竞争加剧不得不从2002年起采取双方共管市场的做法，到2003年委托TCL进行销售；二是渠道参与者的作用。由于渠道参与者都是利益相关者，它们之间存在内在、多维性、复合性的互动关系。如飞利浦公司与代理商之间的关系不断调整和变化。这两种互动关系也正是导致飞利浦公司渠道生态系统处于动态变化之中的主要原因。

（2）动态性。飞利浦公司的渠道生态系统演化具有动态演化的特征，1997年以前采取的是自建渠道，再向终端铺货的方式；1997~2001年，采取代理制，即选择代理商作为渠道供应商和管理商，比如华南地区设总代理；2002年采取委托制，与TCL公司共建渠道；自2005~2012年，飞利浦公司把中国市场的电器、半导体、照明和个人护理以及医疗系统产品进行渠道分化——照明自建渠道、医疗系统直销、电视卖给冠捷（从2005年起，冠捷逐步收购飞利浦代工厂、品牌、采购、设计生产和销售体系。自2012年4月，冠捷正式全面接管飞利浦电视）。

（3）内因性演化占主导地位。在飞利浦公司的每次渠道转型中，虽然受到外部环境的影响，比如市场竞争激烈、公司利润变薄、渠道商难以管理等，但最重要的莫过于飞利浦公司全球整体发展战略。菲利普漫长的产品线和模糊的品牌定位经常扰乱消费者的思维，消费者能记住的是菲利普剃须刀、照明和红极一时的菲利普手机，但这三者却没形成"马太效应"。而其在中国的渠道管理能力和水平难以适应中国复杂的市场环境，懂中国市场和消费行为与习惯的高管数量过少是一大"瓶颈"，因而对中国市场的发展趋势判断缺乏前瞻性。

（4）渠道转型"弯道多"。一方面，频繁更换渠道机制，代理商的替换速度太快，使得渠道因素引发了市场的动荡不安；另一方面，品牌、技术升级的执行速度过慢，升级速度跟不上渠道和市场的自然提升速度，造成"猛牛拉破车"的不利后果；最终，渠道执行力的短板，让飞利浦公司陷入了渠道困局。像飞利浦公司这样的跨国企业在中国出现的渠道"短板"，与其对中国市场竞争环境的水土不服有关。在面对中国这样一个特殊环境的（不成熟）市场，跨国公司也并不太适应。在中国家电市场上，销售力要大于市场力——渠道的作用可能会大于市场推广的作用。渠道仍然是满足市场需求的主体。加之中国地域宽广、差异大，文化也呈区域化特点，以及消费者对需求方式的融合，这些都对跨国企业形成巨大的挑战。

4.6.3　渠道生态系统演化阶段分析

飞利浦公司在中国的渠道模式经历了一段辗转之路①。参照前面分析的渠道生态系统演化基础理论，飞利浦公司在中国的营销渠道生态系统演化可分为以下几个阶段：

（1）渠道生态系统创建阶段（20世纪80年代中期～1997年）。

1985年，中国市场经济正处于萌动时期，飞利浦公司瞅准时机在中国开设了第一家飞利浦合资企业。该公司的成立使得飞利浦成为当时中国电子市场最大的投资伙伴之一。而飞利浦公司一直主张掌控主流渠道，因此一直到1997年，飞利浦公司在中国市场渠道模式上一直是采取自建渠道的方式，牢牢掌控渠道，再向终端铺货的方式，但效果不理想。比如其主战场之一的华南市场，飞利浦彩电由于款式不太适合当地人的口味，卖得一般，整个华南市场占有率只有1%左右，年销售额始终徘徊在700万元左右。其终端选择标准就是珠三角几个富裕城市的综合性大商场，终端展示太少，知名度不高。而且即便是在商场专柜，其形象也做得差强人意，无法反映出飞利浦作为一个国际著名品牌应有的形象②。

该阶段渠道生态系统的主要问题在于：一是渠道物种、种群少，渠道物种只有生产商和极少数零售终端（大卖场），参与到渠道销售的利益共享者少，虽然减少了管理难度，但传播途径和范围就窄多了；二是不了解中国市场渠道环境，中国消费者习惯到终端大小卖场购买彩电，但飞利浦的终端展示过少，也缺乏广告等传播手段，使得消费者接触飞利浦公司产品信息过少；三是利益分配不合理，即便是有限的渠道经销商，飞利浦公

---

①　资料来源：菲利普与 TCL 的渠道合作 ［EB/OL］. 精品学习网 http：//www.51edu.com/guanli/glsj/407281.html.

②　张德华. 飞利浦家电为何兵败华南？ ［EB/OL］. 中国营销传播网《新营销》专栏，ht-tp：//www.emkt.com.cn/article/157/15798.html2004 – 05 – 20.

司对高价产品的补差政策远远低于索尼、松下等产品，影响经销商的终端推广积极性。

（2）渠道生态系统形成与探索阶段（1997年底～1999年）。

自从飞利浦公司开始拓展国际市场，采用的就是代理制，由于代理制普遍成功，飞利浦公司决定从1997年底始实行区域代理制，比如华南市场采用的就是总代理制。

在1997～1999年3年中，飞利浦公司给予了代理商们优惠的政策，协助代理商专人专门处理市场余留的高价机，这使更多的经销商看到潜力，因此除大型商场初始渠道费用较高外，二、三级渠道建设费用都由经销商主动出钱，大量新建装修专卖店或商场专柜。渠道短时间便迅速扩张起来，而且飞利浦公司成本很低。不但极大地提高了代理商们的积极性，也使得飞利浦市场迅速飙升，从而使得销售直线上升，销售额也连年翻倍，1999年达到2.3亿元，飞利浦公司在广东市场的占有率也由1%上升到了10%。在广西飞利浦彩电的市场占有率一度达到25%以上。这一阶段总代理制取得了不俗的业绩。

实行区域总代理制，渠道权交出去，在渠道管理上让总代理商占据主导地位，整个销售过程、物流也由代理商负责。飞利浦做的就是整合品牌、产品、广告资源，提供给渠道强有力的帮助和支持，让代理公司在操作销售、渠道管理的过程中没有后顾之忧。反过来，代理公司少了形象专柜、广告费用的压力，可以轻装上阵，在促销活动的实施、对经销商的政策优惠、开拓新市场上面注入动力。因为卖出更多，代理公司的销售返点更多，经销商积极性更大。

（3）渠道生态系统的自适应调整阶段（2001年至今）。

随着国内彩电市场竞争加剧，整体价格大幅下滑，飞利浦公司的盈利开始回落。2001年飞利浦公司开始酝酿渠道收复、产品升级行动，其目的就是欲以低点毛利要挟代理商，降低渠道成本，增进零售价格竞争力。2002年飞利浦公司更换代理商，由代理商管理市场变为双方共同管理市场，但由于飞利浦公司人员成本和市场管理成本居高不下，一直仍然无法扭转微利的局面。最终，飞利浦公司决定将华南7省区域渠道代理委托TCL。2003年8月，飞利浦公司电子公司与TCL集团宣布两大品牌公司将在中国5个省市的市场进行彩电销售渠道的合作。这意味着，飞利浦公司彩电将搭乘TCL的销售网络，进一步实现覆盖中低端二级市场的目标。

2004年初飞利浦公司设在广州的视听产品华南办事机构正式解散，飞利浦公司华南7省彩电销售业务彻底转交国内彩电巨头TCL公司代理，双方将各自的同类产品都放在这个渠道中。飞利浦公司由此前的厂商共同管理渠道变成由 TCL 独立进行渠道和销售管理，双方更广泛和更深入的渠道合作正在展开。对飞利浦公司来说，这是它经历多次渠道烦恼后的重新抉择。

4.6.4　评述

渠道环境的变化导致企业原有的渠道不再适应营销实际的需要。因此，企业应该依托现有的渠道能力与要素，根据渠道系统及渠道物种运营状况，细化和完善渠道功能。飞利浦公司应该认真分析中国市场环境，充分考虑到发达的渠道终端对中国消费者的影响以及中国消费者的消费行为和习惯，将其渠道配送区域做到细化，精简供应链，以此达到提高物流配送体系效率，控制渠道成本。这是渠道生态系统构建的基本思路和原理。

在渠道构建上应该根据顾客需求，综合考虑产品、市场以及自身资源与能力状态，选择合理的渠道模式，尤其是渠道生态系统运作规则等情况，否则容易导致自身在竞争中处于劣势。飞利浦公司渠道系统需要充分发挥渠道物种的能动性和自主学习性，利用互联网、信息传递与分析等合理的方法与工具，有效发挥渠道物种的能动性，实现自组织与自学习，从时间因子（业态发展、经济阶段发展、企业自身发展）、社会因子、资源因子以及空间因子（价值链、地理位置、行业领域等）分析中寻找到合适的生态位，主动适应环境。这是飞利浦公司在渠道选择上给我们留下的思考。

家电行业利益失衡，是经销商与厂商权力对比失衡的表现。权力失衡，不仅导致利益分配格局的变化，而且对行业的均衡状态产生直接的影响。从解决现实问题角度看，要改变目前的状况，必须对权力关系进行调整。即政府部门应该加强商业网点规划，防止零售商之间的恶性竞争，而不是在恶性竞争已经导致利益分配失衡时，直接插手利益分配。

第5章 渠道生态系统运行机制

渠道生态系统具有复杂的成长动力机制，这个动力机制决定了渠道生态系统形成和成长的速度及其运行的轨迹，具体来讲，就是渠道生态系统形成、健康运行和演化的力量来源于渠道结构及诸要素作用的规律。按来源分为自动力机制和他动力机制，两种机制动力强度会导致渠道生态系统在时间、空间以及环境上的差异。渠道生态系统成长是两种动力机制作用的结果。

5.1 渠道生态系统动力机制

渠道生态系统的动力机制是指渠道生态系统形成和运行过程中，受到政府、消费者、环保组织等个人或组织的影响，而使得渠道参与者之间以及相关子系统之间会产生作用或影响。同传统渠道相比，渠道生态系统的内涵和外延更为丰富，各个子系统之间，渠道个体、种群和群落之间的相互作用也更加复杂。因此，我们尝试从这些关系和作用中寻找渠道生态系统运行的动力机制。

5.1.1 渠道生态系统主动力因素分析

渠道生态系统的动力主要来自于渠道系统内部，顾客需求、生态位重叠与竞争、产品盈利能力、系统内的互相学习和渠道治理机制5个方面促进渠道生态系统形成和运行的主要动力。

（1）顾客需求。顾客需求是产品存在的逻辑起点，而产品却是渠道产生的逻辑起点。顾客需求的规模扩张及个性化、多样化的特点将导致需求结构的演变和升级。顾客需求形成强大的市场拉力，不但促进新产品和新技术的诞生，而且也因此催生了新的渠道的出现①。因此，渠道生态系统构建的根本出发点还是满足顾客需求，顾客需求是渠道生态系统成长的原动力之一。在渠道生态系统中，渠道顾客有两方面的含义：一是消费者（我们也可称为外部顾客）；二是用户（我们称为内部顾客，即下一级渠道成员，比如零售商是上一级批发商的顾客）。所有的渠道活动都是为了在适当的时间、适当的地点，以适当的形式，满足消费者和用户的需求，所以他们才是渠道的终极对象②。而且顾客也完成了一些渠道的功能，比如收集产品信息，获取信息流；付款完成资金流；收货完成物质流；提货实现运输等。

（2）生态位的重叠与竞争。任何渠道系统其资源都是有限的。但渠道生态系统的构建对于渠道物种来讲，却遵从"适者生存，不适者淘汰"的自然竞争法则。根据高斯假说（高斯假说又被称为竞争排斥原理，是苏联生物学家高斯在 20 世纪 30 年代研究种间关系时提出来的）：物种之间的生态位越接近，相互之间的竞争将越激烈。根据在第 4 章渠道个体的演化过程分析中我们可以看出，只有那些"适应环境，有着优秀基因，并且将这些基因遗传给下一代，繁衍出更具环境适应性的渠道个体"才是渠道生态系统能够存活并遗传的个体。渠道物种（个体、种群和群落）都会占据一定的生态位，渠道生态位是基于环境资源空间特性和渠道固有特性相互作用形成的渠道物种客观关系的一种定位，是渠道物种与环境互动匹配后所处的客观状态，它表达了渠道物种与环境之间所形成的共存均衡状态③。在自然生态学中，不同生态位的物种避免了彼此之间的竞争，但如果存在生态位重叠，那么就会存在部分竞争；如果两个物种在同一生态位，那么彼此之间就会相互排斥，无法长期共存④。在渠道生态系统中，合作共生是渠道个体之间的主要作用方式，但也存在着竞争关系，尤其是很多企业在组建渠道系统时缺乏科学考量，引发渠道冲突和渠道破坏性行为，比如某地区原本市场容量就很小，但却选择了很多个代理商，每个代理商业务量都很少，虽然他们花了很多的努力，但效果仍不理想，反而导致各个代理商之间相互拆台、抢生意，这实际上就是生态位产生重叠的原

---

① Dick, Alan S. and Kunal Basu. Customer loyalty: toward an integrated conceptual framework [J]. *Journal of the Academy of Marketing Science*, 1994, 3 (22): 99.

② 庄贵军，周筱莲，王桂林. 营销渠道管理 [M]. 北京：北京大学出版社，2004 (8)：157.

③ 钱辉，张大亮. 基于生态位的企业演化机理探析 [J]. 浙江大学学报（人文社会科学版），2006，36 (2)：20.

④ 孙振钧，周兴东. 生态学研究方法 [M]. 科学出版社，2010：95.

因导致的。

（3）产品盈利能力。对渠道而言，产品盈利能力属于渠道核心问题之一，它决定了渠道成员积极性的高低，也关系到渠道绩效的高低。因为渠道是由不同的经济体构成的，对每个渠道物种而言，自己能否盈利是决定其能否成为渠道物种并在其中持续发展的最重要的因素。因此，不同渠道物种的收益能否达到平衡状态，是决定渠道生态系统能否健康运行的关键。对于渠道物种来讲，持续性的经济利益是首要目标。我们设渠道每个环节利润率为 $r_i(i=1,2,3,\cdots,n)$，r_m 为该类产品渠道生态系统的平均收益率，则有：

$$r_m = \frac{\sum_{i=1}^{n} r_i}{n} \tag{5.1}$$

那么：①如果每个成员的 $r_i < 0$，那说明渠道生态系统处于衰退或崩溃状态；②假设渠道有 5 级，如果 r_1、r_2、r_3 大于 0，而 r_4、r_5 小于 0，那么渠道生态系统将出现不稳定状态；③如果 $r_i > r_m$，说明渠道生态系统具有稳定性和较强的竞争优势。

（4）渠道学习。渠道学习实际上包含两个部分：一是个体学习，即渠道个体（成员）的自身内部学习；二是集体学习，即渠道物种之间共享知识以及渠道物种向渠道系统外部的学习。其中，集体学习尤为重要。渠道整体学习能力决定了渠道个体（成员）学习的效果，这是渠道生态系统学习能力增长的基础①。渠道是一个由众多渠道个体（成员）构成的系统，成员间分工协作、资源互补。实践表明，渠道系统有可能陷入"静态优势刚性"，其内部呈熵增状态，外部负熵流获取较少，系统呈无序状态，接近平衡态。渠道个体（成员）通过渠道内部学习，共享知识与信息以及经验等，不但提升渠道物种收益和能力，而且也能形成并提升渠道核心竞争力。由于渠道物种的渠道目标基本一致，加上合作关系建立起互信互惠以及渠道投入沉淀的资本，使它们处于相互吸引状态，这种状态有点类似于物理学中的卢瑟福原子模型②。渠道生态系统内拥有高生态位的渠道物种（比如领导种群）类似带正电的原子核，低生态位的渠道物种类似带负电的电子，原子核与电子相互吸引。这样更有利于实现渠道个体、种群和群

---

① 程逸飞，贾向锋．基于能力跃迁的集群企业国际化动态学习能力分析 [J]．商业时代，2013（4）：88．

② 卢瑟福原子模型是1911年由卢瑟福提出的关于原子结构的一种模型。该模型认为原子的质量几乎全部集中在直径很小的核心区域，叫原子核，电子在原子核外绕核作轨道运动。原子核带正电，电子带负电。

落之间有效协作与合理分工，提升渠道生态系统整体动态学习能力，形成"量子纠缠状态"[①] 以实现渠道量子态隐性传输——有形产品、显性知识和隐性知识的传输，最终使能级提升，形成阶段跃迁。

（5）渠道治理机制。渠道生态系统是一个开放的系统，系统中能量流动更为频繁和普遍。正如前文所述，在渠道生态系统中，不平衡是常态，渠道生态系统的振荡或自我调节往往源于对渠道控制权的争夺，良性的自我调节趋稳，恶性则趋于振荡。但渠道生态系统具有自我调节及趋稳的功能。其中，渠道治理机制是最重要、最常见的调节手段。渠道是通过各机制之间相互影响、相互作用并最终影响到渠道绩效的[②]。比如渠道控制与决策机制中，生产商不一定就是产品渠道的控制者或发起者，谁的实力强、控制力强谁就可能成为渠道的控制者和主导者。关键物种[③]往往能具有对渠道的控制权，因此出现了不同时期，关键物种不同，不同产品，关键物种也有所不同。比如，苏宁、国美等家电连锁巨头更有可能成为渠道的控制者或主导者。这种控制权往往表现在讨价还价与利润分配的控制能力上。

5.1.2 渠道生态系统动力作用基本原理

健康性是渠道生态系统运行的最重要的评价指标。渠道健康运行需要与外界环境组成良性循环的生态系统，即要围绕渠道的核心目标，建立起共赢互利的商业模式以及稳定的商业网络。渠道生态系统中个体、种群和群落按照一定的结构组织在一起，发挥出其价值增值和自我调节等功能。

由前文可知，以产品分销为核心的渠道生态系统其成长的逻辑起点是产品，为了更好地实现价值转移或创造，一方面，渠道生态系统会采取自主成长或演替的方式不断吸引渠道个体、种群或群落的进入，以此保持渠道生态系统的健康；另一方面，渠道生态系统可能融入更强大的其他产品渠道系统中，吸取其营养而借势成长。通过这种复杂适应性机制形成渠道

---

① "量子纠缠"是物理学概念，指的是不论两个粒子间距离多远，一个粒子的变化都会影响另一个粒子。量子纠缠是实现物质量子信息的"隐性传输"，指将原粒子物理特性的信息发向远处另一个粒子，使该粒子在接收信息后，成为原粒子成为原粒子的复制品。

② 李平，吴玲，阳玉浪. 营销渠道治理机制影响渠道绩效的机理分析 [J]. 湖南大学学报（社会科学版），2009，23（6）：64－67.

③ 按照生态学 $r-k$ 选择理论，在生物群落中，如果资源足够丰富，那么消耗资源多的物种会很快超越其他物种，从而该群落会很快被该物种所占据，这些物种被称为 r 对策者，属于长得快、种子多、生命短的先驱物种；只有那些能灵活适应环境变化，在环境承载范围内活动的物种才能稳定下来，这样的物种被称为 K 对策者，又被称为关键种（Keystone Species）。

整体优势，从而提升渠道生态系统的生态位。高生态位的复杂渠道系统可以向系统内外吸收或释放生物量，强化自身的地位，进而不间断向更高的生态位跃迁进化。同时，渠道生态系统面临着外部环境的巨大压力，在这种巨大压力的驱使下，渠道不断加强渠道个体、种群自身管理素质和管理水平，逐步完善渠道生态系统的管理体制和合作机制，正确协调各种群和物种之间的利益关系，促进渠道生态系统健康持续成长与运行。

渠道生态系统成长是自动力和他动力两种动力机制作用的结果，如图5.1所示。两种机制的动力强度会导致渠道生态系统在时间、空间以及环境上的差异。两种机制的作用使得渠道生态系统具有发展后动力，然而渠道生态系统的形成和运行却经常面临诸如渠道功能划分不科学、物流配送技术滞后于渠道实践和渠道物种间缺乏信任与合作等系列阻力。因此，渠道生态系统动力机制必须在克服上述阻力的基础上才能让渠道生态系统得以形成和健康持续运行。

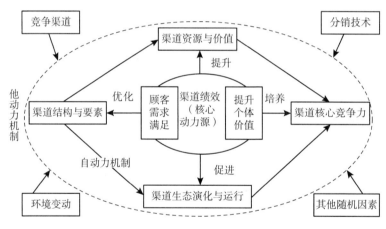

图5.1　渠道生态系统动力作用基本原理

5.1.3　渠道生态系统自动力机制

自动力机制内生于渠道生态系统中，即自动力机制是渠道生态系统的内驱机制（见图5.2）。渠道的基本功能主要有两个：一是通过传递价值来满足顾客的需求；二是渠道系统的构建使得渠道个体价值得以提升。在这过程中，一方面，渠道生态系统以满足顾客需求为核心，不断调整和优化渠道结构（包含要素）；另一方面，由于渠道成员分工不同，所担任的渠道角色也存在差异，渠道物种会按照渠道价值产生和传递的要求，重建或重构渠道价值体系，并发挥渠道资源的最大效益。同时，将具有不同专业专长的渠道物种通过演替的方式纳入渠道生态系统中来，增强渠道核心竞争力以保证渠道生态系统的健康运行和良性演化。

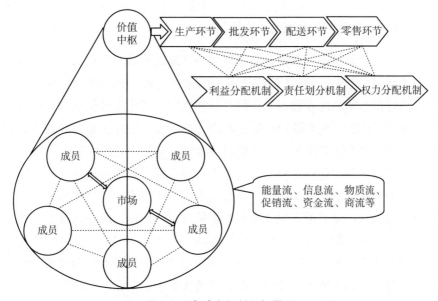

图5.2　自动力机制运行原理

渠道生态系统自动力机制的源头是产品，是满足顾客需求的产品。自动力机制作用的过程是渠道生态系统结构、资源和价值整合以及系统内动力能源匹配的过程。渠道生态系统形成和健康运行的关键是形成稳定、可靠、高效的产品分销体系，渠道物种能够实现价值和资产的提升。渠道生态系统的演化是沿着产品的供应链由渠道领导成员（个体、种群与群落）向上下游发展的，使它们为了获得有利的生态位发生激烈的争夺。另外，不同产品的渠道系统也会为了有限的系统资源展开竞争，从而占据不同的生态位。

随着渠道生态系统的成长，渠道个体（成员）的进入或退出，不同物种间进行了知识的交换和学习，与企业其他系统不同的是渠道生态系统中隐性知识交流更为频繁和密集，交流成本得到极大地降低，这样，既增加了渠道管理模式和管理技术的创新，也强化了渠道的整体优势，实现良好的外部经济和规模经济。渠道生态系统的边界也随之扩大了，这样可以吸纳更多渠道外资源，为渠道生态系统的形成和健康运行奠定良好的基础。

要保证渠道生态系统的自动力机制良好运行，必须做到以下几点：

①规范、完善系统的内部责任分配机制、权力分配机制和利益分配机制；②通畅的信息、知识交流和分享机制；③完善的渠道管理制度；④不断提高的自组织、自协调能力；⑤渠道物种的资产和价值不断得到表现和提升。这将在本章后续阐述。

5.1.4 渠道生态系统他动力机制

他动力机制是指外部力量对渠道生态系统成长和运行产生作用，如其他渠道系统的竞争、物联网等新技术的发展等。按照热力学第二定律，自发形成或成长的系统在面临复杂的外部环境时，可能导致熵增加，引发系统失灵①。渠道系统就属于自发形成的生态系统。另外，渠道管理、运营技术的发展也要求渠道生态系统能对环境和市场做出及时反应。

他动力机制则是通过新资源的输入或现有资源利用率的提高来克服渠道低效率的问题，保障渠道生态系统的形成和健康运行②。实践证明：配送技术对提升产品渠道竞争力有着重要的意义，比如，物联网技术的产生对渠道生态系统的成长有良好的促进作用。

（1）竞争渠道。正如前文所述，能在渠道生态系统中生存并繁衍的渠道个体都具有强大的遗传基因。而在营销实践中，存在不同的渠道生态系统（比如其他产品或企业的生态系统），这对渠道物种可能会产生强大的"磁场"效应（比如某代理商在某渠道系统只是个二级代理商，而另外一家实力更强的同类产品给予其一级代理商的资格），吸引该渠道个体（成员）迁出（入）。

（2）顾客需求。在他动力机制中最为重要、影响最深远的是顾客需求。随着人们环保意识的增强，人们的绿色消费将得到增强，他们会优先选择那些生态产品或有着良好环保和节约形象的企业所提供的产品。这种绿色消费导向直接的结果是企业不得不生产出或提供令消费者满意的产品或服务。

（3）分销技术。仓储、运输物流、配送、包装等，这些都离不开技术的支撑。比如由于绿色工艺创新（清洁工艺技术创新和末端治理技术创新），渠道在分销中使绿色工艺改进分销流程，减少资源消耗，提高资源转换率。极大降低了渠道分销成本。这会对渠道种群或群落的变化产生影

---

① 薛梅，黄沛. 市场营销生产率问题研究与分析［J］. 技术经济与管理研究，2004（3）：75.

② Marco Lansiti&Roy Levien. Strategy as ecology［M］. *Harvard Business Review*，March，2004.

响。比如，利丰贸易采取供应链集成模式技术构建渠道生态系统①，利丰贸易产品事业部（如 LF/C3）是根据用户或市场需求设计其渠道业务流程，按流程要求分解渠道任务，并提出完成这些任务的具体功能要求。利丰贸易提出"生态元"的概念，要求每一个渠道环节必须建立在"生态元"（生态元是指能实现资源节约和环境保护的人才、资金、设备、技术等各个资源状况）的基础上集结 BOU 组建功能体，形成相应的工作小组在 V3 的协调管理下有序运行。

（4）宏观环境变动。环境变动是导致渠道生态系统演化的重要外因，也是他动力的主要来源之一。政府因素就属于环境变动的一个重要外因，它在渠道生态系统构建和运行中起着双重作用②：一方面，政府对渠道物种减免税收或给予贷款支持等，鼓励它们构建渠道生态系统的行为，表现出明显的促推力；另一方面，政府通过制定环境保护与资源节约相关法律法规来规范、监督渠道物种的行为，这时政府的作用则表现为约束（限制）力。

5.2 渠道生态系统运行机理分析

5.2.1 渠道生态系统能量流分析

1940 年，美国生态学家林德曼（R. L. Lindeman）在对赛达伯格湖（Cedar Bog Lake）进行定量分析后得出著名的林德曼定律③：①能量在生态系统中的传递不可逆转；②能量传递的过程中逐级递减，传递率为10% ~ 20%。按照生态学的观点，渠道生态系统运行需要能量支持，在渠道系统与环境等其他系统的相互作用过程中，始终伴随着动力能量的运动与转化。因此，动力能量来源、动力能量配置结构以及变化规律将起到至关重要的作用。渠道生态系统的运行是以能量为纽带，并在特定的时间和空间内形成能量系统。

渠道生态系统是一定时空中由渠道个体、种群、群落及其环境共同组

---

① 杨斌. 供应链网络生态系统的集成动力机制分析 [J]. 物流工程与管理，2009，31（11）：64 在此基础上案例改编。

② 吕本波. 基于生态化的企业商业模式的架构及动力机制研究 [J]. 经济论坛，2014（6）：132 – 135.

③ 来自网络文章——林曼德定律：http://baike.baidu.com/view/1494589.htm.

成的，并借助物质流、能量流的循环变换而形成的一个高度有序的动态系统，在这个渠道运行过程中，不断产生正熵，吸收负熵，排除高熵，这个过程是不可逆、非平衡的。根据系统论的观点，系统能量越多，系统越有活力；系统能量分配越合理、利用率越高，系统越有序。热力学第二定律认为热从低温物体向高温物体传递过程中必然会受到其他因素的影响，或者说热从单一热源取热转换为有用的功不可能不受到其他因素的影响，不可逆热力过程中熵（entropy）的微增量总是大于零，这一定律又称"熵增定律"①。该定律认为一个封闭系统的能量是不可逆的，且会沿着衰减方向转化。熵是一个状态函数，其改变量的大小仅与研究对象的起始状态和最终状态有关，而与其经历的热力学路径无关，系统的状态一旦确定，其熵值就保持不变。"熵"被用来定义可逆过程中要做功的物质吸收的热与温度之比值，它可以度量系统无序程度。

设渠道生态系统处于几种不同的状态且每种状态出现的概率为 $P_j(i = 1, 2, \cdots, m)$ 时，该系统熵的数学表达式为：

$$H(x) = -C \sum_i^m p(x_i) \log_2 p(x_i) \tag{5.2}$$

其中，C 为 Boltanann 常数。

同理，渠道生态系统也存在类似的物质与能量交换过程产生正熵，我们称之为渠道系统熵。渠道生态系统熵会随着生物量的增加以及渠道生态系统复杂性与稳定性的增强而增加，是一种非自发行为；反之，则熵减小，表现为自发行为。

渠道系统熵可以用下面的公式来表达：

$$E = \frac{Q}{V} \tag{5.3}$$

$$\Delta E = E_2 - E_1 - E_{12} \tag{5.4}$$

其中，E 为渠道生态系统熵（值），Q 为能量输出（或输入）量，V 为渠道经济收入（或支出），ΔE 为渠道生态系统形成与运行过程中熵的变化量，E_1 为系统初始熵，E_2 为系统终态熵，E_{12} 为系统运行过程中从外界环境所摄取的负熵流。

假定在渠道生态系统形成过程中，总熵代表系统稳定度，设为 E' 不变（$Y=0$），那么就有

$$E' = E_2 - E_1 \tag{5.5}$$

---

① 刘荣逸. 为什么热水比冷水结冰快——非热力学"另类解读"［J］. 科技创新与品牌，2013（1）：67 - 69.

E' 为系统内部熵，E' 值越小，系统越稳定。

渠道生态系统熵的研究意义在于它能描述渠道系统与外界系统进行各种资源（包括能量、物质、信息等）交换的一种状态，渠道生态系统熵的大小表示渠道系统内资源利用率的高低情况，熵值的增加过程是渠道生态系统与外界（环境）之间进行资源交换和利用的过程，这个过程也是从高效状态向低效状态演化的过程。其计算公式可以表示如下：

$$r(j) = \alpha \sum_{j=1}^{m} c(j) + \beta \sum_{j=1}^{m} u(j) + \cdots \tag{5.6}$$

$$E_i(j) = -\sum_{i=1}^{n} \sum_{j=1}^{m} R_i(j) \ln R_i(j) \tag{5.7}$$

其中，$E_i(j)$ 为渠道生态系统总熵；$r(j)$ 表示渠道资源利用总量，j 为某种资源，$0 \leqslant j \leqslant m$；$c(j)$、$u(j)$ 为每道渠道环节资源利用量，α 和 β 为资源利用系数，$0 < \alpha, \beta < 1$。

一个渠道生态系统是否演化形成，我们可根据上述渠道生态系统熵及其计算公式以及熵变关系作为主要的检验和判断依据。为此，我们可以将公式 5.4 进行适当改变来作为渠道生态系统演化方向的判别模型：

$$\Delta E = E_{(T+1)} - E_{(t)} \tag{5.8}$$

其中，ΔE 为渠道生态系统构建与形成过程中熵的变化量；$E_{(t+1)}$ 为第 t 阶段末的熵；$E_{(t)}$ 为第 t 阶段初的熵。

根据 ΔE 的大小及其变化可以对渠道生态系统演变方向和内部稳定程度做一个基本判断：

（1）当 $\Delta E > 0$ 时，表示渠道生态系统总熵增加，无序度加大，系统结构失稳。渠道生态系统此时表现为渠道个体、种群和群落与系统内其他子系统（如营销系统、运营系统）进行物质能量交换，没有或很少与外界系统（如社会经济系统）有物质和能量的交换。

（2）当 $\Delta E < 0$ 时，表示渠道生态系统熵减少，系统总熵减小，有序度增强，渠道生态系统处于良性循环状态，此时系统功能最佳，资源利用、经济效益和渠道物种间合作共生状态良好。

（3）当 $\Delta E = 0$ 时，表明该时间段渠道生态系统熵值无变化。这是一种比较理想的状态，表明渠道生态系统内不但物质等资源得到充分利用，而且能量也得到无限次的梯级使用①。

从第 2 章 2.2 节可知，渠道生态系统通过物质与价值关系而发生联系

---

① 徐大伟，王子彦，郭莉. 工业生态系统演化的耗散结构理论分析 [J]. 管理科学，2004，17（6）：51–56.

和相互作用，渠道生态系统组分既吸收能量，也会释放能量。在渠道生态系统中物质流主要是渠道系统需分销的产品或提供的服务，价值流则是渠道物种通过分销行为满足顾客的需求而且还提高了渠道物种自身的价值。因此，渠道生态系统能量主要来自两个方面：物质与价值。

因此，根据自然生态系统的能量流动的模型并结合渠道生态系统的实际情况，构建了渠道生态系统主要能量流动模型，如图5.3所示①。模型核心部分是能量传递链，即"能量生产者—初级能量消费者—次级能量消费者—三级能量消费者"，寄生能量消费者加入可以协助其他环节能量消费者种群实现其价值，丰富渠道生态系统内物种多样性（多样性有利于提高系统稳定性，在后文进行阐述）和提高系统价值创造能力。模型包括能量流和价值流两部分，能量流是顾客种群为了获得自己所需要的价值（商品和服务）所提供的货币资金和精神成本（比如思考、搜索等成本）。价值流是为了满足顾客需要，渠道生态系统内部各级能量消费者按照渠道分工所创造的价值来获得顾客种群所提供的能量。

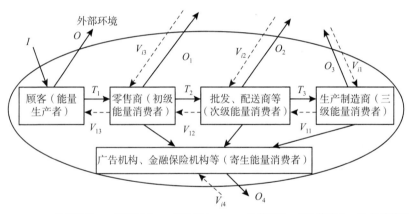

图5.3　渠道生态系统能量流动模型

顾客是渠道生态系统能量的提供者。系统能量虽还有其他的一些来源，如政府机构（政府税收优惠、转移支付）、金融机构和广告商等。比如政府大力加强交通运输等基础设施的建设，给予物流企业更多的税收优惠；金融机构对小型物流、仓储企业进行贷款扶持等，这些都能给系统间

---

①　向坚持，丁吴勇，钟灵．基于消费—商业生态系统能量流视角的网络团购模式研究［J］．消费经济，2013，29（6）：87.

接或直接带来能量。

在渠道生态系统能量流动模型中能量消费者主要包括以下四种类型：第一，初级能量消费者，主要是指零售商，渠道的终端环节。它直接从顾客种群获得能量，并分配一定能量给其他能量消费者。可以说，没有零售商渠道生态系统能量就成了"无本之源"。第二，次级能量消费者，主要是指批发商和配送商，它能从初级能量消费者（零售商）处获取能量，而且种类多、环节多，因此能量耗散和传递都非常复杂。第三，三级能量消费者，主要是指产品或服务的提供者，它能从次级能量消费者处获得相应能量的物种，如生产商、制造商等。第四，寄生能量消费者，主要指的是广告运营机构、金融机构、市场调研机构等。寄生消费者并非渠道生态系统核心部分，但影响着渠道生态系统的方方面面，对提高整个渠道生态系统的吸引力有很大帮助。

渠道生态系统中的能量在流动中会不断损耗。渠道生态系统中，物种（渠道物种）、种群（同级渠道个体）是一个多维空间，每个物种在一定时空中都可以用大小和方向不同的单位能量价值矢量来表示。比如，某个产品的分销商不是把所有资源和精力放在该产品上，而是同时兼营其他产业或产品。这意味着该分销商能量矢量的方向与该产品的方向不一致。将会导致价值和能量上产生不和谐的消耗。另外，渠道生态系统与环境存在物质流、价值流和能量流的交换，这也可能存在能量损耗。比如，在渠道生态系统运行与成长过程中，渠道物种可能同时参与多个产品的分销，即成为多个渠道生态系统的物种；也有在某一时期，渠道物种会选择退出或进入渠道。

要使得渠道生态系统健康运行和成长，就应该合理匹配能量和价值，因为能量和价值可以决定渠道生态系统的结构、演化和运行。正因为能量的流动，才能让渠道生态系统由不稳定走向稳定，由动态走向均衡。每个生态系统都有一个能量的极限，如果渠道生态系统改变其最大价值能量，那么意味着其结构也应该发生相应改变。

5.2.2 渠道生态系统物流分析

渠道生态系统是渠道系统和外界环境组成的实体。物质在渠道生态系统的构建和演化中起着双重作用。它既是渠道系统的起点（渠道分销的产品或服务），又是渠道赖以存在的基础和前提，优势能量的载体。在渠道生态系统中，渠道能量不断流动、物质不断循环，能量流动和物质循环是渠道生态系统的两个基本过程。正是这两个过程使得渠道个体、种群和群落以及生态系统与外界环境之间组成了完整的功能单位——渠道。

在渠道生态系统中，物质流不是静止不动的，而是沿着不同的路径在不同的生态成分之间发生着圈定、吸收、释放、迁移和转化，最终传递到顾客手中，表现出丰富多彩的物质流动和物质循环过程。在渠道生态系统中，物质从上一级分销商传递到下一级分销商手中，发生了物质的转移运行，这就发生了物流（material flow，MF）。

在渠道物流中存在两种基本形式：一种是储存态（reservoir），比如仓储；一种是交换态（exchange）。这也是渠道物流一个非常重要的概念——库（pool），库是生物量的积存体。没有库，物流不动，渠道上下环节之间无法联系与沟通。物流是商品运输和储存的过程，商品进入流通环节，渠道参与者就开始了商品实体的运输与储存活动。而参与这两项活动的都是渠道成员，只不过有些是核心成员，有些是辅助商①。

图 5.4 是某生产制造型企业渠道物流经历的环节以及物流作业过程示意图。涉及渠道物流的 7 个主要功能要素：运输、储存、装卸搬运、包装、流通加工、配送和物流信息②。其中，运输是物流的关键，也是最重要的环节；储存具有保管、调节、配送、节约等方面的功能，储存的主要场所是仓库，储存的方式与仓库的类型密切联系在一起；装卸搬运包含装卸与搬运两种活动，前者是指在同一地域范围内改变"物"的存放、支承状态，后者是指以改变"物"的空间位置；包装是保证整个物流系统流程顺畅的重要环节之一，包装包含工业包装和商业包装，前者主要起保护作用，后者常起到促销和宣传作用；流通加工是产品从生产到消费中间的一种加工活动；配送具有实现物流活动合理化、实现资源有效配置、开发应用新技术降低物流成本和有效解决交通问题等方面的作用；物流信息是连搬运输、存储、装卸、包装各环节的纽带。

物流量的分析是一个复杂的环节。根据物流实体论，物流由运输、储存、装卸搬运、流通加工 4 个环节组成（如图 5.4 所示）。其中，流通加工是一个增值环节，并不产生除运输、储存、装卸搬运之外的物流活动，因此，流通加工量不应计算在物流量之中③。

① 庄贵军. 中国企业的营销渠道行为研究 [M]. 北京：北京大学出版社，2007：4.

② 靳伟. 现代物流系列讲座第四讲物流各环节的基本功能 [J]. 中国物流与采购，2002 (5)：42－43.

③ 田源. 基于 MF 理论的物流效率研究 [D]. 北京：北京交通大学博士学位论文，2011 (12).

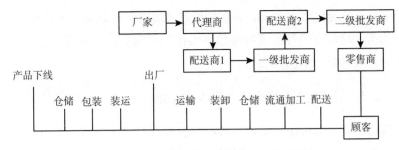

图 5.4　某产品完整渠道物流与技术环节示意

　　渠道生态系统的构建对企业物流提出了更高的要求，主要体现在对环境效率的关注。由于目前对环境效率（environmental efficiency）还没有统一的定义，不同的场合其意义是有差异的①。一般在经济学领域阐释效率概念比较多。物流与环境是密不可分的，环境与物流存在既支持又冲突的矛盾关系。物流中的物质资源来自于自然环境，物流活动所产生的各种废弃物也会排放到自然环境中去，但是自然环境承载力是一定的、有限的。因此，物流受到环境的限制与约束。

　　渠道生态系统物流效率体现在三个方面：物流经济效率、物流技术效率和物流环境效率。物流经济效率是指物流活动的产出与物流投入之间的比例关系。物流技术效率是一个纯粹的物质概念，是指物品在流动过程（包括运输、储存、装卸搬运、流通加工等环节）中输出量与输入量之比。对于物流环境效率，有研究认为应该包含两方面的含义：一是指物流投入与物流活动本身造成的环境污染之间的比例关系；二是指物流活动造成的环境污染与经济产出之间的比例。本书认为，渠道生态系统的物流环境效率也应包含两个方面的含义：一方面，是指在一定时间和空间里，渠道物质流动产出与治理物流活动对环境污染与破坏的投入之间的比例；另一方面，是指渠道物流产出与资源利用（投入）之间的比例。前者属于环境保护的概念范畴，后者属于资源节约的范畴。

　　物流经济效率、技术效率和环境效率在渠道生态系统物流效率中缺一不可。渠道物流经济效率是构建渠道生态系统和实现渠道资源优化配置的根本保证。物流技术效率是渠道经济效率和环境效率的重要保证，也是能否构建渠道生态系统的重要依据和标准。但是在渠道生态系统中，三者之间关系比较复杂，不存在明显正相关关系，也就是说，物流技术效率高并

　　① 田源. 基于 MF 理论的物流效率研究［D］. 北京：北京交通大学博士学位论文，2011 (12).

不一定代表物流经济效率高，或者环境效率高则经济效率高。只有这三者统一均衡才能起到提升渠道物流效率的作用。因此，在渠道生态系统中，渠道物流效率是一个动态概念。

5.2.3 渠道生态系统价值（营养）流分析

价值的创造与传递是渠道运行的内在规律和必要过程。在营销学中，价值是营销管理的核心，企业围绕研究价值、塑造价值、传递价值和传播价值而开展营销管理工作（Kotler，1994，2001，2010）。渠道则是达成交换的必然途径，属于传递价值环节。它主要体现在三个方面：交换价值、关系价值和所有价值[①]。交换价值是基于供应商通过渠道活动传递的，为满足顾客需求的商品或服务而实现，并通过顾客的消费行为得以释放出来；关系价值是渠道物种竞合过程中产生的某种彼此可以利用的功能或作用，比如生产商和中间商合作开发市场所需产品，新产品上市模式就是由于他们在长期合作过程中基于对彼此的了解才得以达成的；所有价值则是指渠道物种通过渠道行为为自身利益创造价值，比如经销商按照一定的价格从上级经销商中获得产品所有权，然后在以高于该价格的基础分销到下一级中间商中，以此获得利润。正是这种渠道行为为自身利益创造价值。

"价值流"即价值的流，是一个矢量。"价值"并不具备物理性质，因此，在渠道生态系统中，价值流同商流、信息流等一样，都不能算作物理运动，但必须体现在物理运动中，即物流过程中。波特[②]、科特勒[③]、马丁、琼斯[④]等著名学者对价值流问题进行了思考。波特在其战略巨著《竞争优势》中提出的价值链分析模型就是"一种价值活动"；马丁认为价值流（value flow）是"自始至终为'顾客'创造某种结果的连续性活动""价值流具有明确的目标那就是使顾客满意"。科特勒以美国 Levis Strauss & Company 为例展现了价值流的概貌。

渠道价值流从源点至终点，经过每个渠道物流节点，通过每次的价值交换得以实现。我们不需要对交换价值——双方单次价值交换中所获得的

---

① Henneberg S C., Pardo C., et al. Value Dimensions and Strategies in Dyadic "Key Relationship Programmes", Dealing with Dualities [A]. In Proceedings on the 21st IMP Conferencer [C]. *Rotterdam*, 2005.

② Porter M. E. Competitive advantage [M]. New York：*The Free Press*，1985.

③ Kotler P., Armstrong G. Principles of marketing [M]. *Prentice Hall Europe*，1999.

④ Jones D., Hines P. and Rich N. Lean logistics [J]. *International Journal of Physical Distribution and Logistics Management*. 27 (3/41)：153–173.

价值大小进行估算，因为渠道生态系统讲究的是整体价值的实现。我们关注的是价值流在渠道活动的流畅性、每个渠道环节的效率、渠道物种利益最大化、是否存在价值流动的阻碍因素以及解决途径与方法等。

在渠道理论中，将拓扑学运用于渠道价值研究是一种常见的方法和手段。而以"供应商—企业—营销中介—顾客"的链式形态完成渠道活动是最常见的价值流拓扑形式，当然其中还可以增加一些节点，比如，营销中介原只有代理商作为一级批发商可以增加二级批发商，但不会改变其链式基本结构①。我们在分析价值流流经的"管道"结构（平面上形成的曲线形态）时，其任意平面上的网络图都是二维空间中一维图形——曲线②。以皮鞋简易渠道为例，制鞋商将皮鞋卖给批发商，批发商再将鞋卖给零售商，最后由零售商将鞋卖给消费者。这样，价值流从皮鞋商经制鞋商、批发商、零售商，最终至消费者③。

在这条价值流中，制鞋商、批发商、零售商和消费者都是这条价值流必经的节点之一（见图5.5），是不可或缺的，是价值流得以实现的基础。

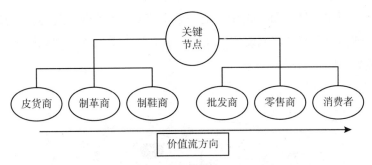

图 5.5　皮鞋渠道所在的线型价值流拓扑

每个节点渠道成员只直接与自己的上下级渠道层级发生交易关系，但又都受制于整个渠道价值流。当然，由于个体角色存在差异，渠道价值流的终点或源头或可适当向下或向上延伸。每个节点渠道物种的渠道策略、对象和重点也有所不同，但无论如何，这条价值流结构的拓扑性质不会发生变化，价值流的方向也是单一的，是开放的线型拓扑。

传统渠道模式是建立在传统的（通常是对抗的）供应—分销委托代理

---

①　张爱甜. 价值流拓扑分析与营销模式研究［D］. 上海：东华大学学位论文，2012（5）.

②　同上。

③　同上。

关系之上的（图5.5），其产品规格往往相同，趋同化明显，无法满足用户个性化、多样化的需求。在这种模式中，当价值活动发生领域转移时，由于渠道物种只对价值流中与己相关的部分负责，这势必导致许多交叉重复活动或环节出现，这样价值流就容易被延迟或扭曲，甚至在横跨各独立的价值活动中，渠道障碍和延时将被级数放大，再加上信息传递可能出现不稳定，使得价值分配活动与顾客需求无法匹配。图5.5的模式强调了渠道一体化并显示了渠道优化和协调供应链的必要性。

　　基于上述渠道价值流过程分析及传统渠道价值流存在的缺陷，着眼于价值流重构渠道模式，才能更好地管理渠道价值活动，使得独立、封闭的价值流横向贯通，减少"流"不"畅"和延时迟滞现象，使价值流成为一个完整体，组建成价值网（图5.6、图5.7）。价值网是一种以顾客为核心的价值创造体系，顾客价值是价值创造的目标[①]。渠道物种共同组成了交互式的网络，顾客处于价值网的核心，环绕其外的是其他渠道物种（主要是批发商、零售商和代理商等中间商，如图5.7所示），在最外围的是零售商，渠道创造价值的过程强调渠道物种的共同努力，注重渠道资源优化整合。因此，价值网模式在一定程度上克服了传统渠道价值流的缺陷，充分发挥出渠道物种之间的协同作用，从而最大限度地实现顾客价值，是对渠道形态的重新塑造。

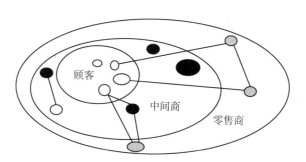

图5.6　渠道内部价值网

　　价值网的构建包括以下几个方面：①适时响应顾客需求。顾客的选择是引致渠道仓储、物流、分销、配送等活动产生的根本原因，顾客是渠道"指挥员"，而不仅仅是"战斗员"，渠道价值网的构建将通过敏捷的生产、分销和信息流设计来保证对顾客新需求、新营销策略等市场变化进行

　　① 王保如，赵莲花，潘云浩. 价值流理论对供应锥再造的启示［J］. 市场周刊·财经论坛，2004（7）：72－73.

快速响应。②系统协调。渠道致力于使生产商、中间商、顾客甚至竞争对手构成统一的增值网络，渠道每次活动都交给最能执行好的成员来完成，这样渠道网络才能完美无缺地交付产品，实现渠道参与者的增值。③价值快速流动。价值网的构建将使得渠道分销、配送、仓储、信息加工等渠道运行时间大大缩短，交货方式实现 JIT，使渠道物种的存货达到合理化状态。④数字化。利用电子商务与互联网，让顾客、生产供应商、中间商之间的渠道活动更为协调配合。

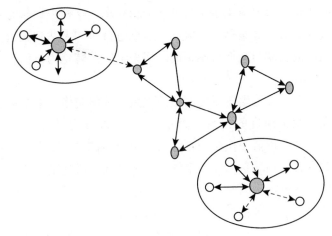

图 5.7　渠道内外部价值网

5.2.4　渠道生态系统运行原理——陀螺模型

前文 5.2.2 说明了渠道生态系统能量流动基本规律，5.2.3 阐述了渠道物流的基本规律，根据生态基本规律，生态过程分为物理、化学和生物三个过程①。物理过程包括流和循环模式、物质和热量的混合与扩散、水温、沉降、吸附、暴晒和光的投射等；化学过程则包括固、液、气等状态转变、酶反应、化学平衡、水解、氧化还原以及吸附与离子交换、酸碱性变化等；生物过程则包括生物地球化学循环、光合作用、个体及种群生长等。当然，生态过程是复杂的，物理、化学和生物三个过程并非是绝对的，比如生物过程中往往伴随着物理和化学过程。

那么相对应的，渠道生态系统也应该包含这三个过程，那么渠道生态系统的结构形成和构造以及物质流动属于物理过程；渠道生态系统的演

①　S. E. JorgensenG. Bendoricchio. 生态模型基础［M］（第三版）. 何文珊等译. 北京：高等教育出版社，2007：82；132－136.

化，诸如所有权、信息流等能量的转化归于化学范畴；而渠道权力、渠道价值实现则可视为渠道生态系统生物过程。在渠道生态系统运行过程中物理、化学过程是基础，重要的是生物过程。那么，在渠道生态系统构建与健康运行中，资源汇集与整合机制、价值交换与实现机制、稳定与协调机制，这三种力量耦合促进了渠道生态系统的运行和形成。

渠道资源汇集与整合机制是指根据顾客需求，汇集与整合渠道各种资源，并充分发挥资源的最大效益，实现渠道生态系统的目标与绩效；渠道稳定与协调机制是指渠道在市场响应和用户服务过程中，因为外部环境和内部资源的变化导致渠道生态系统处于失稳状态，这种失稳状态不利于渠道生态系统的形成和健康运行，因此，需要进行协调来达到渠道的目标和绩效；渠道价值实现与交换机制指的是将渠道资源转化为价值，从而实现渠道整体协同效应。

从整体上看，渠道生态系统的资源汇聚、价值交换、平衡调节三种机制之间存在着逻辑递进的关系，资源汇聚机制服务于生态系统的核心物种——渠道活动，价值交换机制则将其作用边界扩展到整个生态系统内部与渠道活动有着密切联系的渠道个体，而平衡调节机制则对应着渠道生态系统的整体发展特征。因此，从这三个不同的层次来看，渠道生态系统展现出与自然生态系统既相似又独立的运行特征。

在物理学上，陀螺是用来描述物体动态平衡的典型模型；在管理学中，它可以用来解决企业动态平衡的发展问题[1][2]。当陀螺受力旋转时，因各方向离心力总和达到平衡，陀螺能直立，保持平衡；当其旋转力逐渐减弱，直至动力消失时，陀螺便会失去平衡[3]。因此，陀螺围绕自身轴线作"自转"的快慢，决定着陀螺的平衡性：速度越慢，平衡性越差；速度越快，平衡性也就越好。

我们可以用陀螺来描述渠道运行机制（如图5.8所示）。陀螺平衡与平稳象征渠道生态系统健康运行，速度象征渠道生态系统形成速度。正如前文所述，渠道生态系统是动态的、开放的系统。平稳、均衡是其最终目标。因此，渠道陀螺模型的核心目标便是渠道生态系统的形成与健康运

① 杨再平. 行业评价体系是话语权和风向标——商业银行稳健发展能力"陀螺"评价体系及试评结果［J］. 新金融，2015（7）：4－5.

② 粘伟诚. 陀螺原理助力非制造产业升级［J］. 中国纺织，2010（11）：87.

③ 陀螺高速运转时，就产生了惯性，这惯性使得陀螺转子指向一个固定的方向，施加与运转方向相向的外力，能够提高转速，增强陀螺高速运转的稳定性。陀螺高速运转的三个关键点：陀螺尖端支撑点能够承受整个陀螺的重；陀螺尺寸取决于纵横向，其中横向半径愈大，其运转稳定性愈大；外力作用于陀螺半径最大的处，转速加快，稳定性增大。

行。在渠道运行中，能量流、价值流、物流三种主要的"流"是渠道内在驱动力，也是"陀螺"的旋转离心力的来源。因此，能量流动是渠道的基本功能，也是渠道生态系统能够运行的核心动力；价值流是渠道个体、物种和群落能够聚集在一起的根本原因（价值交换与实现机制、资源汇集与整合机制是稳定陀螺的重要基础）；物流是能量流和价值流的实现载体（陀螺运行的轨迹）。而外部力量（尤其是宏观环境）导致渠道陀螺失去平衡性和稳定性。

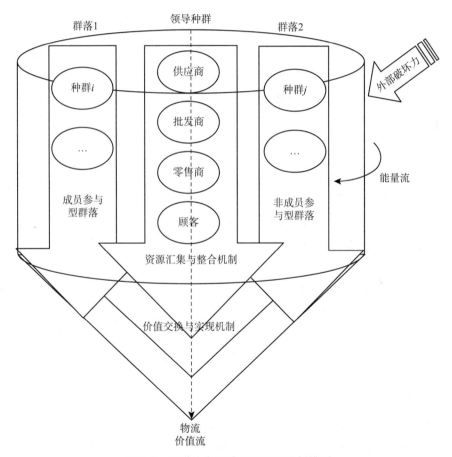

图 5.8　渠道生态系统运行原理陀螺模型

渠道制度会对渠道陀螺产生离心惯性力，这些离心惯性力组成一个惯性力系，作用在陀螺上。假设一个陀螺体，以等角速度 ω 绕固定 z 轴旋转，取 z 轴上任一点为坐标原点 0。由力学原理可知，陀螺中的无数个质点产生离心惯性力。用矢量表示得到此惯性力系的主矢 R_0 及主矩 M_0（见图 5.9）。

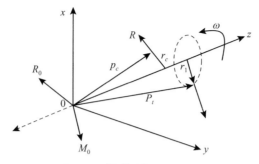

图 5.9 渠道陀螺工作原理

$$\begin{cases} R_0 = \sum F_i = \sum m_i \omega^2 r_i = M\omega^2 r_c \\ |R_0| = M\omega^2 |r_c| \end{cases} \qquad (5.9)$$

$$\begin{cases} M_0 = \sum (p_i x F_i) \\ |M_0| = \omega^2 \sqrt{J_{yz}^2 + J_{zy}^2} \end{cases} \qquad (5.10)$$

其中,

x、y、z 为渠道最优绩效轴;

m_i 为第 i 个渠道物种资源投入;

r_i 为第 i 个渠道物种到 z 轴的距离矢量;

F_i 为第 i 个渠道物种产生的离心惯性力(N)(脱离渠道生态系统的力量);

M 为渠道生态系统资源总量;

R_c 为质心 C 点到 Z 轴的距离矢量;

p_i 为第 i 个渠道物种到原点 0 的距离矢量;

J_{yz} 为渠道系统对 x 轴的离心惯性积(kg·m^2);

J_{zy} 为渠道系统对 y 轴的离心惯性积(kg·m^2)。

主矢 R_0 的大小与原点 0 的位置选择无关,而主矩 M_0 的大小却与原点 0 的位置选择有关。渠道生态系统运行时,主矢 R_0 和主矩 M_0 会随同发生旋转性变化,因此,会对支承轴产生交变的动力,从而渠道系统平衡的必要与充分条件是该惯性力系向任一点简化,得到的 R_0 和主矩 M_0 都为零,根据式(5.9),由 $R_0 = 0$ 可以推出 $rc = 0$,即 z 轴必须经过质心 C_0,根据式(5.10),由 $M_0 = 0$ 或 $|M_0| = 0$ 可以推出 $J_{yz} = 0$ 和 $J_{zy} = 0$,即 z 轴必须是渠道生态系统运行的某一条最优绩效主轴。满足条件 $R_0 = 0$ 和 $M_0 = 0$ 的轴,就称为核心绩效主轴。为了使渠道生态系统回复到平衡体,就需要重新调整其渠道资源分布,使其渠道最优绩效主轴与旋转轴(绩效变化)重合,这个过程就是渠道生态系统振荡到平衡的过程。

根据上述渠道陀螺运行原理，对于渠道生态系统运行机制需要注意的是：一是资源汇集与整合机制的实现，需要选择有资源整合能力的渠道物种作为领导者，而且只有领导物种才有能力和实力进行资源整合，带领渠道各成员参与竞争，从而获得优势生态位，获得竞争优势。二是价值实现与交换机制，交换和交易是渠道系统的主要特征，也是渠道能够运行的核心问题，渠道物种之所以愿意成为渠道生态系统中的一员，就是因为渠道能够实现其价值目标，通过参与渠道活动获得自身的利益和发展，渠道价值实现和交换机制是渠道生态系统运动的核心机制；三是稳定与协调机制，由于渠道生态系统是开放的、非线性的系统，会不时处于振荡状态，系统稳定性是决定渠道生态系统能否健康运行和成长的关键，因此需要进行协调。渠道生态系统协调包括内部协调、外部协调和内外部之间的协调三个方面。只有通过渠道协调才能充分发挥渠道运作机制中的组织力、整合力，将各个渠道物种（节点企业）的资源、知识和能力转化为渠道价值，从而发挥渠道资源及整体作用，实现渠道生态系统的协同进化。没有渠道稳定与协调机制，渠道的整体竞争优势就不能实现。

5.3　渠道生态系统资源汇聚与整合机制

在渠道资源选择与分配机制的研究中，有学者进行了相关研究，比如张庚森（2006）从资源投入的角度对渠道权力测量进行了研究[1]；汤茹薇（2014）[2]、柴睿（2014）[3]等从供应链的角度探索了渠道资源整合问题。正如前文所述，渠道生态系统形成和运行的动力来自于内外部诸要素所提供的资源。渠道生态系统的资源汇聚与整合机制使得这些不同的资源能整合在一起，并服务作用于渠道生态系统。因此，渠道生态系统资源汇集与整合机制是渠道生态系统运行的重要机制之一。

5.3.1　渠道资源描述

为渠道物种提供充分的成长空间以及各种物质和能量，是渠道生态系

①　张庚森. 基于资源投入的营销渠道权力测量模型研究［J］. 外国经济与管理，2006，28（11）：45－50.

②　汤茹薇. 基于供应链的市场营销渠道资源整合策略探析［J］. 商业经济研究，2014（17）：69－70.

③　柴睿，孙文龙，李兴美. 基于供应链的市场营销渠道资源整合策略探析［J］. 北方经贸，2014（12）：62.

统的核心功能之一。由于广告商、金融服务商、政府部门以及各行业协会等不同要素构成的外部渠道资源具有多元化的特点，这些资源有渠道系统内的，比如渠道物种投入的仓库、搬运装卸、人力等，也有渠道系统外的，比如第三方物流公司的资源。通过渠道资源汇集与整合机制，使得这些资源能按照一定的规律稳定有序地汇聚于渠道活动中，从而保证渠道生态系统的形成与健康运行。

渠道生态系统的运行过程中，渠道物种资源投入转化为输出（产品或服务）。假设渠道 m 完成渠道分销所需要的资源构成为 R_m，h_{rm}^0 表示在测量期初始，渠道 m 拥有资源量为 r，并假设渠道在测量期内无法改变其资源持有量，即渠道在短期（测量期）内资源不能流动。渠道 m 中的个体单位分销产品所需要的资源 r 量为 g_{arm}，渠道个体完成其渠道活动所需资源 r 的量为 h_{arm}，则有：

$$h_{arm} = g_{arm} x_a, \quad \forall a \in A_m^I, \ r \in R_m \tag{5.11}$$

渠道 m 对资源 r 的需求量 h_{rm} 为：

$$h_{rm} = \sum_{a \in A_m'} h_{arm}$$
$$= \sum_{a \in A_m'} g_{arm} x_a = \sum_{a \in A_m'} \sum_{s_m^k \in s_m} g_{arm} \delta_{as_m^k} \lambda_{as_m^k} X_{as_m^k}, \ r \in R_m$$

由于渠道资源有限，所以渠道 m 资源的使用量 h_{rm} 还必须满足如下约束条件：

$$h_{rm} \leq h_{rm}^0, \quad \forall r \in R_m \tag{5.12}$$

这里特别需要指出的是，在渠道 m 的外部活动中，我们不再考究其资源的使用成本，而是将渠道支付给外部的费用视为这些活动的参与成本，比如图 5.10[①] 中的外部企业 {1，2，3，4，5} 事实上是渠道 1 和渠道 2 的非成员型参与者。企业 {10} 表示中间产品 5 的外包活动，本书将外包费用理解为外包方的生产成本；而企业 {14，15} 为两种产品渠道的代销商，本书将渠道支付的代销费用理解为产品的代销成本。

为了很好地描述渠道资源模型，图 5.10 是一个由两条渠道组成的渠道竞争模型，在该模型中包含渠道 1 和渠道 2。对渠道 1 而言，其相关渠道物种组成的集合为 $A_1 = \{1，2，3，4，5，6，7，8，9，10，14，15\}$，其中 $A_1^I = \{6，7，8，9\}$ 为渠道 1 的渠道物种集合，$A_1^0 = \{1，2，3，4，5，10，14，15\}$ 为渠道 1 的非成员参与型渠道个体（成员 0 构成集合）。

① 陈兆波. 基于资源配置的供应链竞争模型与合作策略研究 [D]. 哈尔滨：哈尔滨理工大学学位论文，2011 (6)：26，图 2.2 供应链竞争模型.

渠道 1 分销 7 和 9 两种不同的产品，而渠道 2 只分销产品 9，并且两条渠道分销的产品 9 在需求市场上是无差异产品。

从图 5.10 可以看出，渠道资源竞争模型不仅仅是单供应商——单零售商构成的简易模型，而是由多条结构不对称且有多源点构成的复杂模型①。另外，在该模型中，渠道竞争不再局限于市场需求的争夺，而是扩展到包括第三方物流、分销渠道的运用以及顾客需求的变化等方面，这使得渠道资源竞争模型更符合实际。

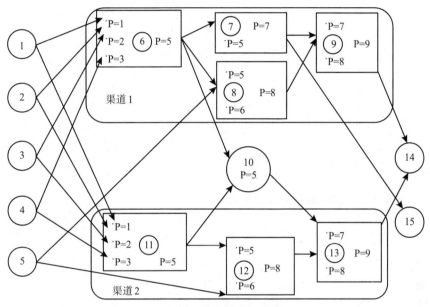

图 5.10　渠道资源竞争模型

我们将模型用数学符号表示：

（1）S：所有渠道个体成员构成的集合；

（2）S_m：渠道 m 的所有渠道环节构成；

（3）S_m^k：第 k 条渠道 m，$S_m^k \in S_m$；

（4）$X_{S_m^k}$：渠道 S_m^k 上的流量；

（5）x_a：渠道最终产品量；

（6）X：所有渠道流量构成的列向量。

需要特别指出的是，渠道总流量是用送达终端市场（顾客手中）的

———————————

①　陈兆波，滕春贤等．资源优化配置下的供应链竞争模型研究［J］．运筹与管理，2013（1）：97－105.

最终产品来衡量的，因此，单个渠道环节的流量与渠道总输出量有本质的区别①。但我们可以采取逆向追溯制，即从顾客购买数量向前追溯，以此来建立各个渠道环节流量与输出量之间的关系。令 $\lambda_{(as_m^k)}$ 表示渠道物种在渠道环节 S_m^k 上流量的转化率，即渠道环节 S_m^k 上单位终端产品相对应的渠道物种输出的产品量。因此，渠道最终产品的流量与渠道中间环节产品输出量之间的关系可以表示为：

$$x_a = \sum_{S_m^k \in s_m} \delta_{s_m^k} \lambda_{(as_m^k)} X_{s_m^k},$$

$$\text{其中 } \delta_{(as_m^k)} = \begin{cases} 1, & \text{若渠道活动 } a \text{ 参与渠道环节} \\ 0, & \text{其他} \end{cases}, \quad S_m^k, \quad \forall \in A_M^l,$$

$$x_a = \sum_{S_m^k \in s_m} \delta_{s_m^k} \lambda_{as_m^k} X_{s_m^k},$$

$$\text{其中 } \delta_{(as_m^k)} = \begin{cases} 1, & \text{若渠道活动 } a \text{ 参与渠道环节} \\ 0, & \text{其他} \end{cases}, \quad S_m^k, \quad \forall \in A_M^0,$$

综上所述，渠道流量构成的列向量 X 与 x_a（x_a 表示从渠道物种 a 输出的全部最终产品量）之间是一对一映射，即根据渠道流量能唯一确定任意渠道环节产品输出量。

5.3.2 渠道资源整合主要途径

传统的渠道战略与模式是以目标顾客的需求选择为基准的渠道战略，它采取市场分割方式进入市场赢得顾客②。渠道各成员所拥有的资源理所当然成为渠道战略实施的基础，是决定渠道能否竞争获胜的唯一决定因素。而在营销实践中，由于企业边界的约束，所有渠道物种可能是相对独立的经济体，整体渠道目标不一定是所有取得成员的唯一目标，甚至不是主要目标（比如很多渠道主业是从事生产，而渠道分销只在其业务构成中占据很小一部分）。显然，这种情况下，渠道物种不可能把自己拥有的所有资源都投入到该渠道中来。再加上渠道资产具有专用性的特点，一旦投入，撤出比较困难（主要原因是存在积淀成本和机会成本），因此渠道资源往往是缺乏弹性的。

由前文第 2 章分析可知，在传统渠道中，渠道价值总量一般是固定的，渠道物种只能通过竞争来获得价值。传统渠道中，渠道物种之间的关

---

① 比如批发商与零售商的渠道输出总量是存在差别的，有可能是批发商的输出量大于零售商的输出总量，也有可能是零售商的输出总量大于批发商，这与渠道策略有关系。

② 张敏. 基于网络资源的网络化营销渠道竞争优势 [J]. 南京财经大学学报，2007 (3)：76 – 79.

系也只是纯粹的买卖关系，渠道战略的核心往往停留在市场结构的选择上。另外，传统渠道强调渠道物种的个性化和独立性，强化渠道资源的专有化、专业化以及运用这些资源提升渠道竞争的能力，而忽视渠道灵活性与柔性①。而渠道生态系统的构建能让渠道物种实现渠道资源与能力的共享，并由此而获得凭单个渠道物种所无法达到的经济效益、社会形象和创业机会。更为重要的是在渠道生态系统中，渠道物种之间存在着技术、知识、信息、能量、经验等方面的交换，并形成资源互补整合性的协调发展机制，从而扩大了渠道价值总量。

对于渠道资源整合主要有三种途径②：结构式资源整合；关系式资源整合；经济式资源整合。

（1）结构式资源整合。营销管理者应从渠道生态系统形成与健康运行的角度来重构营销渠道结构，以利于增进渠道生态系统的资源整合效能。在设计渠道结构时，应测试不同渠道结构下的产品与服务供给组合的顾客满意度，通过这种测试可以清晰地发现顾客期望的渠道结构安排。当渠道物种较为复杂和分散时，顾客虽然可以获取更多的渠道增值服务，但同时也会增加渠道交易成本，进而提高顾客的消费或使用成本。因此，渠道生态系统构建过程中实施资源整合。从渠道结构来看，需要通过渠道物种长期博弈来形成均衡的渠道结构。在这种均衡条件下，任何可以增加渠道物种收益水平的渠道结构变革方案和措施都能为其他渠道物种带来或多或少的利益。传统渠道偏重结构复杂、环节众多的金字塔式结构，讲究通过分工协同来实现管理目标。但顾客追求个性化的消费偏好是采用传统大规模制造模式无法企及的，缩短与终端顾客的距离，建立扁平化渠道模式，才是提升渠道系统对于顾客需求的反应速度的正确之道。

（2）关系式资源整合。渠道生态系统的构建与健康运行应强化以渠道领导物种或种群（渠道核心企业）为主导、其余渠道物种或种群对渠道忠诚的关系式资源整合方向或目标。通常而言，渠道领导物种（及种群）和关键物种（及种群）的渠道忠诚度相对其他渠道物种而言较高，而渠道其他成员低一些。显然，渠道资源整合中，最重要的就是领导物种或种群，其次是关键物种。而渠道忠诚度最重要的培育因素就是渠道物种通过渠道合作所能获取的收益现值和预期，收益越高，渠道忠诚度培育可能性越

① TEECE, D. J. ET AL. Dynamic capabilities and strategic management [J]. *Strategic Management Journal*, 1997 (18)：509－534.

② 汤茹薇. 基于供应链的市场营销渠道资源整合策略探析 [J]. 商业时代, 2014 (7)：69－70.

大，反之亦反。渠道领导物种或种群应强化自身渠道资源的整合能力以及领导力，关键物种则起到串联和引导渠道各节点的作用，渠道物种通过平等协商的方式来消弭因渠道关系造成渠道权力与利益分配层面的冲突。在渠道生态系统中，渠道实现内部信息交互与共享，并运用现代信息、通信技术改造渠道价值链，建构渠道自纠错机制，引导渠道系统演化为基于互惠利益的命运共同体。

（3）经济式资源整合。在渠道构建过程中，渠道物种存在资产专用问题。渠道物种投入专用性资产被渠道锁定，只能在渠道系统内实现，显然，渠道资产难以转作他用，即便能转作他用，其资产价值亦将大幅度贬值。渠道专用性资产投资水平越高，渠道物种对渠道的依存度越高，渠道资源整合需求也越强。渠道物种通常基于自身利益最大化来决定其资源整合行为，而且外部环境和内部成员间的信任和承诺水平会对渠道物种的行动策略产生重要的影响（见第6章）。由于专用资产能提升渠道物种间的信任水平，促进渠道内部交易关系的可持续发展。因此，强化渠道物种为特定产品的指定渠道作更多的专用性投资，从而强化各渠道物种间的经济关联性和渠道资源整合水平也是一种重要的渠道经济资源整合方式。另外，渠道成本也是渠道经济资源整合的重要诱因。渠道物种受有限理性的支配，采取"搭便车"或机会主义策略，增加了渠道运营管理的难度和不确定性，无形中抬高了渠道交易成本、降低渠道运营效率。渠道生态系统的形成和运行不但能强化渠道信息流的交互——即时对市场需求等信息作出有效反馈，而且其活性特征极大地缩短了渠道资源的传递环节，降低能量损耗（交易成本等），从而充分传递或增加渠道分销的产品价值，有效地提升渠道资源整合力。

5.3.3 渠道资源优化机制——遗传算法

遗传算法是借鉴生物进化中的"生存竞争"和"优胜劣汰"现象提出来的一种算法[①]，其基本原理是以编码空间代替问题的参数空间，以编码群体为进化基础，以适应度函数为评价依据，建立起一个迭代过程，对群体中个体位串的遗传模拟操作，通过保留优秀基因，淘汰不适合基因，使新一代位串集优于老一代位串集，这样个体不断优化，实现选择遗传与进化[②]。利用遗传算法（genetic algorithms，GAs）可以进行资源汇集与整

[①] 美国密歇根大学 Holland 教授从一组初始可行解出发，在不需要除目标函数之外的其他信息的条件下实现对可行域的全局高效搜索，并以概率收敛到全局最优解。

[②] 冯智杰. 销售渠道资源调度协调系统研究［D］. 厦门：厦门大学硕士学位论文，2007(5).

合全局优化研究。

为了研究方便，我们将渠道简化为一个协调中心（领导物种或种群）和制造商、中间商（含各级批发商、零售商）、顾客组成的控制模型。协调中心根据中间商的资源存量状态信息来分配、调度资源，以保证不同渠道资源需求。中间商的资源状态存量信息对于协调中心完全透明，并由协调中心控制各个中间商直接满足分销的资源需求。显然，资源调度协调一方面可以降低因需求不同导致供需不平衡的风险，另一方面还可以减少资源浪费或损失，同时通过渠道资源的有效调度，实现利益分享，从而消除渠道冲突，维护渠道利益，实现渠道目标。

下面是遗传算法基本程序：

（1）编码策略。我们采用矩阵实数编码：

$$POP_{ilp} = ((TS_{12m}, TS_{13m}, TS_{14m}, L, TS_{1(j-1)m}, TS_{1jm}),$$
$$(TS_{22m}, TS_{23m}, TS_{24m}, L, TS_{2(j-2)m}, TS_{2jm}), \cdots) \quad (5.13)$$

用 5.13 矩阵结构来表达染色体结构，行表示某渠道环节，列表示该渠道环节调入或调出到其他渠道环节的调货量（设调入为 +，调出为 −）。

可行域为：当渠道环节 k 为调出时，$TS_{jm} \in (-I_{ojm}, 0)$；当渠道环节 k 为调入时，$TS_{jm} \in (0, MS_{jm} - I_{ojm})$。

取适应度 $f = bz/zj$，其中 z 为最好染色体，zj 为染色体对应费用；群体规模为 $P(\text{popsize})$，交叉率为 P_c，变异率为 P_m；最大进化代数为 M，终止进化精度为 ε。

（2）模拟生成初始种群。应用随机模拟生成一个体，检验是否满足条件，若不满足，重新产生一个，直到满足为此，选择至合适规模 P，形成初始种群（POP_1，POP_2，$\cdots$，POP_P）。

（3）复制。计算个体适应度，并按适应度大小排序：（POP_1，POP_2，$\cdots$，POP_P），采用轮盘赌方法进行选择，然后将复制出的个体到匹配池中等待交叉①。

（4）交叉。这里可以采取双点交叉的方式，交换两个染色体。若父代可行，子代也可行。假设两个父代个体分别为 POP'_i、POP'_j，则随机产生 $\alpha \in (0, 1)$，并生成两个子代分别为：POP'_i、POP'_j。

$$POP'_i = \alpha POP_i + (1-\alpha) \cdot POP'$$
$$POP'_j = (1-\alpha) \cdot POP_i + \alpha POP_j$$

---

① 韩江洪等. 基于自适应遗传算法的虚拟企业伙伴选择求解［J］. 计算机集成制造系统，2008（1）：118 − 123.

（5）变异。设 ts 为随机产生的一个变异方向，则有：

$$ts = ((ts_{12m}, ts_{13m}, L, ts_{1jm},), (ts_{23m}, L, ts_{2jm},), \cdots, L(ts_{(i-1)jm}))$$

其中 ts_{jm} 是 TS_{ijm} 的允许变化量，若 p 为父代，c 为子代，则 $c = p + ts$，应用随机模拟，采取单点变异的方法，检验子代是否符合要求，若不符合，重新产生一个变异方向（基因），直到产生可行的符合满足率的个体为止。

如图 5.11 所示。

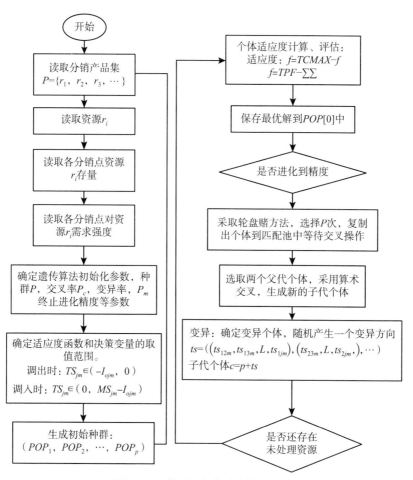

图 5.11　资源调度的遗传算法流程

根据以上步骤从而获得资源调度的最优方案。

下面用一个具体例子说明①：

---

① 冯智杰. 销售渠道资源调度协调系统研究［D］. 厦门：厦门大学学位论文，2007：40－42，参考整理而成.

假设在一个基于协调中心的多渠道结构中，针对单一产品 A 进行协调调度，考虑销售渠道中有 4 个不同的分销点，制造商生产提前期为 10 天，即时间段 1 的长度为 10 天。时间段 2 的长度为 1 个月，即基本调度周期为 1 个月。如表 5.1、表 5.2 所示。

表 5.1 分销点需求/库存情况

	需求强度		期初存量（件）	调度费（元/次）	存储费		缺货损失（元/件）
	时间段 1	时间段 2			时间段 1	时间段 2	
分销点 1	100	300	60	200	10	30	2000
分销点 2	80	200	162	200	12	34	2000
分销点 3	56	120	146	200	12	34	2000
分销点 4	130	360	100	200	8	24	2000

表 5.2 各分销点之间的运输距离 单位：km

	分销点 1	分销点 2	分销点 3	分销点 4
分销点 1	0	64	80	100
分销点 2	64	0	80	54
分销点 3	80	80	0	62
分销点 4	100	54	62	0

假设单位产品单位距离的运输费用为 0.2，则利用遗传算法，取 $P_m = 0.01$，求解资源调度模型在 Matlab 中得到的优化调拨方案。如图 5.12、表 5.3 所示。

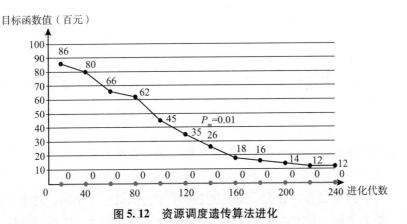

图 5.12 资源调度遗传算法进化

表 5.3			资源调度优化方案		
	分销点 2	分销点 3	分销点 4	运输费（元）	期望库存损失
分销点 1	62	0	0	1530	6032
分销点 2	—	0	0		
分销点 3	—	—	−66		

通过该模型可以得到一个较优的方案集合，因此该方案具有可行性。

5.4 渠道生态系统价值交换与实现机制

渠道生态系统内价值交换机制同样为渠道生态系统内不同渠道个体、种群和群落带来了相应的物质和能量。在外部环境为渠道提供资源时，渠道实质上也在以不同的形式回馈环境。这是一种双向的沟通与联系，双方都能从中获益。如果透过渠道物种行为内容、方式多样化的表征，显然它们之间的交换实质就是价值的传递和转换。

5.4.1 渠道生态系统价值交换与实现的基本原则

渠道生态系统的价值交换与实现需遵循以下基本原则：

（1）风险共担，收益共享。首先，由于渠道的构建与维护都需要大量的人力、物力和财力的投入，而且渠道投入具有不可逆性和较强的转移障碍，因此，存在着较高的机会成本和沉没成本。因此，渠道生态系统合作分配必须考虑到渠道物种投入的机会成本。其次，尽管渠道系统的运作方式在一定程度上可以分散风险，但并非渠道系统中就不存在或者说风险就减少了，实际上，各成员同样面临着风险。因为渠道不是独立的，而是一个基于共同的分销目标的网络组织，存在着诸多不可控、复杂的不确定性和不可控因素。如果渠道物种间难以实现信息共享、忠诚度不高，那么渠道系统在给渠道物种带来收益的同时，也可能会带来各种风险。对于每一个渠道物种来讲，收益和风险不可分割，是一对孪生兄弟。因此，渠道生态系统中的渠道物种收益分配应与其所承担的风险相匹配。

（2）差异性收益分配。渠道生态系统中各成员分工不同，对渠道的付出、努力和投入程度各异。因此，对渠道收益的分配也应体现差异性，这样才能更好地激励渠道物种。那么什么样的激励机制才算是科学？总体来说，就是公平、合理的收益分配机制比较理想。怎样做到公平、合理？要做到这点就要求渠道收益分配机制不仅要保证渠道参与者"有利可图"，且还应保证渠道物种能够"多劳多得"。另外，差异性分配还体现在分段激励上，大多数渠道物种出于资源占有和技术创新方面的考虑，往往会采取分段协作策略，即在不同渠道生态系统发展阶段，渠道物种投入的力度有所不同。但在现实操作中，却执行的是整个合作期完成后进行分配的方式。由于渠道系统普遍存在收益滞后现象，即当期的投入效果很难完全在当期收益中体现，往往会滞后。因此，收益分配要考虑阶段性问题①。

（3）多赢或共赢。获取经济利益和市场利益是渠道物种参与渠道生态系统的主要目的。因此，确定收益分配比例应保证渠道参与方均"有利可图"，这样才有可能形成互利共生关系。在渠道生态系统构建中，利益分配机制是最为重要和关键的机制。因此，在设计利益分配机制时既要考虑渠道目标是否能提高渠道绩效，又要考虑到渠道物种自身实力的提升。只有这样才能达到多赢或共赢。某个经销商它在分销某种产品的时候，可能会同时经销其他的一些互补的产品，这时候产品供应商往往会采取一些手段来要求该经销商只经营自己的产品。这实际上可能适得其反，因为经营其他产品会促进该产品的销售。

5.4.2 渠道生态系统合作利益分配机制

渠道生态系统合作利益分配机制是渠道生态系统形成和运行的基础，也是运行机制的关键与核心。因此，需要对渠道生态系统合作利益分配机制进行系统研究和分析。

渠道生态系统成员利益从长远看是基本一致的，但在短期内可能存在冲突。比如，产品供应商和中间商之间存在一定的利益冲突。中间商要求产品供应商提供产品出厂价要低、产品质量要好，能给予高的销售返利，并能投入大量广告，交货及时，最好是能赊货；而产品供应商则希望能以较高的价格供应给中间商产品，要求中间商能投入大量促销费用，并把自己的产品作为主推产品，最好是能提前打货款等。这两者存在利益的冲突。

从图5.13可知，代理商、批发商可能不止一个，这就存在分销区域划分问题。如果同级中间商定价不合理，就可能导致窜货，影响整个价格

---

① 胡斌. 企业生态系统中合作收益的分配机制研究 [J]. 统计与决策, 2008 (12)：23 - 25.

体系，甚至危机渠道生态系统的安全和稳定。而且在上下级渠道之间存在产品交易和交换关系，必然会产生复杂的利益关系。具体来讲，存在如表5.4、表5.5所示的利益关系。

图5.13　渠道物种之间的利益关系示意

表5.4　　　　　　　渠道物种对下一级渠道的利益需求/要求

生产商	代理商	批发商	零售商
• 强大的市场渗透力 • 高库存 • 强大的促销能力 • 强大的市场覆盖能力 • 强大的信息反馈能力 • 高忠诚度 • 严格遵守渠道制度 • 强执行力	• 市场渗透力强 • 高库存 • 强促销力 • 信息反馈速度快 • 高忠诚度 • 执行力强	• 促销能力强 • 进货量大 • 信息反应及时 • 忠诚度高 • 现款现货	• 顾客数量多 • 顾客购买力强 • 顾客忠诚度高 • 顾客现金购买

表5.5　　　　　　　渠道物种对上一级渠道的利益需求/要求

代理商	批发商	零售商	顾客*
• 产品知名度高或品牌影响力大 • 市场易渗透 • 垫货或滞后支付货款 • 促销人员和促销品支持 • 库存量少或无 • 强大广告支持 • 资金支持	• 产品易销动 • 进货价低批给价高 • 供货及时 • 库存少但合适 • 促销政策好 • 风险小 • 资金支持	• 产品易销售 • 进货价低售价高 • 供货及时 • 库存少但合适 • 促销政策好 • 大量广告投入 • 资金支持	• 产品满足需求 • 价格合理 • 服务好

注：*严格来讲，顾客并非渠道成员，但它是销售、产品供应链中得最后一环，因此，本书将其列入本表。

设两个中间商Ⅰ和Ⅱ，他们同时面临分销产品A或B的机会，每个中间商都可以选择多个机会——选A或B，或AB同选。我们假定两个中间商收益矩阵如表5.6所示：

表5.6　　　　　　　　　　　中间商选择收益矩阵

中间商Ⅱ ＼ 中间商Ⅰ	A	B
A	(4, 4)	(5, 1)
B	(1, 5)	(0, 0)

由表5.6所示矩阵可知：A的机会较大，但吸引力较低，只有一家中间商很难满足市场，因此，独一家分销A产品的收益只有1；而联合开拓市场能较好地挖掘市场潜力，形成规模效益，故Ⅰ和Ⅱ合作都选A，可得4，总收益为8。与A相反，产品B是吸引力虽然低，但却不需花太大力气去开拓市场。因此，当只有一家厂商在B市场时，其收益较为可观，其值为5；若Ⅰ和Ⅱ都选择该分销产品，则总体收益为零，大家都无利可图。

通过上述分析我们知道：如果中间商Ⅰ、Ⅱ不能相互协调，但又都希望自己能独占B市场以获得高利润，那就意味着在B市场会发生激烈的争夺，其结果是两败俱伤。如Ⅰ、Ⅱ分别在A与B市场上运作，则可得总收益6，这比起竞争收益为（0，0）的状况明显好些。按照"帕累托最优"原则，收益少的中间商总想进入B市场以期获得更高利润，这时处于不稳定状态，演化的结果是最终出现（0，0）的情况。如果渠道物种合作，共同开发A市场，总收益则为8，参与者各得4，此时达到了"帕累托最优"。

渠道均衡是渠道生态系统的主要目标和追求。渠道上下游之间着眼于各自的利益最终通过价格体现出来，而渠道生态系统整体绩效是 $\sum_{i=1}^{m} r_i$，因此，渠道生态系统收益是通过基于成本的价格博弈的方式来实现的。

我们假设：

（1）上一级渠道物种 A_1 认可的价格为 P_1，下一级渠道 A_2 接受的价格为 P_2；

（2）A_1 的分销成本为 C_1，A_2 的分销成本为 C_2；

（3）A_2 接受 P_1 空间为 $[0, P_{H_1}]$，A_1 接受 P_2 空间为 $[0, P_{H_2}]$；

（4）A_1 出价为 P'_1，A_2 出价 P'_2；

（5）A_1 分销量为 Q_1，A_2 分销量为 Q_2。

那么，P_1 被 A_2 接受的概率为 ρ_1，被拒绝的概率为 $1 - \rho_1 (P_1 > P_{H1})$；$P_2$ 被 A_1 接受的概率为 ρ_2，被拒绝的概率为 $1 - \rho_2 (P_2 > P_{H_2})$。

则 A_1 的期望收益值为

$$V_1 = (P'_1 \cdot Q_1 - C_1) \cdot \rho_1 = (P'_2 \cdot Q_2 - C_2) \cdot (1 - \rho_1) \tag{5.14}$$

A_2 期望收益值为

$$V_2 = (P'_2 \cdot Q_2 - C_2) \cdot \rho_2 = (P'_1 \cdot Q_1 - C_1) \cdot (1 - \rho_2) \qquad (5.15)$$

渠道物种出价的基本原则是自身利益最大化，即 $V'_1 = \max V_1$；$V'_2 = \max V_2$。

由于渠道构建过程中存在机会成本和阶段性问题，所以制定合作收益分配机制必须考虑货币的时间价值。

假设渠道生态系统中有 n 个渠道物种，第 $i(i = 1, 2, 3, \cdots, n)$ 个渠道物种在第 $j(j = 1, 2, 3, \cdots, m)$ 个阶段的投入、分配比例、所得收益分别为 I_{ij}、β_{ij}、V_{ij}，则根据上述原则和数学原理可得以下模型：

（1）渠道物种 i 在第 j 阶段的收益分配比例 β_{ij} 应是 i 在第 j 阶段累计投入 $\sum\limits_{k=1}^{j} I_{ik}$ 的函数：

$$\beta_{ij}(\sum_{k=1}^{j} I_{ik}), \text{ 且 } \sum_{i=1}^{n} \beta_{ij} = 1 \qquad (5.16)$$

（2）渠道物种 i，若 $V_{ij} = 0$，则 $V_{i'j} > 0$；$i \neq i'(i, i' = 1, 2, \cdots, n)$；

（3）渠道物种 i 在第 j 阶段得到的收益应随累计投入 $\sum\limits_{k=1}^{j} I_{ik}$ 的增加而递增，即 $\partial \beta_{ij}(\sum\limits_{k=1}^{j} I_{ik}) > 0$，$\dfrac{\partial \beta_{ij}(\sum\limits_{k=1}^{j} I_{ik})}{\partial(\sum\limits_{k=1}^{j} I_{ik})} > 0$，且 $i(i = 1, 2, 3, \cdots, n)$，$j$

$(j = 1, 2, 3, \cdots, m)$。

假定贴现率为 $\gamma(O, 1)$，第 j 阶段渠道生态系统中合作可供分配收益为 V_{ij}，期初投入，期末分配收益，则渠道物种 i 在第 j 阶段的收益 V_{ij} 为

$$V_{ij} = \beta_{ij} V_j = \frac{\sum\limits_{k=1}^{j} I_{ik} (1 + \gamma)^{(j+1-k)}}{\sum\limits_{i=1}^{n} \left[\sum\limits_{k=1}^{j} I_{ik} (1 + \gamma)^{(j+1-k)} \right]} V_j \qquad (5.17)$$

式中：I_{ik} 表示渠道物种 i 在第 k 阶段所有的渠道投入（包括资金、知识、精力、人员、技术、设备等有形资源与无形资源）；V_{ij} 表示渠道生态系统在第 j 阶段的包括分销的商品、信息、市场推广的经验等在内的所有产出。

5.4.3　渠道生态系统价值实现机制

由 4.3 可知，渠道生态系统适应环境是主动行为，不仅适应环境，而且可改造环境，使之向有利于渠道生态系统成长的方向转变。因此，渠道

生态系统需要进行有效的运作与管理，使渠道个体、种群和群落与渠道生态系统一起实现共同进化。作为一个复杂的动态适应系统，渠道生态系统的动态演化在不同阶段表现出不同的演化特征。这种演化特征体现了渠道生态系统是自组织与环境选择相结合的产物，其中自组织机制是根本动力，它决定了渠道生态系统的运作必须遵循自组织规律，和其他成员形成某种显性的或隐性的契约等。渠道生态系统作为一种新的商业模式，迫切需要打破现有渠道价值链结构，实现产品、客户、技术、物流等渠道资源的重新组合和优化。

渠道生态系统是由多个实体组成的、相对松散的、动态的互利共生体。因此，如何组建该共生体才能保证渠道生态系统的健康运行就成为一个首先要解决和考虑的问题。尽管每种产品的渠道模式不一样，但其组建过程基本一致，都是按照渠道价值和目标确定、渠道功能识别与划分、渠道伙伴选择、渠道物种间关系与制度设计、渠道种群和群落形成 5 个阶段进行的，如图 5.14 所示。具体阐述如下：

图 5.14　渠道生态系统组建过程

（1）渠道价值和目标确定。一方面，渠道生态系统是以顾客需求为中心的价值创造体系，为顾客提供价值是渠道生态系统生存和发展的内动力。因此，在构建渠道生态系统之前，就必须充分了解研究顾客的显性或隐性需求，了解渠道能给顾客带来的利益和价值，并寻求最佳的分销模式来满足其利益和价值。另一方面，渠道物种通过渠道价值和目标的确定，可以知晓渠道物种在分销过程中获得的价值提升和知识积累。简而言之，就是能让渠道物种获利与满意，激发它们投入资金、人力等资源，从而创建渠道生态系统。

（2）渠道核心功能的识别与划分。根据 C. K. Prahalad 和 Gary Hamel 1990 年提出核心竞争力（core competence）理论内容，组织核心能力有三种形式：基于知识和技能的核心能力、基于运行的核心能力以及基于资源的核心能力①。在渠道生态系统的形成和运行过程中，渠道核心能力就是为顾客提供价值。渠道物种应根据渠道核心能力的内涵来判别自身的资源

①　Michael Porter 著，陈小悦等译. 竞争优势［M］. 北京：华夏出版社，2002：141 – 156.

与能力能否满足渠道生态系统的形成和健康运行的要求。如果不能，那么就必须重新选择或塑造新的渠道核心能力，也可以利用渠道外资源重构渠道生态系统。

（3）渠道物种选择。渠道生态系统的构建和运行应根据渠道的资源禀赋和目标要求来选择渠道物种，确定选择渠道物种主要从渠道绩效方面来衡量，渠道绩效主要体现在分销的效率和效果两个方面。不仅要考虑渠道个体、种群等重要因素的核心能力之间是否具有互补性，还要考虑渠道合作的可能性，以及财力和渠道忠诚度等因素。

（4）渠道物种关系与制度设计。健康的渠道生态系统是一个协同进化和共生的、自适应和自调节的系统。据系统论的研究，所有系统中对称性互惠共生的系统是最有效率、也是最稳定的系统，具有同种共生模式并拥有最大共生能量①。渠道生态系统中，渠道个体、渠道种群和渠道群落都是渠道物种，它们之间的关系设计是非常重要的。因此，在渠道生态系统形成和运行过程中，应该以对称性互惠共生为指导原则，根据各伙伴在价值网的不同位置选择和设计不同的关系模式（包括共享共生、互补共生、变异共生、交易共生）②。

（5）渠道种群、群落的形成。要使渠道生态系统具有可持续的竞争优势，渠道种群和群落必须合理分布，根据价值的取得来确定最佳的渠道种群和渠道群落，区分哪些是最主要的、满意的渠道物种，哪些是能干的渠道物种，哪种渠道群落是最重要的等，这是渠道生态系统必须准备或服从的。渠道生态系统中一旦形成最佳的渠道种群和群落结构，说明渠道生态系统占据较高的生态位，具有较强的渠道资源整合能力和挖掘能力。而高生态位的渠道生态系统会吸引那些观望、保守的潜在渠道同行加入进来，进一步优化整合渠道资源，同时还将转化为对商品质量和规模经济的影响。

随着渠道生态系统的发展，渠道生态系统结构和功能就会发生变化。在渠道创建之初，最先掌握某种核心资源（比如发明某项新专利或开发某种新产品）的企业首先发起并组建渠道生态系统，这时候发起企业往往就是关键物种——渠道核心成员。但随着时间的推移，渠道的关键物种也可能会发生变化，渠道代理商可能成为渠道核心成员，批发商、零售商也可

---

① 胡斌，李旭芳. 企业生态系统动态演化研究 ［M］. 天津：同济大学出版社，2013：54.

② Louis W Stern. Adel I EI－Ansary. Anne T Coughlan. 市场渠道 ［M］. 北京：清华大学出版社，2001.

能成为渠道领导物种。

领导物种和种群是渠道生态系统健康运行的关键，良好的渠道生态系统中的领导物种或种群一般都具有合适的（不一定是最强大的）、有竞争力和能相容等特征。除此之外，渠道其他成员的选择也很重要。由于渠道产生背景、动机、目标和任务各不相同，因而，渠道物种选择的原则和标准也不尽相同。再者不同时间和空间条件下对渠道物种的要求也不相同。尽管渠道物种选择的原则和标准并不相同，但我们仍可以找出其中的共性。那么，在渠道生态系统中，选择渠道物种应考虑以下主要因素：

（1）能力互补。能力互补是渠道生态系统形成和健康运行的必要条件，它要求渠道物种必须具有某种核心能力并能为渠道生态系统所用，而且渠道物种能力能够互补。渠道物种能力互补主要在经营能力、市场竞争力、可持续发展能力三个方面。

（2）信任度和忠诚度。由于渠道物种在背景、文化、能力、经验等方面都存在差异，在开展渠道合作中或多或少会产生一些障碍和防备心理，导致不信任，甚至背叛，影响到渠道的合作，降低渠道运行效率，最终危害整个渠道生态系统的健康[1]。因此，渠道物种之间是否建立了充分的信任度以及忠诚度，这是渠道物种选择的基本原则和标准之一。

（3）合作意愿。渠道物种的合作意愿是否强烈也是渠道选择的重要条件，因为只有在具备合作意愿的前提下，渠道物种才可能成为渠道参与者，为渠道生态系统的健康运行做出自己的贡献。

由于渠道物种成分比较复杂，它们往往是由不同类型、不同地域，有着不同的文化背景和独立管理能力的组织或个人组成，构成相对松散、复杂的动态系统。在渠道生态系统中，通过渠道物种有意识地协调和努力，使它们之间达成互利共生的关系状态，才能实现共同进化，最终使渠道生态系统健康、持续地运行。渠道生态系统是一种典型的网络组织思维模式，而非二元关系的范畴[2]。因此，我们可以根据传统网络组织的运作模型研究成果结合渠道生态系统的运行规律及特点，构建渠道生态系统的运作模型，具体如图5.15所示。

（1）确定渠道运作模式。渠道生态系统中，渠道个体、种群和群落共同投资于创造渠道生态系统总价值的活动，来达到满足客户价值和实现渠

① 张月华. 营销渠道组织系统创新及其成长［J］. 唐都学刊, 2004, 20（3）: 62 – 65.

② 张闯. 社会网络视角下的渠道权力结构与策略研究［M］. 大连: 东北财经大学出版社, 2008（5）: 45.

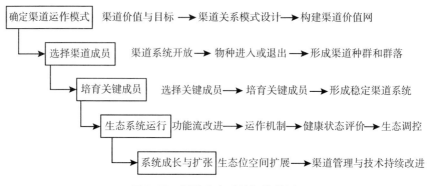

图 5.15 渠道生态系统运作模型

道目标的目的。因此，确定渠道运作模式首先要确定渠道价值和目标。其次，渠道生态系统的形成和运行要求渠道物种之间能够实现资源利用、优势互补，而这需要合理的渠道关系模式才能做到这点，因此，设计合理的渠道关系模式是渠道运作模式的基础。科学划分渠道领导物种（和种群，下同）、关键物种、寄生物种是渠道模式的依据。而这些关系的划分必须围绕渠道价值来进行，而食物链与食物网的作用使得渠道生态系统构建起价值网。比如，寄生种群则应充分利用渠道生态系统所具有的合作氛围，积极吸收、消化领导种群扩散过来的渠道技术，以此提升自身的技术水平和能力。这其实也是弱者生存的唯一法则。

（2）选择渠道物种。渠道生态系统构建了完整的渠道价值网，这就要求渠道物种必须学会识别自身的核心能力，并判断这种能力是否能满足价值网的所有要求。因此，在选择渠道物种时，首先，要在开放的渠道生态系统中，因为只有开放的系统渠道物种才可自由出入。其次，要根据渠道物种在价值网中的具体位置选择恰当的生态位，简单来讲，就是确定合适的渠道关系、功能模式形成适宜的生态位——最好的顾客群、最能干的供应商群、最重要的渠道竞争者群。

（3）培育关键成员。不同渠道物种在渠道价值体系中的作用不同。在渠道生态系统中存在关键成员（关键个体、种群和群落）——渠道领导成员和核心成员。渠道物种能实现渠道绩效——给最终顾客带来巨大利益，且能提升整个渠道的利润从而为渠道生态系统其他成员提供重要的利润，这些成员就是渠道关键成员。渠道领导成员往往决定着整个渠道生态系统的形成与运行，影响渠道功能的发挥，它是渠道规则的建立者和主导者。但在不同的阶段，渠道生态系统的关键成员不同。渠道生态系统的任何阶段都需要培育关键成员。

（4）渠道生态系统的运行。渠道生态系统是由物质流、促销流和信息流、能量流构成的功能单位，其健康运行离不开渠道功能流①的畅通。然而，在渠道实践中，由于诸如渠道窜货、渠道权力争夺等渠道管理现实问题使得渠道功能流不顺畅，这就需要按照渠道生态系统运行的基本规律来理顺。这其中渠道物种的战略行为选择机制、系统的风险识别与控制机制、合作收益分配机制以及系统的治理机制构成的渠道运行机制体系是其健康运行的基本保障。而未来保证渠道生态系统健康运行，需要对其健康状态进行评价，这种评价将起到生态调控的作用。

（5）渠道生态系统成长与扩张。当渠道生态系统形成以后，进入健康运行阶段，渠道领导个体、种群及群落发展良好，渠道物种之间建立起稳定的合作与协作关系，渠道资源无论在规模，还是范围上的投入、优化和整合都在不断加强，渠道生态系统增长不断获得外部资源、能量的交换，渠道生态系统得以扩展，主要体现在生态位扩展上，而渠道生态位的扩展过程主要归因于渠道管理与渠道技术的持续改进。

5.5　渠道生态系统稳定与调控机制

5.5.1　渠道生态系统稳定与失稳

稳定性是现代科学中的一个重要概念，也是系统整体最重要的属性②。如果系统受到微小、随机的干扰会产生变化，则认为该系统稳定性差。如果系统受到干扰发生变化又能恢复到原来的状态，则我们也认为该系统是稳定的。

生态系统中生物和非生物都在不断变化中，生态系统随时受到内外部环境的影响，都有可能失去稳定性，处于失稳状态（instability state）。而生态系统的稳定性不仅与其结构、功能和进化特征有关，而且与外界干扰的强度和特征有关，更为重要的是生态系统自我调节能力对生态系统的稳定性起着决定性的作用③。生态系统的稳定性是指生态系统保持正常运行

---

①　渠道功能流指的是所有渠道履行促销、商品转移、信息沟通、资金等功能的实现过程。

②　朱江，伍聪．基于 Agent 的计算机建模平台的比较研究［J］．系统工程学报，2005. 20（4）：160 - 166.

③　Jam. LawreneeR．，StaneleyA. Milaik，JeansM. Bret. Causeal Analysis：Assumption，Models，and Data［M］．*Beverly Hills*，*CA*：stage Publication，1982.

的能力，主要体现在抵抗力稳定性和恢复力稳定性两个方面①。抵抗力稳定性（resistance stability）指的是生态系统抵抗外界干扰的能力，生态系统抵抗力稳定性越强，则说明生态系统自我调节能力越强，生态平衡不易被打破，反之亦反。恢复力稳定性（resilience stability）则是指生态系统招致破坏后，恢复到原来状态的能力，恢复力稳定性与生态系统自我调节能力之间的关系非常微妙，生态系统多样性越高，能量流动和物质循环途径越复杂，那么该生态系统自我调节能力越强；而结构与成分单一的生态系统自我调节能力就相对较弱一些。

渠道生态系统的渠道物种由不同的独立法人（机构）或自然人组成，它们是渠道的物种，但可能依赖不同的生态系统生存和发展。由于渠道生态系统是一个相对开放的系统，如果环境发生改变，其功能、结构及成员都有可能发生变化，这势必影响到整个渠道生态系统的运行和成长。渠道生态系统将朝着两个方向变化：一是失稳，可能导致渠道生态系统逐步或突然失稳；二是持续稳定，即渠道生态系统与环境更匹配，成长和运行更加健康、稳定。

在企业实践中，渠道系统经常会出现渠道物种进入或退出，成员的数量增加或减少的现象，根据4.2.1，渠道生态系统发展到一定的阶段会处于一个相对稳定的阶段，不仅是运行稳定，而且在结构和功能上也相对稳定。显然，渠道生态系统的稳定性主要体现在渠道物种结构、功能和运行的稳定性上。因此，我们把渠道生态系统运行、结构和功能的相对稳定状态称为渠道生态系统稳定性（channel ecosystem stability）。而将渠道生态系统失去或远离这种相对稳定的状态称之为渠道生态系统失稳（channel ecosystem instability）。渠道生态系统稳定性同样也存在抵抗力稳定性和恢复力稳定性两个方面。

渠道生态系统抵抗力稳定性（channel ecosystem resistance stability）指的是渠道生态系统抵抗外界干扰并保持自身原有的结构、功能状态。比如，渠道物种之间已经建立起了良好的信任与合作关系，在面临该渠道外巨大的利益诱惑时，渠道物种不为所动，仍留在本渠道中。再比如，渠道系统向竞争种群（非本渠道系统成员）开放，但由于渠道生态系统的容量有限，那么竞争者种群依然会受到抑制。渠道生态系统恢复力稳定性（channel ecosystem resilience stability）是指渠道生态系统受到外界干扰导致失稳后恢复到原有状态。比如，某渠道物种恶意窜货，严重危及渠道价格系统乃至整个渠道体系，此时，按照各个渠道物种之间的合同和规则约

---

① Bollen, Kenneth A.. Ecologsystem Structural Equations with Latent Variables［M］. New York: *Wiley*, 1989.

定（渠道生态系统运行的基本规则）对该渠道物种进行惩戒（驱逐或罚款），使得渠道运行重新恢复正常稳定状态。生态系统的自我调节能力主要表现在 3 个方面：一是同种生物的种群密度的调控，这是在有限空间内比较普遍存在的种群变化规律；二是异种生物种群之间的数量调控，多出现于植物与动物或动物与动物之间，常有食物链关系；三是生物与环境之间的相互调控。生态系统的自我调节能力是以内部生物群落为核心的，有着一定的承载力，即生态系统的自我调节能力不是无限的而是有一定范围的。

综合上述分析和企业渠道实践研究，我们可以归纳出渠道生态系统失稳主要表现在以下几个方面：

（1）渠道价值链存在"瓶颈"，导致流程不畅；

（2）渠道运作模式无核心竞争力，易于模仿和复制；

（3）渠道物种权力和利益分配不合理；

（4）渠道分销效率和效果差，难以满足分销的要求；

（5）渠道价格体系不合理；

（6）渠道物种进出频繁，渠道物种不稳定，忠诚度不高；

（7）渠道经常发生窜货等渠道管理不善行为；

（8）渠道物种营运机制紊乱；

（9）渠道信息不畅，决策缓慢且远离市场实际；

（10）渠道核心成员缺失或作用不明显。

5.5.2 渠道生态系统失稳原因分析

在组织生态学中，组织行为选择有两个方向：一是主动选择环境；二是被动适应环境。然而在渠道生态系统中，渠道个体由于存在内部惰性和外部压力，无法迅速改变自身结构来适应外部环境变化，只能做随机、盲目性的选择（变异）。这样，渠道个体在变化的环境中只有那些能适应的渠道个体才能生存下来，而那些不适应者即会被淘汰。虽然渠道个体主动适应、改变时而发生，但却对整个渠道系统没有根本性的改变，或者说渠道个体的选择行为被严重制约了。因此，适者生存是渠道生态系统形成与运行的唯一法则，渠道内外环境则为最终"判官"。

组织生态理论由于重在检验和运用相关理论模型，因而表现出很强的普适性和一致性（Carroll，1988）[①]。根据组织生态学理论，渠道生态系统

---

① Carroll, R G. Ecological models of organizations ［M］. *Ballinger，Cambridge*：Ballinger Pub Co，1988.

稳定性可以从三个角度来分析①：一是组织惰性（structural inertia）；二是密度依赖（density dependence）；三是生态利基（ecological niche）②。其中，组织惰性是研究渠道个体（成员），密度依赖主要是描述种群或群落的，生态利基则是从渠道生态系统整体出发，考虑了环境因素的影响。因此，渠道生态系统的稳定性首先要从这三个角度来阐述渠道个体是怎样适应环境并在其中生存和发展的。

"结构惰性"的概念是哈曼和弗里曼提出来的，他认为"组织结构存在惰性，这种惰性指的是组织保持现存结构状态不变""由于组织惰性的存在，因此，组织结构具有维持旧形态的特性，不能因环境变化做出适时的改变"③。而在实践中，渠道物种存在渠道专用性资产的投入（比如专业冷库的购置、进行专业改装后的运输车辆等）以及沉没成本（如与下级经销商谈判）的发生，渠道物种机会成本比较高。根据结构惰性理论，渠道系统往往会选择那些结构惰性较高的个人或组织。结构惰性的存在导致渠道物种适应环境变化的能力较差，这样结构惰性最终可能演化为整个渠道系统的惰性。尽管环境选择机制会偏爱那些与环境相匹配的组织，但在组织与环境的匹配过程中，有限的信息和组织惰性阻碍了组织适应环境的变化，从而影响到组织的生存与发展。渠道物种无论是个体、种群还是群落都存在惰性，这是因为渠道生态系统面临的环境变化会形成巨大的力量，单个个体、种群或群落是抵挡不了这种压力的，这样就产生了渠道惰性。渠道结构复杂程度、渠道存在时间以及渠道当前及预期绩效是影响渠道惰性大小的主要因素。渠道结构越复杂，其惰性越大，结构的复杂性使得渠道权力结构、制度及信任关系变得更加复杂，需要改变更为困难；渠道存在时间越长，渠道惰性越大，长时间存在的渠道形成了正规的结构、标准化的惯例、权利和利益分配制度化、信任和承诺，因而表现出较强的渠道惰性；渠道绩效越好，渠道惰性越大，当前绩效和预期绩效越好，那么渠道物种就会认为当前的渠道系统是合理有效的，渠道惰性就越强。

在自然生态学中，种群密度（population density）是决定种群内物种生存条件的关键参量，它能反映种群和个体的涨落，通常可以用生物物种个体

---

① 井润田，刘丹丹. 组织生态学中的环境选择机制研究综述［J］. 南大商学评论，2013，22（2）：1－8.

② 生态利基（Ecological Niche）又称为生态位，是指一个组织或种群在生态系统中，在时间空间上所占据的位置及其与相关种群之间的功能关系与作用。

③ Hannan, M. T., Freeman, J. Organizational ecology［M］. Cambridge：*Harvard University Press*, 1989.

的出生率或死亡率来说明。将种群密度的概念和思想运用到组织行为研究中就产生了密度依赖理论（density dependence theory），该理论是哈曼和弗里曼在 1989 年提出来的。种群密度大小可由种群内竞争（competition）和合法化（legitimacy）两个过程来决定，这两个过程也决定了组织个体的生存率和死亡率高低。对渠道生态系统而言①，合法化指的是渠道个体（成员）是否按照渠道运行规则行事，合法化可以让现有渠道个体和潜在进入者增加可获得的渠道资源数量，同时也可以降低渠道资源配置构建渠道的成本（比如新加盟连锁企业的门店，由于加盟总部提供了系统、成熟的管理技术、生产技术等，能极大地降低其学习成本）。显然，渠道合法化能帮助渠道物种入市和提高存活率。合法化越高，则渠道构建率越高，死亡率越低。但随着种群密度的增加，合法化使得渠道物种获得的收益也会随之下降。由于渠道生态系统中允许生存的渠道个体、种群和群落总数是有极限的，所以，渠道生态系统密度越高，渠道物种间的竞争强度也越高。这种竞争大大减少了潜在渠道物种进入的概率（理性的资本市场尽量避免在拥挤的行业中进行新投资），同样也增加了现有渠道物种的死亡率。在种群密度高时，竞争过程占主导，渠道物种死亡率较高而渠道构建率低；在种群密度低时，合法化过程占主导，渠道构建率高而渠道物种死亡率低。如图 5.16 所示。

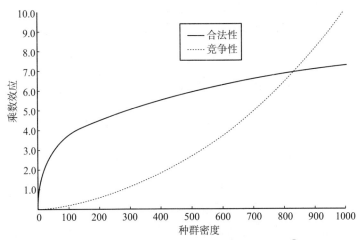

图 5.16　渠道生态系统合法性与竞争性分析②

---

① 渠道密度主要研究是个体、种群和群落的密度问题，其中最为典型、关键的就是种群密度，因此，在密度问题研究中，我们采用种群密度进行研究。为了研究方面，我们将涉及渠道个体、种群和群落的组成，又不存在需要厘清其关系的阐述中，统一用渠道成员来说明。

② Glenn R. Carroll. Long - term evolutionary change in organizational population：Theory Models and Empirical Findings from industrial demography ［J］. *Industrial & Corporate Change*，1997. 31.

根据上述原理，我们可以构建密度依赖模型（为动力模型）：

$$\Delta N_1(t) = \rho_0 + \rho_1 N_2(t-1) + \rho_2 \Delta N_2^2(t-1) + \varepsilon(t)$$

式中：ρ_0、ρ_1、ρ_2 为待回归系数，$\varepsilon(t)$ 为误差项，$\Delta N_1(t)$、$\Delta N_2^2(t-1)$ 为 t 时种群 1 新入或退出渠道种群的成员数量、$t-1$ 时种群 2 的数量和 $t-1$ 时进入或退出的数量。

如果 $\rho_1 > 0$，则种群 1 与种群 2 是共生互利关系；

如果 $\rho_2 < 0$，则种群 1 与种群 2 是竞争关系。

根据 ρ_1 和 ρ_2 的正负号和大小，可以判断两个种群之间的关系类型和强度。

渠道生态系统与自然生态系统一样，不同的渠道会占据不同的"生态位"。渠道生态系统中，渠道物种在渠道生态系统形成和运行过程中，都会需要相对应的位置和发挥出一定的功能，即占据适宜的生态位。与自然生命系统不同的是，自然生命系统没有特定的形态，也不能创造出生存空间，而渠道生态位恰恰表现为特定的形态（时间和空间的具体状态）以及现有生态空间中的生态位选择和生态空间创新选择。当渠道所处的环境不稳定时，局部性质不同的多种渠道物种会产生相互作用从而占据不同的生态位，以协调渠道生态系统实现动态平衡。渠道生态位取决于渠道物种独特的产品和运营模式，而渠道生态位与渠道绩效的关系取决于网络嵌入度——渠道物种在其渠道网络中的地位及与其他渠道物种的关系。渠道种群间开展诸如传递信息、贡献资源等合作，从而提升渠道生态系统形成率。

5.5.3 渠道生态系统的调控机理

根据 5.5.1 渠道生态系统经常处于失稳状态，这对渠道生态系统而言是一种危险的信号。渠道生态系统一旦遭到破坏，要想恢复就非常困难了。而内外部各种因素都可能影响到渠道生态系统的稳定状态。因此，针对渠道生态系统的特点，采取适当的措施和调控机制，来保证渠道生态系统的稳定和健康运行就显得非常必要了。

所谓渠道生态系统调控机制是对渠道生态系统结构和功能进行调节控制的内在功能与运行方式，其作用是通过强化渠道生态系统功能来保证渠道生态系统的有效运行和健康成长。根据 5.2.2 可知，渠道生态系统有自组织和他组织两种运行机制，相对应的，渠道生态系统调控机制也包含自组织和他组织两种机制。自组织调控指的是渠道生态系统在一定条件下通过内部自组织机制而使得渠道生态系统保持稳定的结构或状态，当渠道生态系统失稳时，渠道自组织机制发挥作用，使得渠道生态系统恢复到稳定状态。他组织调控机制则是对应于渠道生态系统的他组织机制的，即当自组织渠道生态系统调控失去作用的时候，如渠道生态系统崩溃，他组织调控发挥作用，利用外部力量或约束力机制对系统进行调控，从而迫使渠道生态系统重新纳入新的轨道运行，比如，美国 IBM 个人 PC 渠道销售基本停顿，联想通过战略并购为渠道注入资金维持 IBM 的个人 PC 市场渠道运营①。

根据自组织机制运行的基本原理，正反馈和负反馈是自组织机制最基本的机制②。渠道生态系统通过这两种机制自动调节其适应内外部环境的变化。主要通过三个方面来调控：一是渠道物种数量（种群密度）的调控；二是不同产品渠道数量调控；三是渠道系统与外部环境，尤其是企业运行系统、行业的相互调控。在渠道生态系统自组织调控过程中，系统结构与功能表现形成的正反馈环路以及渠道系统与其他系统互动形成的正反馈回路将对渠道生态系统的结构和功能异化产生抑制或约束，防止由此产生的破坏性行为。简而言之，如果渠道生态系统没有受到外界干扰，其秩序和调控仅依靠系统自组织机制就可达成，这时渠道生态系统表现为自组织状态。系统的健康运行及进化都通过自组织机制得以实现。但是，一旦存在外部力量干扰，而自组织机制无法自行调控的时候，渠道生态系统他组织机制发挥作用，尤其是渠道生态系统受到外部干扰导致崩溃时，这时自组织机制丧失其调控功能只能依赖于他组织机制了。如图 5.17 所示。

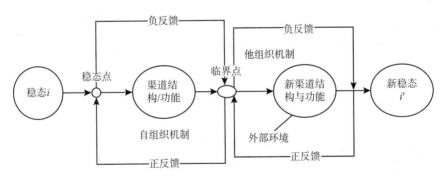

图 5.17　渠道生态系统调控机制示意

系统之初处于稳态 i，随着时间推移，渠道结构和功能会发生变化，

①　Bucklin, Louis P. Competition and evolution in the distributive trades ［M］. *Englewood Cliffs*, N. J.：Prentice – Hall, 1972.

②　徐艳梅. 组织生态变迁研究 ［M］. 北京：经济科学出版社，2013.5.

此时系统通过自组织机制实现生态系统的自我调节，而其中正负反馈发挥极其重要的作用，它促使生态系统实现自组织状态，从紊乱状态回归有序。此时，渠道内部系统控制力越强则，渠道生态系统稳定状态越好，意味着渠道生态系统处于健康运行和成长状态的能力越强。当系统调节进入临界点，即渠道生态系统稳定临界点时，自组织调控失去控制力，此时，他控制机制开始起作用，来自他产品渠道的竞争、企业文化制度及运营系统、渠道外部宏观环境等与渠道系统内部的相互作用发生激烈的碰触，从而使得系统产生持续波动，处于失稳状态。但经过他机制调节达到新的稳态 i'。

5.5.4 渠道生态系统调控策略

一般来说，渠道生态系统成员较多，地理分布范围较为广泛，影响因素复杂，系统稳定性不高，因此，调控起来难度较大。那么对于渠道生态系统采取什么样的策略较为妥当呢？本书认为可以从以下几个方面来探讨调控策略：

（1）按照产品性质进行调控。即根据分销的产品种类、功能及替代品进行调控。比如，消费品由于市场控制困难，因而应以自组织调控为主；工业品受外部环境影响较大则以他组织调控为主，自组织调控为辅的方法为好。

（2）按照成员情况进行调控。按照渠道物种的资源、地位、权力可以将渠道物种分为核心成员（关键物种）、重要成员（优势种群）、次重要成员（边缘物种），采取关键物种调控、优势物种调控、边缘物种调控以及复合调控四种策略。关键物种调控即通过渠道核心成员制定渠道目标、规则、运营及盈利模式，通过合同或契约以及利益手段来对渠道生态系统进行调控；优势物种调控适用于缺乏关键物种的情况，主要是指通过协商谈判达成基本一致的意见，合理制定渠道价格体系，设定渠道系统运行基本规则和标准，通过关键资源、契约及文化等来达到调控的目的；边缘物种调控则是在一些特殊行业，比如烟草、药品、安全器材等行业，政府作为支撑成员或外围成员主导着产品渠道的调控。

（3）按照渠道功能来进行调控。渠道功能包括实物拥有、所有权转移、财务、促销、订购、风险、支付、谈判8项功能。我们可以采取针对渠道功能进行调控的策略。比如，如果终端出现大量分销商品积压，那么我们采取减少订单数量的方法来达到调控的目的，再比如市场上现金回流速度太慢，我们采取现货现结的方式来处理订购与支付问题。

（4）根据发展阶段进行调控。产品渠道生态系统的不同发展阶段，其策略选择也是不同的。在渠道初期，要以产品供应者为主创建渠道，因此调控也应以产品供应者为主体来进行调控；而对于成长期渠道，活力大但稳定性差可以采取自组织调控模式进行；到成熟期则采取以关键物种（渠道核心成员）为调控主体的调控策略。

（5）按照资源情况来调控。渠道生态系统如果出现严重失稳，其重要原因之一就是渠道成员资源储备不足导致资金、技术或设备出现问题。因此，要根据渠道流程协调各个成员或吸引新成员，确保资源适度储备（不宜过多，多则浪费；不宜过少，少则不足以供应调整所需资源）。

5.5.5　渠道生态系统调控内容与工具

渠道生态系统的调控内容主要有以下几个方面：

（1）渠道生态系统功能。随着市场变化和时间的推移以及竞争状态的改变，渠道系统功能必须适时进行调整以适应新的环境与资源状况。渠道功能的调控内容主要包括分销产品及种类的增减、分销地理范围及区域的缩放、分销商品与资金结算方式、配送仓储技术的改变、商务谈判与合同的改变、渠道系统在企业运营中重要性的升降等①。

（2）渠道个体分布。主要指的是渠道长度与宽度以及渠道格局的调整。长度包括渠道层级的增减；宽度指的是统计渠道物种数目的增减、替换；渠道格局指的是渠道物种分布以及关键物种（渠道核心成员）的调整等。

（3）渠道个体生态位。渠道个体生态位指的是渠道竞争位置的改变。随着环境及渠道生态系统功能目标的变化，渠道个体生态位也必须适时发生改变以适应新的环境和竞争的变化。这时需要调整生态位宽度和重叠度（见3.6）。

（4）渠道生态系统成长速度。由于渠道生态系统是多物种、多种群和多群落构成的生态系统，这些物种、种群和群落生物量、物理量等不一致，导致其构成的子系统发展及成长速度不平衡，这会影响到渠道生态系统的成长和健康运行，因此必须予以调控。

（5）渠道生态系统稳定性。见前文5.5.1。

而对渠道生态系统的调控必须依赖一定的调控工具：

（1）合同。合同是渠道生态系统最主要的调控工具。通过订立或修订

---

① Mohr, JakkiJ., Robert Spekman. Characteristic of Partnership Success: Partnership Attributes, Communication Behavior and Conflict Resolution Technique ［J］. *Strategic Mnagement Journal*, 1994, 15: 135 – 152.

渠道物种关系及功能约定来规范和构建渠道生态系统的动力机制及运行机制，使渠道生态系统能有序、健康、持续运行和成长。使得渠道物种责任、权利和义务三者有机统一是渠道生态系统健康运行的基础和前提。

（2）制度和标准。渠道系统的运行必须遵循一定的规律、制度和标准。这是控制个体和整体目标一致的基本手段。在长期的运行过程中形成良好的制度和标准执行习惯，将有效弥补合同未能约束和要求到的地方。很多产品提倡渠道成员上下层级间提供顾问式服务，但很多是难以量化的地方，比如，主动帮助下级渠道成员满足顾客咨询的要求就难以量化，需要建立一定的制度和标准才能实现。

（3）权力与利益分配。渠道权力和利益分配是决定渠道成员能否长期合作的根本。渠道成员间存在管理关系，比如，省级总代理对地级市代理有管理关系，地级市代理对县（市）代理有管理关系，这就涉及管理权问题。通过管理权的规定与执行能有效调控渠道系统。另外，需要通过科学制定渠道价格体系，明确划分渠道利益获取方式及权力运行的基本程序，可以实现对渠道生态系统运行方向及状态的有效调控。

（4）文化与人际关系。良好的渠道文化具有独特的凝聚力与向心力，可以弥补合同、制度、标准等在培养渠道物种忠诚度方面的不足。因此，文化是渠道生态系统扩大、收缩以及内聚和竞争的长效机制的保证，通过文化的传播可以优化、感染渠道物种，培养其忠诚度和追随感，使渠道生态系统处于良性运作状态。另外，人际关系对良好渠道文化的培养有促进作用，文化对渠道物种的人际关系产生沟通、互动以及关怀，容易形成良好的渠道文化，这种文化和人际关系是良性的、是其他竞争渠道难以模仿不可复制的核心竞争力[①]。

（5）资本运营与资源共享。在渠道生态系统成长和运行过程中，资源积累非常重要。资源积累一方面可以扩大渠道生态系统的生产空间（比如使得渠道系统边界扩大化），另一方面还可以进一步优化渠道运行环境。而渠道物种追逐利润的本能，使得很多企业在创建渠道之初的出发点是为了减少资金压力（因为中间商会拿出一部分资金进货或获得经销权/代理权），因此，渠道具有融资的特点。正因为如此，渠道物种的合作与共生关系为资本运作提供了极大的可能性，一方面，通过资本运作可以调整渠道利益关系，另一方面，可以通过资本运作扩大渠道范围和功能。

---

① Montgomery, B. M S. Duck, ed. Chichester. Quality Communication in Personal Relationships [J]. *Handbook of Personal Relationships*, John Wiley & Sons, 1988: 343 – 59.

5.6 案例研究：中国联通渠道运营模式

5.6.1 渠道运营模式简介

中国联合网络通信集团有限公司①（简称"中国联通"）于 2009 年 1 月 6 日在原中国网通和原中国联通的基础上合并组建而成，总部设在北京，在国内 31 个省（自治区、直辖市）和境外多个国家和地区设有分支机构，是中国唯一一家在纽约、香港、上海 3 地同时上市的电信运营企业，连续多年入选"世界 500 强企业"。中国联通主要经营固定通信业务，GSM、WCDMA 和 FDD – LTE 制式移动通信业务，国内、国际通信设施服务业务，卫星国际专线业务、数据通信业务、网络接入业务和各类电信增值业务，与通信信息业务相关的系统集成业务等。中国联通拥有覆盖全国、通达世界的现代通信网络，积极推进固定网络和移动网络的宽带化，积极推进"宽带中国"战略在企业层面的落地实施，为广大用户提供全方位信息通信服务。

中国联通在每个地级市都设有分支机构，相应的渠道管理以市为单位，每个地市根据其本身的特点，在省分公司与集团的政策指引下，进行渠道管理。中国联通的营销渠道按照营销目标、所有权、职能分工、存在形式等要素可以分为三大类（如图 5.18 所示），其中自有渠道包括自有实体渠道和直销渠道，其功能如下：

（1）自有实体渠道：主要包括自有营业厅、公众客户经理、集团客户经理等，是直接面对客户的服务窗口，包括业务受理、收费、咨询和投诉、现场营销、业务演示、客户体验、客户自助服务、客户关怀与品牌形象传播等。

（2）社会渠道：包括合作营业厅、特许经营店、专营店在内的主流社会实体渠道和代理店、超市、银行、邮局、家电卖场在内的社会普通渠道（社会直销），社会渠道主要是满足公众客户和商业客户的基本通信需求，属于自有渠道的有益补充。

（3）直销渠道：直销渠道由集团直销经理、大众直销经理组成，是客户保有与发展的主渠道之一，根据客户分类与分级，实现客户关怀、客户

---

① 中国联通官网，http：//www.chinaunicom.com.cn.2016 – 12 –26.

关系维护与客户发展。

（4）电子渠道：电子渠道包括网上营业厅、短信营业厅、WAP营业厅、呼叫中心。网上营业厅是通过互联网为客户提供便捷、低成本服务及具有服务演示功能的营销服务窗口；呼叫中心是通过电话完成营销、受理咨询投诉服务、客户关系维护等的营销服务窗口。

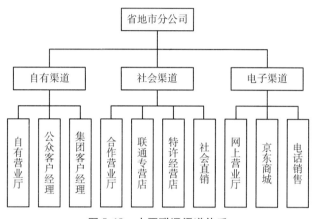

图5.18　中国联通渠道体系

下面是湖南省会长沙的渠道基本情况：在渠道长度方面，一级渠道的销量占90%，二级渠道占5%，零级渠道占5%。在宽度方面，一级渠道采用的是密集型，二级渠道采用的是选择型。零级渠道有26个自建营业厅，主要职能在于服务方面，占销量的5%；一级渠道，根据销售量的不同，分普通店、授权店、专卖店，共有1500个，占销量的90%；二级渠道，有10家大代理商，根据销售量的不同，分一级到三级，占销量5%。其中，有些代理商既有零售门店，还有电话营销、上门营销等方式，在渠道中同时扮演一级渠道与二级渠道两种身份。湖南三大电信运营商渠道情况如表5.7所示。

表5.7　　　　　　　　　　湖南三大电信运营商渠道情况

运营商	渠道总数（家）	县域			
		渠道数	自营厅	合作厅	效能
中国移动	42876	21438	4288	17150	月佣金大于1000元占比65%
中国电信	15491	8520	1704	6816	月佣金大于1000元占比60%
中国联通	13831	6362	1272	5090	月佣金大于1000元占比49%

资料来源：林泽涛（2015）学位论文资料整理而成。

5.6.2 资源汇聚与整合机制

为了提升营销能力，增强对渠道的控制力和管理能力，推进渠道资源共享及协调发展，中国联通加大渠道资源整合的力度。主要表现在：建立满足客户差异化需求及相应产品推广需要的渠道体系；加快电子渠道和联通品牌店建设；转变自有营业厅功能定位，完善自有营业厅营销管理；提升对社会渠道的管控水平。强力打造面向全业务、确保4G发展、适应市场竞争、执行力强、便于管控的渠道体系。

中国的资源汇聚和整合主要体现在三个方面：

一是社会渠道门店。中国联通的渠道模式与中国移动一样，社会渠道占主导作用，社会渠道门店有113887个①。中国联通是以零售门店（合作厅）为主的社会渠道模式。中国联通的社会渠道门店（合作厅）是利用社会力量出资建设的。数量大且广（包括普通通信店、非通信网点），由于分布广泛，管理难度较大，因此，可以采用松散的业务合作关系。中国联通不参与门店经营，只提供产品、服务与培训，产品采取现款现货，按照月门店销售业绩、宣传布置、违规情况进行评估打分，进行结算。第一，可以起到拓展渠道空间的作用，使得分销范围更广；第二，可以减低企业在渠道方面的投入成本，因为社会渠道门店人员工资、硬件设备以及店面装修等都归门店拥有者投入；第三，是分担了市场风险。

二是共建电子渠道。电子渠道具有低成本的特点，其专业化运营方向以加强业务分流为中心，以电话营业厅、短信营业厅、网上营业厅为主体，建设全业务运营的电子渠道，通过触点信息的收集、分析、共享，开展多渠道协同营销。中国联通鼓励与有客户资源、有实力的伙伴开展合作经营，比如，与京东商城大力发展电子渠道。中国联通2015年电子渠道月交易额达到12.5亿元，这得益于具有广泛的、数量巨大的合作经营的企事业单位。

三是渠道信息共享。中国联通的渠道信息可以实现共享，渠道共享信息主要包括个人基本信息、消费信息、业务信息、客户接触历史信息等，通过BOSS系统、BI系统、CRM系统、计费账务系统、市场调研等方式获取信息来进行客情维护、产品开发。这样，客户在不同的渠道能够获得相应的服务，增强渠道的精确营销能力和客户挽留能力。

---

① 中国联通网站渠道部分资料整理而成 [EB/OL]. http://www.chinaunicom.com.cn.

5.6.3 价值交换与实现机制

中国联通作为国内三大运营商之一，在 4G 业务发展上，最大的优势就是拥有一条成熟的价值链。在这条价值链上拥有全球几乎所有设备商，如华为、阿尔卡特等，和几乎所有手机制造商，如 NOKIA、三星、索爱、华为、摩托罗拉、多普达等。而中国电信与中国移动在 CDMA2000 与 TD - SCDMA 的发展上，还在进行价值链的组建工作。其中，在国产 TD - SCDMA 方面，中国移动扮演的是价值链的"带头大哥"角色，但整个价值链还不是很成熟。而中国联通也在扮演 CDMA2000 产业号召者的角色，还有很多工作需要展开，拥有一条极富竞争力的价值链不是一朝一夕的事情，从这一点上来说，成熟的 WCDMA 产业链对中国联通而言，具有其他两个运营商不可比拟的优势。

在渠道价值交换和实现机制中，通信产品需要保证渠道成员在价值链中获得存在感和满足感。因此，科学合理的产品价格体系成为重中之重，合理的价格体系和管理不仅能够保证产品恰当的市场定位，保证用户的区隔，而且能够提供合作伙伴合理的利润空间，实现渠道所有利益相关者共赢的局面。

中国联通的渠道商分成方案如下：

（1）传统渠道：包括省级代理、市级代理、区县代理、乡镇代理以及服务网点，其分成最高为营业额的 10%，加上店面、促销等补贴。

（2）互联网公众渠道：主要分为服务佣金和上量奖，其中服务佣金是每月发放，最高可达营业额的 30%；上量奖分月度和年度两种，月度上量奖最高可达营业额的 14%，年度最高为 2%。

渠道激励中，佣金是中国联通最重要的一种手段和基本工具。佣金作为网点销售产品的报偿，在渠道价值交换和实现机制中有着举足轻重的作用。一般而言，渠道佣金主要有基本佣金、考核佣金与店补佣金三种类型。基本佣金主要是基于门店运营与管理而设计，与门店类型与性质无关；考核佣金主要是基于门店销售组织情况、产品销售质量而设计的，主要是为考核销售管理执行情况与产品在完成销售后产出情况；店补佣金主要是根据门店的类型与性质，以及门店月租与装修标准而设计的，所有门店都应该享受一定的补贴。

另外，渠道积分管理与渠道星级评定等在中国联通价值交换和实现机制中具有非常重要的地位。渠道积分管理可以根据营销渠道的店面形象、经营时间、现金流量、业务收入、业务发展 5 个方面来反映其经营状况，并以此为依据对社会渠道给公司带来的贡献进行评估，根据评估结果可以对其成本投入效益进行分析。渠道星级计划则是将渠道划分为若干星级，根据不同的星级给予不同的积分、固定资产、渠道佣金投入，从而提高客户服务和业务发展的积极性。星级可以根据店面标准、硬件配置、终端销售能力、渠道业务发展能力等方面综合考核结果来进行划分。

5.6.4 系统稳定与调控机制

渠道生态系统稳定、健康运行得益于渠道调控与维稳机制。中国联通的系统稳定与调控机制主要体现在三个方面[①]：

（1）差异化渠道。中国联通根据产品特性、消费特征以及细分目标市场等因素，选择不同的渠道元素，再以社会渠道和自由渠道为支撑体系，从而构建多元化的渠道体系，如图5.18所示。自营实体渠道是形象传播、客户培训、业务体验、产品销售、客户服务的主渠道，其专业化、标准化、信息化和价值化程度高；社会实体渠道是目前销售的主渠道，其覆盖能力强、成本低、便捷特点鲜明；客户经理直销渠道和电子渠道发展迅速，客户群体忠诚度高。

（2）渠道分流。为了降低渠道成本或者渠道由于承载能力限制无法为客户提供及时的服务，由有互补和替代关系的渠道承担部分业务。渠道分流需要遵循价值原则和效率原则，即高价值客户渠道偏好优先，低价值客户渠道成本优先，低风险、低客户接触业务分流到电子渠道，低价值业务分流到电子渠道和社会代理渠道，标准化产品向社会渠道分流。根据渠道分流的原则，电信运营商渠道分流的主要模式有自有渠道向社会渠道分流、实体渠道向电子渠道分流、人工渠道向自助渠道分流。

（3）渠道协同。主要指两个方面，一是渠道配合；二是渠道交叉销售与服务。渠道配合是指具有互补和增强关系的渠道之间互相配合，以实现销售和服务目标，如网上营业厅和实体营业厅配合。渠道配合的基础是渠道信息共享，包括共享客户接触史信息、共享异常信息和共享客户偏好信息，以完善的服务提升客户感知，让客户感受到不同渠道的服务是一个连贯的整体。渠道的交叉销售与服务是指单个渠道不仅提供其定位下的产品和服务，同时还帮助销售定位于其他渠道的产品，提供定位在渠道的服务。渠道的交叉销售与服务本质上是一个渠道复用问题，在渠道信息共享

---

① 李昕. 电信运营商的渠道一体化运营思路［EB/OL］. 手机中国，http：//www. cnmo. com/4g/347834. html，2014－01－10.

的基础上，客户一揽子的销售和服务由单个渠道来完成，在提升营销效益的同时也有助于提升客户感知。中国联通各渠道协同情况举例如表5.8所示。

表5.8　　　　　中国联通集团客户销售过程中各渠道协同情况举例

渠道类型	销售阶段	售前				售中					售后					挽留		
		销售线索	需求拓展	客户体验	定制方案	顾客营销	业务集成	方案实施	业务开通	信息反馈	运营维护	查询	故障修复	费用收缴	欠费收缴	客户关系	客户培训	客户挽留
直销渠道	首席客户代表 客户经理 方案经理/行业顾问	5	5	2						5	1	1	4	1		3	3	2
实体渠道	集团客户营业厅 营业厅专区	5	3	2						2			1		5			2
	驻地式营业厅 行业应用演示厅	5	3	2						2			1		5			2
电子渠道	10010	2	4	5	2					3								
	门户	3	3	2					2	3	4	4						
	自助设备	2											4	2				
合作渠道	销售型代理			2				2										
	增值型代理	4	5	3		4		2					1		5			
	产品经理	1	1	1														

说明：1. 资料来源见［320］；

2. 产品经理隶属于产品管理或后台产品部门，为标准化产品和行业应用实施提供技术方案和行动支持；

3. 表中数值代表着协作的紧密程度，数字5、4、3、2、1分别代表协作最大、较大、中等、较小、小。

5.6.5　评述

中国移动市场已经形成中国移动、中国电信和中国联通三家角力的局面，随着4G推广，通信市场竞争更趋白热化，再加上4G所带来的市场机遇——市场需求多样化。通信市场渠道也将随之发生剧烈的变化，扁平化、精细化成为主流渠道模式的典型特征，而传统线性为主、层次分明的渠道模式将不复存在，整个渠道价值链迅速向服务增值型转变。

　　企业的竞争，从某种程度上说是价值链的竞争，谁拥有的价值链在产品、价格、渠道、促销方面存在更多的优势，谁就最有可能成为胜者。所以，打造一条有竞争力的价值链，是成为优秀企业的关键要素。电信产品的运营更多是价值链的整合，可控性是非常重要的，也只有可控性好的渠道才适合业务推广。从这一点而言，联通可以对自己具有优势的价值链进行进一步优化，对局部的短板进行补强，进一步扩大优势。

　　中国联通在整个渠道生态系统中扮演的是关键物种和领导物种的角色，属于渠道资源的整合者与分配者。随着公司的发展，运营成本会不断增加，这时候渠道管理设计特别要注意渠道绩效，应该从人员、佣金、组织架构、后勤保障等方面进行全盘考虑。因此，构建掌控力强、用户覆盖面广、弹性足、布局合理、抗风险性强的渠道生态系统尤为重要。

　　改善集团渠道的运作机制、加强渠道的掌控力度是中国联通构建渠道生态系统的关键。按照生态系统运作机制与规律来系统规划渠道，先基于存量客户规模和增量客户规模获得静态的理想渠道数量，然后根据市场竞争力和社会渠道掌控力进行理想营业厅数量的动态调整，争取做到渠道与业务、渠道与顾客、渠道与品牌进行适配。依托集中顾客系统和集中渠道系统，实现集团—客户、集团—渠道两个维度的精确展示和对照；以营收和效益为导向，坚持多劳多得分配原则，建立长期有效并有吸引力的激励奖励机制。

第6章 渠道生态系统破坏行为预警与补偿

如前文所述，渠道破坏性行为不仅会影响到渠道物种间的信任，还会降低彼此之间的满意度，进一步影响渠道合作关系。渠道破坏性行为的代价是非常高的，渠道破坏性行为不但会降低渠道绩效，对渠道生态系统的健康和成长产生干扰，还可能摧毁整个渠道系统，甚至会导致渠道生态系统生态位失衡以至整个运营系统瘫痪。因此，必须重视渠道生态系统破坏性行为预警和补救研究。

6.1 渠道生态系统破坏行为内涵分析

渠道既涉及渠道内外部资源的利用和协同，也关系渠道参与者的利益与合作。因此，对渠道破坏性行为的识别成为非常重要的问题，也是渠道生态系统形成和健康运行的关键。

6.1.1 渠道生态系统破坏行为的定义

破坏性行为（destructive acts）作为一个学术性概念，被西方营销学界关注已有 20 余年的时间了[1]。赫希曼（Hirschman，1970）[2] 较早研究人的破坏性行为产生的因素，包括可替代关系吸引力、关系的总满意度、离开现有关系及建立新关系的成本等。Hirschman 的这一研究对组织行为学领域产生了广泛的影响，后来许多学者都是在他的分类基础上来研究雇员—企业之间的关系。此后，随着渠道研究的深入，越来越多的学者对渠

---

① Frazier G, Summers J. Perceptions of interfirm power and its use with in distribution channels [J]. *Journal of Marketing Research*, 1986, 23: 169 – 179.

② Hirschman, Albert O. (1970), Exit, voice, and loyalty: responses todecline in firms, organizations and states. [M]. Cambridge, MA: *Harvard University Press*. 30: 77 – 78.

道破坏性行为开展了研究。平（Ping 1993，1995，1997）①②③，杜富燕、林介浩（2003）④ 和王俊人（1996）⑤ 研究了零售商与经销商交易中遭遇破坏性行为的一些因素，认为决定这些行为的因素是对关系的总满意度、关系的结构性约束（structural constraints）（Johnson，1982）；韩庆兰、祝海波等（2003）则从经销商视角出发专门针对渠道破坏性行为进行了实证研究，认为影响破坏性行为的因素主要是渠道关系，包括相互依赖状态及控制机制⑥。

渠道行为是否属于渠道生态系统破坏行为，我们可从以下几点来判断：

首先，是否降低了渠道整体绩效水平。渠道运行过程中必须达到两个基本目标：一是渠道是否实现渠道本身的功能，比如配送、信息沟通、服务等，最重要的是是否将产品及时准确送达最终用户手中；二是渠道整体经济绩效是否得到保证。如果渠道行为对上述两个目标产生障碍或消极影响，那么我们认为降低了渠道整体绩效水平。

其次，渠道行为是否会损害消费者利益。因为厂商采取渠道破坏性行为会对消费者心理产生负面影响，从而商家产生戒备和防范心理，其结果自然是破坏自身的形象，损害自己的名誉，丢了市场，降低企业绩效，同时也会导致整体社会福利受损。

最后，渠道在仓储、配送及分销过程中是否注重资源合理利用以及提高资源使用效率，减低成本。

这三点构成了渠道生态系统破坏性行为的基本定义：渠道生态系统是基于产品的分销过程，即将产品从生产者转移到消费者的过程中，对维护顾客权益和资源有效利用产生消极影响，影响分销效果和效率的行为。其行为可以是成员产生的，也可以是过程产生的，还可以是外部影响因素产生的。

① Robert A. Ping. The effects of satisfaction and structural constraints on retailer exiting, voice, loyalty, opportunism, and neglect [J]. *Journal of Retailing*, 1993, 69 (3): 320 –52.

② Robert A. Ping. Some Un investigated antecedents of retailer exit intention [J]. *Journal of Business Research*, 1995, 9 (34): 171 –80.

③ Robert A. Ping. Voice in business-to-business relationships: and demographic antecedents [J]. *Journal of Retailing*, 1997, 73 (2): 261 –81.

④ 杜富燕，林介浩. 探讨直销人员对直销公司设置虚拟通路之反应行为 [J]. 工商管理学刊. 2003, 1 (1): 45 –65.

⑤ 王俊人. 运动用品零售商响应型式决定因素之探讨 [J]. 管理世界. 2004 (2): 97 –100.

⑥ 韩庆兰，祝海波等. 渠道破坏性行为研究：基于经销商视角 [J]. 系统工程, 2012 (9): 63 –68.

6.1.2 渠道生态系统破坏性行为特征

渠道生态系统破坏性行为特征主要体现在以下 5 个方面[1][2]：

（1）客观性：渠道破坏性行为是客观存在的，它是市场环境不确定性的产物，随着渠道行为复杂性而产生的。渠道破坏性行为是不可避免的，企业只能通过一定的方法对渠道破坏性行为的发生进行预警或者在其发生之后尽可能降低破坏程度或后果。

（2）动态性：渠道破坏性行为随着渠道活动的开展和外部环境的变化而变化。时间不同，渠道破坏性行为不同，有的破坏性行为在渠道构建之初很激烈，随后会减弱，有的则相反；地点不同，破坏性行为也有差异，有的经销区域代理商渠道管理能力好一些，渠道破坏性行为可能少一些，有的区域代理商多且复杂，渠道破坏性行为经常发生。在不同情境下，渠道破坏性行为是不同的。

（3）可预警性：渠道破坏性行为遵循一定的规律。因此，我们可以根据其发生诱因，采取相应的对策和手段来预防或控制，以避免渠道破坏性行为的发生，从而起到预警作用。显然，渠道破坏性行为的发生，可以在其发生之前或者萌芽阶段予以识别并进行预警，因此，渠道破坏性行为具有可预警性。

（4）复杂性：渠道生态系统的复杂性导致渠道破坏性行为发生的可能性和诱因也相当复杂。首先，是渠道生态系统结构非常复杂（见第 3 章），结构的复杂性导致破坏性行为发生的主体也非常复杂，有渠道参与型成员，也有非参与型成员，还受到外部宏观环境等的影响。其次，是渠道生态系统形成过程非常复杂，时空不同，其结果状态各异。再次，就是诱因具有复杂性，有主观导致的，也有客观影响因素；有内部原因，也有外部因素；有渠道系统直接发生的，也有可能是深层次的渠道关系间接引起的，等等。最后，渠道破坏性行为的发展过程和表现形式都很复杂，比如，有的可能在渠道生态系统形成之初发生，有的可能在渠道生态系统运行当中发生，还有表现形式可能表现为渠道关系的破坏，也可以表现为渠道物流系统的破坏，而渠道破坏性典型行为——窜货则表现为物质流动的形式。

---

① 黄瑞.渠道关系破坏性行为预警评价研究［D］.长沙：中南林业科技大学硕士学位论文，2012（6）.

② 鲁慧.渠道关系破坏性行为补救策略评价研究［D］.长沙：中南林业科技大学硕士学位论文，2012（6）.

（5）相关性：渠道不仅是营销系统的重要组成部分，也是整个相关利益群体不可或缺的，它因产品或服务的分销而存在，渠道物种的任何活动都可能会引起渠道行为。所以，渠道物种的行为与渠道破坏性有着必然的联系。而且各种渠道破坏性行为之间都或多或少存在关联性，比如窜货行为，表面上是中间商跨区销售，实际上危害的是整个渠道价格体系，甚至是整个渠道系统。

6.1.3　渠道生态系统破坏性行为分类

对于渠道破坏性行为的分类，可从不同的角度进行，较为常见的则是按照营销功能（4P）分为与产品相关的破坏性行为、与价格有关的破坏性行为、与渠道相关的破坏性行为、与促销相关的破坏性行为[①]。正如前文所述，渠道生态系统是由渠道个体（渠道成员）、种群（中间商类别）和群落（某产品分销所有中间商）构成的。因此，本书从渠道成员构成来进行分类。

（1）中间商的破坏性行为。这里中间商主要是指除了零售商（销售终端）外的批发商、代理商、经销商等渠道成员。生产商常抱怨中间商：配送车不够；支付货款不及时；不承担产品运输损失及损坏费等。还有，中间商擅自减少产品陈列或货架面积；私自销售其他供应商的产品；向非代理区域销货，造成恶性窜货[②]等。具体见表6.1。

表6.1　　　　　　　　　中间商破坏性行为描述与关注度

中间商行为描述	关注度排名
信用不好，拖欠货款，付款结算有误	1
暗中销售其他供应商产品，甚至诋毁该制造商的声誉	2
不能很好执行渠道价格策略	3
渠道促销计划及其费用不合理	4
不积极配合推荐公司新产品，没有将新产品信息传达给零售商或顾客	5
不能与其他渠道成员共同制定长远发展计划	6

①　F. Robert Dwyer and F. Kelly Shuptrine. Using retailers' perceptions of channel performance to detect potential conflict ［J］. Combined Proceeding, Thomas Y. Greened. Chicogo：*American Marketing Association*，2002：118 – 123.

②　张大亮，周耀烈，陈润峰. 我国PC行业营销渠道的演变及其面临的挑战 ［J］. 中国工业经济，2001（2）：69 – 73.

中间商行为描述	关注度排名
库存管理不合理，致使渠道经常出现缺货断档	7
没有良好的配送和补货系统	8
不积极配合公司的促销活动	9
不能及时提供准确、规范的订单，不按规定要求收货并及时确认	10

资料来源：主要由 2013 年 6 月～2015 年 6 月，针对渠道破坏性行为的市场调查资料；刘志超、宋新华（2001）；王朝辉．（2002，）和贺和平（2005）相关论文资料整理而成。

上述中间商的渠道破坏行为中，"信用不好，拖欠货款，付款结算有误"是影响渠道上下级关系的"头号杀手"。排在第二位的是"暗中销售其他供应商产品，诋毁制造商声誉"，紧随其后的是"不能很好地执行价格策略"。其他破坏性行为比较而言，排在了较后的位置。

（2）零售商的破坏性行为。零售商的破坏性行为主要表现在：挤压上游供应商（批发商、代理商等中间商），收取渠道费用，拖欠供应商货款等种种行为。另外，零售商还存在虚假分销现象①。这些行为都有可能造成剧烈的渠道冲突，甚至导致渠道合作关系终结。表 6.2 重点列举部分零售商的破坏性行为。

表 6.2　　　　　　　　　　零售商破坏性行为描述与关注度

零售商行为描述	关注度排名
信用不好，拖欠货款，付款结算有误	1
不能很好执行渠道价格策略	2
渠道促销计划和费用不合理	3
不积极配合推荐性产品，没有将新产品的信息传达给消费者	4
不积极配合公司的促销活动	5
不能共同制定长远的发展计划	6
安全库存管理不合理，致使终端经常出现缺货断档	7
没有良好的配送和补货系统	8
商品分类、店面布局、陈列不合理，不方便顾客选择商品	9
不及时提供准确、规范的订单，不按规定要求收货并及时确认	10

说明：表 6.2 是基于中间商和生产商角度的，其资料来源同表 6.1。

① 虚假分销：通过囤积促销商品，将本应在促销结束后进行的正常采购提前到促销期内，造成促销期虚假销量，而促销期结束后利用价格优势继续以促销价销售商品获得额外收益，甚至，有些零售商还将以折扣价购买的商品销售给其他零售商，引发恶性窜货。

上述零售商的破坏行为中，"零售商信用不好，拖欠货款，付款结算有误"是最关注的破坏性行为，也是对渠道关系影响最大的"头号杀手"。排在第二的是"零售商不能很好地执行价格策略"，紧随其后的是"零售商的渠道促销计划和费用不合理"。其他破坏性行为相比，排在较后的位置。

（3）生产商的破坏性行为。中间商也对生产商供货不及时经常缺货、不考虑下级渠道的利益、售后服务跟不上、对中间商市场开拓支持不够等问题颇有微词。还有，生产商在现有销售网络中增加新的分销商或开展网络直销；或者在没通知下级渠道的情况下，擅自撤减产品线；产品存在以次充好现象；生产商库存水平过低，无法保证能满足中间商的供货要求（见表6.3）。这些行为一方面可能会减少消费者的购买，给下级渠道商带来危害，减少利益；另一方面这将严重威胁到现有的中间商利益，威胁到中间商的生存。

表6.3 生产商的破坏性行为描述与关注度

行为描述	关注度排名
供货不及时，产品经常缺货	1
售后服务跟不上，厂家支持不够	2
增加分销商或分销渠道（如增加网络直销）	3
擅自撤减产品线	4
生产假冒产品，以次充好	5
库存水平过低	6

说明：表6.3是基于中间商视角提出的。

生产商上述渠道破坏性行为产生的诱因很多，有与产品生产成本和销售价格相关的、也有与渠道技术相关的还有与渠道促销及市场推广有关的。其中渠道价格体系是否科学是导致渠道破坏性行为发生最为重要的因素，因为渠道各层级之间的价差是渠道关系破坏性行为产生的直接原因。渠道实践中，生产商常认为中间商不按价格体系规范定价，影响了其产品及市场形象；而中间商则认为上级渠道商给予的折扣或价差不够，极大地影响了自己的收入，因而忠诚度低，有的甚至会暗中销售其他渠道的产品，或者主推利润大的产品[1]。

---

[1] Anderson, James C. and David W Gerbing and James A. IVarus. A model of distributor firm manufacturer firm working partnerships [J]. *Journal of Marketing*, 1990, 54 (1): 42–58.

6.1.4 渠道生态系统破坏性行为实证研究

存在着很多的破坏因素对渠道绩效产生消极影响。本书选择渠道破坏性行为来验证其对营销绩效的影响①，试图找到消除影响的一些途径和方法。

（1）概念模型构建。

渠道物种采取退出渠道、对渠道物种不忠诚以及恶意窜货等破坏性行为时，会影响渠道绩效，而且这些行为会被其他渠道物种视为是对其本人及整个渠道系统构成危害（Montgomery，1988）②，最终对渠道生态系统形成与健康运行产生消极影响。对于渠道物种的破坏性行为，其他渠道物种会产生一些反应，这些反应也将影响到渠道的绩效。平（Ping，1993，1995，1997）的研究认为渠道成员对其他成员破坏性行为的反应有三种主要方式：退出渠道、积极应对和保持忠诚度（如图6.1所示）。除此之外，还可能存在一种反应行为，就是消极接受或者是被动接受。

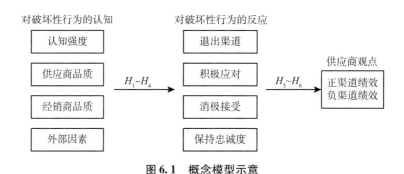

图6.1　概念模型示意

因此，渠道物种对渠道破坏性行为的反应包括退出渠道、积极应对、消极接受和保持忠诚度4种行为③。另外，由于任何渠道物种可能是某破坏性行为的发起者或受害者，为了研究方便，本书假设产品供应商是发起者，而经销商是破坏性行为的受害者。

（2）研究假设。

认知维度对经销商反应方式的影响 H_1。经销商对供应商破坏性行为

---

①③　韩庆兰，祝海波等. 破坏性行为对营销渠道关系的影响研究：基于经销商的视角［J］. 2012（9）：63 – 68.

②　Montgomery, B. M. Quality communication in personal relationships ［M］. *Handbook of Personal Relationships*, S. Duck, ed. Chichester, England：JohnWiley&Sons, 1988：343 – 59.

的认知强度将影响其对该行为产生的反应程度，认知态度越强，其反应强度越大（Bagozzi，1992）①。根据心理学研究：对渠道破坏性行为的惩罚越严重，那么对该行为的影响越强烈。因此，我们可假设：H_1：其他情况不变，如果经销商对供应商的破坏性行为认知度越高，那么他们采取消极接受和保持忠诚度的可能性越小；而采取退出渠道和积极应对的反应方式的可能性越大。

渠道物种品质维度对反应方式的影响 H_2、H_3。一般情况下，渠道物种采取破坏性行为通常是会充分考虑其他渠道物种会采取什么样的反应行为的。如果经销商认为供应商的破坏性行为是由供应商的品质引起的而非偶然（比如经销商认定供应商具有自私自利、不遵守商业道德等品德）时，那么经销商就可能会对供应商的渠道破坏性行为保持谨慎态度（Scheer，Lisa K. and Louis W. Stern，1992）②。而且由于是经销商品质导致的，本性难移，难以改变，这时经销商容易愤怒并希望消除这种威胁，因此，他们更愿意采取积极应对或者退出渠道的反应方式。因此，我们可假设：H_2：其他情况不变，当供应商的破坏性行为是由于供应商的品质引起时，经销商采取消极接受和保持忠诚度反应行为可能性越小；而采取退出渠道和积极应对的可能性越大。

另外，当经销商认为供应商渠道破坏性行为是因为自身原因引起时（比如供应商因经销商窜货而停止对其供货），经销商可能会采取消极接受的反应方式。因此，我们可假设：H_3：其他情况不变，当供应商的破坏性行为是因经销商的品质引起时，那么经销商更有可能采取消极接受和保持忠诚度的反应方式；而采取退出渠道和积极应对的反应方式可能性更小。

外部环境维度对反应方式的影响 H_4。当经销商认为供应商的渠道破坏性行为是外部因素引起时（比如由于竞争对手策略的转变供应商不得不采取改变产品供应种类或擅自增删产品线的方式来应对这种变化），经销商对该行为的态度或反应行为会有差别（Verette，Rusbult and Schmidt，1992）③。当外部因素对渠道的影响是良性的（如能改善渠道生态系统）

① Bagozzi, Richard P. The self-regulation of attitudes, intentions, andbehavior [J]. *Social Psychology Quarter*, 1992, 55: 178 – 204.

② Scheer, Lisa K. and Louis W. Stern. The effect of influence type and performance outcomes on attitude toward the influencer [J]. *Journal of Marketing Research*, 1992, 29: 128 – 142.

③ Frazier, Gary L. Interorganizational exchange behavior in marketing channels: a broadened perspective [J]. *Journal of Marketing*, 1983, 47 (Fall): 68 – 78.

时，经销商采取消极接受的反应方式可能性更大。而且，他们会觉得采取其他的方式对解决问题没什么益处，渠道所有物种必须努力一致。因此，我们可做如下假设：H_4：其他情况不变，当供应商破坏性行为是因外部因素而引起时，经销商采取保持忠诚度的可能性更大，而采取退出渠道、积极应对和消极接受的可能性越小。

经销商反应行为对绩效的影响 H_5、H_6。上述四种行为中，经销商采取退出和消极接受可能会使供应商的利益受损，从而影响渠道绩效，而采取积极应对或保持忠诚度的反应方式则说明经销商仍愿意努力提高或维持与供应商的关系。研究表明，经销商对供应商的破坏性行为采取强硬的态度和反应行为将对渠道质量产生消极的影响。相反，经销商采取积极应对或保持忠诚度的反应方式能维持彼此的关系质量，也可能重构和调整渠道关系以减低渠道破坏性行为的发生。总之，供应商的破坏性行为和与之对应的反应行为，都可能对渠道绩效具有加强、减弱或重整的作用。因此，我们假设：H_5：经销商对供应商破坏性行为采取积极应对和保持忠诚度的反应方式会对渠道绩效具有正效应。H_6：经销商对供应商破坏性行为采取退却和消极接受的反应方式会对渠道绩效产生负效应。

（3）测量程序与假设检验。

在假设检验之前，我们采用安德森和热尔班（1988）的两阶段方法来分析数据，得到以下 3 个测量模型，用来对从经销商和供应商搜集来的数据进行质量评估①。

模型1：退出渠道、积极应对、消极接受和保持忠诚度的前提条件测量。其测量变量包括破坏性行为的强度，三种破坏性行为的属性，经销商的依赖性和供应商的依赖性等。除了对破坏性行为的反应强度和供应商的依赖性之外，每个测量变量通过三个子项目来测量。

模型2：经销商的绩效测量。供应商的销售采用库马尔、斯特恩、阿克罗（Kumar, Stern & Achrol, 1992）的 21 项目评估模型来描述②。由于每个供应商需要完成 3 ～ 5 份问卷，所以本书采用 LISREL 独立的测量假设，并对其结果进行归因。

模型3：对退出渠道、积极应对、消极接受和保持忠诚度 4 种反应行为的测量。本书采取退出、积极应对、消极接受和保持忠诚度 4 个变量来

①　迈克尔·J·贝克. 市场营销百科 ［M］. 沈阳：辽宁教育出版社，1998：132 – 135.

②　Ambler, Tim and Kokkinaki, Flora. Measures of marketing success ［J］. *Journal of Marketing Management*，1997（13）：665 – 678.

测定，而每个变量又由 3 个子项目来验证。

这些结果总结在表 6.4 中，表明 3 种测量模型是可接受的。尽管拟合指数 X^2 是有效的，但这并不一定适合大样本。更重要的是，每个模型的相对适合指数（CFI）均大于 0.90，所以样本大小并不重要。

表 6.4 测量模型

测量模型	项目数	可靠性	拟合指数
模型1：事前			
破坏性行为认知强度	1	*	
品质			
——供应商品质	3	0.73	
——经销商品质	3	0.63	
外部环境品质	3	0.79	
依赖性			
——经销商依赖性	3	0.71	
——供应商依赖性	2	0.70	
模型2：绩效评估（供应商视角）			$X^2_{(168)} = 611.73$
对销售的贡献	3	0.92	GFI = 0.92
对利润的贡献	3	0.61	CFI = 0.95
经销商胜任度	3	0.73	RMSR = 0.044
经销商服从度	3	0.78	
经销商适应程度	3	0.85	
对企业成长的贡献	3	0.87	
顾客满意度	3	0.84	
模型3：（焦点）反应			$X^2_{(82)} = 425.85$
退出	6	0.89	GFI = 0.92
积极应对	3	0.71	CFI = 0.90
消极接受	3	0.67	RMSR = 0.076
保持忠诚度	3	0.74	

* LISREL 综合可靠性不可能是用单一的项目可以测试出来的。

由于需要检验的关系和假设变量较多，为了能够对所有的关系和变量进行检验，本书采用结构方程模型来进行假设检验。每个结构的错误设置为 1 减它的可靠性。单个项目的破坏性强度的误差可以设为 0.10。假设水平的相关矩阵用于模型，如表 6.5 所示。

表6.5 均值、标准离差、修正

	1	2	3	4	5	6	7	8	9	10
均值	5.47	1.65	5.57	3.25	5.48	9.11	-0.969	3.66	4.52	5.30
标准离差	1.55	0.91	1.26	1.50	1.22	2.15	1.83	1.42	1.23	1.31
1. 破坏性行为认知强度	1.00									
2. 经销商品质	-0.19	1.00								
3. 供应商品质	0.19	-0.25	1.00							
4. 外部环境品质	-0.24	0.27	-0.27	1.00						
5. 退出	0.17	-0.01	0.36	-0.19	1.00					
6. 积极应对	0.13	-0.03	0.11	-0.18	0.15	1.00				
7. 消极接受	0.30	-0.27	0.39	-0.27	0.01	-0.05	1.00			
8. 保持忠诚度	-0.31	0.22	-0.26	0.33	0.07	-0.01	0.17	1.00		
9. 绩效（供应商调研）	-0.02	0.00	-0.17	0.13	0.20	0.53	-0.37	-0.24	1.00	
10. 绩效（存档）	-0.08	0.04	-0.16	0.13	0.10	0.22	-0.09	-0.18	-0.34	1.00

说明：（1）修正绩效评估（档案）是基于 671 个观察值，修正绩效（供应商调研）基于 628 个观察值。两者共同修正基于 605 个观察值。

（2）所有的修正值基于 699 个观察值，除了 a 或者 b 修正均≥.07，<.10，系数 p<.05。修正≥.10，系数 p<.01。

（3）c. 表示企业保密的数据。

从图 6.1 中虽然可以看出需检验的所有主要变量之间的关系，但无法精确描述每组变量之间的关系。因此，我们采取路径分析模型的方法进行分析，总结出 24 种路径来对所有变量进行评估：①从 4 个结构变量（破坏性行为反应认知强度、供应商品质、经销商品质和外部环境）到经销商的 4 种反应（退出、积极应对、消极接受和保持忠诚度），有 16 条路径。②从经销商可能的 4 种反映到行为达成的经销商绩效，有 8 种路径。

（4）结果与讨论。

路径模型显示良好的拟合优度（$X^2_{(21)}$ = 227.12，拟合优度指数 = 0.96，相对和适度指数 =0.91，均方差的根 =0.035），尤其对如此大样本的假设。表 6.4 中 R^2 系数表明路径模型能够通过焦点项目对变量做到 38% 的解释。

与经销商反应相关认知强度分析：对 H_1，当经销商对供应商破坏性行为的认知强度增加时，经销商不太可能采取积极应对的反应方式（$r = -0.21$），而采取消极接受（$r = 0.10$）或保持忠诚度（$r = 0.22$）的反应方式的可能性增强。说明 H_1 成立；对于 H_2，当经销商认为供应商的破坏性行为是因为供应商的品质的认识增强时，经销商采取主动应对（$r = -0.29$）可能性更少，而采取退出（$r = 0.43$）或保持忠诚度（$r = 0.54$）反应的可能性更大。与先前的假设相反，所以 H_2 不成立；对于 H_3，当经销商认为供应商的破坏性行为是因为经销商的品质所引起的认识增强时，经销商采取积极应对（$r = 0.14$）的可能性更大，而采取保持忠诚度（$r = -0.14$）反应方式的可能性更少，与先前的假设相反，H_3 不成立，也就是说，当一个经销商将供应商的破坏性行为归因于经销商自身的品质时，经销商采取退出（$r = 0.23$）的反应方式可能性更大；对于 H_4，当经销商认为供应商采取渠道破坏性行为是外部环境所致的认知增加时，经销商更有可能采取保持忠诚度（$r = 0.29$）的反应方式，而采取退出（$r = -0.12$）、积极应对（$r = -0.26$）或消极接受（$r = -0.13$）的可能性更少。因此，H_4 假设成立。

经销商对关系质量的认知结果：对 H_5，当经销商采取积极应对的可能性增加时，经销商绩效（经销商调研得出）将随着供应商绩效增加而增加（$\beta = 0.07$）。而积极应对与渠道绩效（通过档案得出）（$\beta = -0.07$）没有明显关联，与 H_5 相反。也就说明，当经销商采取积极应对的反应方式的可能性增大时，按照经销商调研（$\beta = -0.08$）和档案（$\beta = -0.14$）两种评估方式，经销商绩效都会降低；对 H_6，当经销商采取退出的反应方式的可能性增加时，经销商的绩效（经销商调研 $\beta = -0.22$ 和档案 $\beta = -0.16$ 评估）都会减弱，所以 H_6 成立。此外，当经销商采取消极接受的反应方式的可能性增加时，经销商的绩效（档案）（$\beta = -0.13$）会降低，而保持忠诚度的反应方式与绩效（供应商调研）（$\beta = 0.04$）没有明显的关系。

研究表明，退出、积极应对、消极接受和保持忠诚度在应对供应商破坏性行为的反应中起着重要的作用，同时起着协调的作用。实证研究结果表明研究假设是成立的。然而，假说检验并没有评估这些反应方式在协调效果上的延伸度。在经销商绩效问题上，4 种反应方式能解释 46% 的破坏性行为认知强度和归因效果。在研究中，我们采用阿尔文、豪泽（Alwin，Hauser，1975）的公式测试得到 49% 的模型效果通过了信任解释。因此，我们得出结论，经销商对供应商的破坏性行为反应的解释 46%

是有效的①。

概念模型中的经销商 4 种反应行为与事前变量和事后变量有明显的相关性，这在渠道实践中得到了良好的验证。另外，4 种反应行为可以解释事前渠道生态系统健康运行的质量和经销商绩效，其解释事前变量（破坏性行为的强度、归因假设）效果达到 46%。

6.2　渠道生态系统破坏性行为预警

渠道生态系统的破坏行为预警对渠道的监控有着重要作用，通过构建预警模型可以实现渠道破坏性行为的管控目的②。

6.2.1　渠道生态系统破坏性行为预警原理

渠道生态系统破坏性行为预警（下称破坏性行为预警）是指采用科学的预警方法与技术、指标体系和模型，对可能对渠道生态系统结构、功能及运行产生危机的破坏性行为进行监测，并采取有效措施控制或化解破坏性行为的过程。要建立渠道生态系统良好的预警机制，首先，要构建健康、稳定运行的渠道生态系统，而渠道生态系统具有的开放性与自我调节能力（见前文第 2 章内容，在此不再赘述），说明渠道生态系统本身就是一种很好的预警机制；其次，是建立溯源机制，即准确找到渠道破坏性行为产生的根源；最后，是建立良好的反馈机制。

渠道破坏性行为溯源机制包含前溯机制和后溯机制。前溯机制指的是为了有效防止破坏性行为的发生，将破坏性行为扼杀在萌芽状态中，需要认真研究和分析所有渠道破坏性行为发生的现象及其产生根源和诱因，并建立科学的机制来确保渠道生态系统的形成和健康运行；后溯机制则指的是在渠道破坏性行为发生后，需要及时、科学、有效地找到破坏性行为产生的诱因来为以后可能发生的渠道破坏性行为进行预防。

研究发现，对渠道生态系统破坏性行为溯源有两条路径可寻：一是从物流环节找，即从供应商、代理商、批发商、零售商、顾客等环节找；二是从渠道结构找。这里特别要注意的是渠道破坏性行为及渠道结构效应

①　Ambler, Tim and Kokkinaki, Flora. Measures of marketing success ［J］. *Journal of Marketing Management*, 1997（13）: 665 – 678.

②　黄瑞. 渠道关系破坏性行为预警评价研究 ［D］. 长沙：中南林业科技大学学位论文，2012（5），本节的部分观点和内容由此整理得出.

和功能的异常情况都具有累积性和渐进性。具体说就是渠道生态系统受渠道破坏性行为的影响随时间推移由不显著逐渐演变累积成严重的威胁，导致渠道生态系统承受的压力超过其承载力。比如，渠道生态系统内部物种、种群、群落的消长、进退和更换，如果渠道物种中有一个恶意破坏者，它会对其他成员产生负面影响，如听之任之将导致整个渠道生态系统的破坏和重构。

所谓反馈机制指的是渠道生态系统建立良好的正负反馈机制，其作用是为破坏性行为预警提供及时的反馈，以达到化解或消除的目的。而溯源机制和反馈机制最终的目的也是服务于健康的渠道生态系统的。

破坏性行为预警流程大致可分为5步：预警指标体系构建、建立监控体系及确定临界（点）值、预警信息搜集与处理、构建预警模型、综合评价（灯号显示）、反馈与调控（如图6.2所示）。

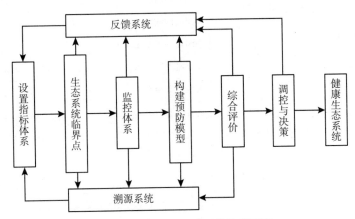

图6.2　渠道生态系统预警流程示意

（1）预警指标体系构建。渠道生态系统破坏性行为产生的原因众多，其后果影响涉及层面广，诱因多，选取的指标也会有差异。因此，需要根据渠道生态系统运行规律构建预警指标体系，具体指标如表6.6所示。

表6.6　　　　　　　　　渠道破坏性行为预警评价指标体系

目标层	指标层	准则层	指标属性
破坏性行为预防 U	顾客因素 U_1	顾客投诉率 X_{11}	定量
		顾客赊销率 X_{12}	定量
		顾客流失率 X_{13}	定量

目标层	指标层	准则层	指标属性
破坏性行为预防 U	渠道结构因素 U_2	绝对市场占有率 X_{21}	定量
		相对市场占有率 X_{22}	定量
		渠道适宜度 X_{23}	定性
		渠道结构调整频度 X_{24}	定性
		中间商流失率 X_{25}	定量
	渠道成本因素 U_3	物流成本费用利润比率 X_{31}	定量
		销售费用率 X_{32}	定量
		存货周转率 X_{33}	定量
	渠道经济绩效因素 U_4	销售利润率 X_{41}	定量
		终端销售量 X_{42}	定性
		中间商利润率 X_{43}	定量
		中间商回款率 X_{44}	定量
		中间商利润变动率 X_{45}	定量
		应收账款周转率 X_{46}	定量
	渠道管理因素 U_5	水平渠道冲突 X_{51}	定性
		垂直渠道冲突 X_{52}	定性
		多渠道冲突 X_{53}	定性
		窜货量 X_{54}	定量
		窜货频率 X_{55}	定量
	其他因素 U_6	渠道与产品生命周期匹配度 X_{61}	定性
		市场价格比率 X_{62}	定量
		促销前后销量变化量 X_{63}	定性
		渠道成员促销敏感度 X_{64}	定量
		竞争对手渠道变动度 X_{65}	定性
		竞争对手渠道费用变动比率 X_{66}	定量

（2）建立监控体系与确定临界值（点）。在破坏性行为预警体系中，必须建立监控体系以保证渠道生态系统的健康运行。为此，需要先确定一个与预警指标体系相适应的警戒线作为衡量标准，以此来判别渠道生态系统运行中是否出现了问题。这条警戒线是由渠道生态系统"临界值（点）"（当某项指标超过该点则渠道生态系统有可能发生危机）连接而成。

（3）预警信息搜集与处理。渠道生态系统预警信息来源于对渠道生态系统的监测。通过监测渠道生态系统运行状况，我们可以获取大量有价值的信息，对这些信息进行归纳、分析与总结，并采取量化模型对监测结果进行评价，以此来指导和修正渠道生态系统预警体系。

（4）构建预警模型。在选取渠道生态系统预警样本（以某些典型企业或产品的渠道固定追踪样本）的基础上，借助计量方法，分析预警指标与渠道生态系统危机（破坏性行为）发生之间的可能性来构建直接或间接的函数关系，以此来构建预警模型。

（5）综合评价（灯号显示）。在破坏性行为预警指标体系中，单个指标仅能描述渠道某个侧面的活动，很难做到综合评价。因此，必须对多种相关因素进行综合分析并最终做出评价。在这里综合评价过程可借用交通灯管理的办法——以亮灯为预警，将渠道生态系统健康状态分为"绿灯""黄灯""红灯"，"绿灯"表示健康，"黄灯"表示警惕（临界点附近），"红灯"表示危险（破坏性行为危及渠道生态系统的安全)[1]。

（6）反馈与调控。根据上述综合评价的结果，对渠道现行运行系统进行诊断，提出改进方向和措施，起到调控渠道的作用。

6.2.2 构建渠道关系破坏性行为预警体系指标

为了获得渠道生态系统破坏性行为预警体系的指标，在参考国内外众多文献基础上，并采用德尔菲法，在对渠道生态系统破坏性行为产生原因分析的基础上，结合渠道生态系统破坏性行为预警原理，得出破坏性行为预警指标体系（如表6.6所示）。

6.2.3 渠道生态系统破坏性行为预警指标描述

（1）顾客因素方面指标。包括顾客投诉率、顾客赊销率、顾客流失率3个主要指标[2]。

顾客投诉率 X_{11}：顾客因对产品（包括产品的质量、价格和服务等）及分销活动不满的投诉。其计算公式为：

$$顾客投诉率 = \frac{投诉顾客数量}{全部顾客数量} \times 100\% \qquad (6.1)$$

① 赵雪雁. 产业结构生态预警研究——以甘肃省为例 [J]. 干旱区地理，2007，30（1）：128 – 130.

② J. B. Gassen heimer, F. s. Houston, J. C. Davis. The role of economic value, social value and perceptions of fairness in inter organizational relationship retention decisions [J]. *Journal of Academy of Marketing Science*, 1998：26.

顾客赊销率 X_{12}：在渠道实践中，很多情况下，为了提高产品销量，允许赊账（先拿货后付款），这种做法可以在一定程度上增加销量，但也可能导致呆账烂账[①]。其计算公式为：

$$顾客赊账率 = \frac{赊账金额}{销售额} \times 100\% \qquad (6.2)$$

顾客流失率 X_{13}：某时间段内流失顾客的数量占所有顾客的比例，该指标可以反映产品市场认可程度，也可以检验渠道满足顾客的能力。其计算公式为：

$$顾客流失率 = \frac{流失顾客数量}{顾客总量} \times 100\% \qquad (6.3)$$

（2）渠道结构因素方面指标。包括相对市场占有率、绝对市场占有率、渠道适应度、渠道结构调整频度和中间商流失率 5 个指标。

市场占有率包括相对市场占有率和绝对市场占有率[②]。

绝对市场占有率 X_{21}：该指标主要反映产品的市场竞争力。其计算公式为：

$$绝对市场占有率 = \frac{产品销售量}{市场上同类产品销量} \times 100\% \qquad (6.4)$$

相对市场占有率 X_{22}：反映该产品与行业最强竞争者的市场占有率的比例，其计算公式为：

$$相对市场占有率 = \frac{产品市场占有率}{该产品最强竞争者市场占有率} \times 100\% \qquad (6.5)$$

渠道适宜度 X_{23}：渠道的长度、宽度、关联度及畅通度与产品、市场和渠道成员资源的适宜程度；

渠道结构调整频度 X_{24}：渠道结构的调整频率给渠道生态系统运行和成长带来的影响程度；

中间商流失率 X_{25}：该指标反映渠道成员的稳定性。其计算公式为：

$$中间商流失率 = \frac{中间商流失个数}{中间商总数} \times 100\% \qquad (6.6)$$

（3）渠道成本因素方面的指标。包括物流成本费用利润比率、销售费用率、存货周转率 3 个指标。

物流成本费用利润比率 X_{31}：反映产品投入物流成本获益能力。指在

---

① Bowersox D J, Cooper M B, Lambert D M, Taylor D A. Management in marketing channels [M]. *Mc Graw - Hill*, 1980.

② 祝海波. 渠道战略与管理——观点与结构 [M]. 北京：经济科学出版社，2012（10）：125 - 148.

一定时期内，产品的利润与成本费用的比率。公式为：

$$物流成本费用利润率 = \frac{利润总额}{成本费用总额} \times 100\% \qquad (6.7)$$

销售费用率 X_{32}：产品销售费用与销售收入的比率，反映产品投入销售费用获得销售收入的能力。其计算公式为：

$$销售费用率 = \frac{销售费用}{销售收入} \times 100\% \qquad (6.8)$$

存货周转率 X_{33}：一定时期内，渠道销售成本与存货平均余额的比率。该指标主要用于衡量渠道存货资产周转速度，存货周转率越低，反映渠道产品积压越多或者采购过量[①]。其计算公式为：

$$存货周转率 = \frac{主营业务成本}{存货平均净额} \times 100\% \qquad (6.9)$$

（4）渠道经济绩效因素方面指标。包括销售利润率、终端销售量、中间商利润率、中间商回款率、中间商利润变动率、应收账款周转率 6 个指标。

销售利润率 X_{41}：指一定时期内产品获利能力。销售利润率越高，则渠道绩效越好，反之，则越低。若销售利润率为负，说明产品销售处于亏损状态。其计算公式为：

$$销售利润率 = \frac{利润总额}{产品销售净额} \times 100\% \qquad (6.10)$$

终端销售量 X_{42}：反映销售终端的销售数量多少。说明零售商对渠道的影响程度。

中间商利润率 X_{43}：用于衡量中间商获利能力。其计算公式为：

$$中间商利润率 = \frac{中间商利润}{产品销售净额} \times 100\% \qquad (6.11)$$

中间商回款率 X_{44}：说明中间商收款能力以及渠道合作态度。其计算公式为：

$$中间商回款率 = \frac{上级渠道实收销售额}{本级渠道销售收入总额} \times 100\% \qquad (6.12)$$

中间商利润变动率 X_{45}：反映中间商利润的变化程度。其计算公式为：

$$中间商利润变动率 = \frac{本期累计利润 - 上期累计利润}{上期累计利润} \times 100\% \qquad (6.13)$$

应收账款周转率 X_{46}：表示一次周转所耗费的时间越短，变现的速度

---

① 范丽红，施国洪，童健. 财务供应链融资风险评估与预警机制研究［J］. 统计与决策，2014，397（1）：179 - 183.

越快。其计算公式为：

$$应收账款周转率 = \frac{营业收入}{平均应收账款余额} \times 100\% \qquad (6.14)$$

（5）渠道管理方面因素指标。包括水平渠道冲突、垂直渠道冲突、多渠道冲突、窜货量、窜货频率以及应收账款周转率 5 个指标。

水平渠道冲突 X_{51}：同级渠道成员之间的冲突；

垂直渠道冲突 X_{52}：不同层级渠道成员之间的冲突；

多渠道冲突 X_{53}：不同渠道之间的冲突；

窜货量 X_{54}：一定时期内同一市场的窜货数量；

窜货频率 X_{55}：一定时期内渠道成员对同一市场的窜货次数，其计算公式为：

$$窜货频率 = \frac{窜货次数}{交货次数} \times 100\% \qquad (6.15)$$

（6）其他方面因素指标。包括渠道结构与产品生命周期匹配度、市场价格比率、促销前后销量变化量、渠道成员促销敏感度、竞争对手渠道变动度、竞争对手渠道成本变动比率 6 个指标。

渠道结构与产品生命周期匹配度 X_{61}：不同的产品生命周期，渠道结构与之匹配程度；

市场价格比率 X_{62}：渠道分销的产品与市场上同类产品评价价格上的比率。市场价格比率大于 1，表示渠道分销产品的价格高于同类产品的价格①。其计算公式为：

$$市场价格比率 = \frac{产品价格}{同类产品市场均价} \times 100\% \qquad (6.16)$$

促销前后销量变化量 X_{63}：指的是产品在促销前后销量的变化，主要反映产品终端促销的效果；

渠道成员促销敏感度 X_{64}：渠道成员对促销活动和行为的支持和偏爱程度。促销敏感度越大，说明渠道成员对促销的依赖度越高。其计算公式为：

$$渠道促销敏感度 = (报告期产品销量 - 基期产品销量)/基期产品销量$$
$$\times 基期产品销量/(报告期促销总投入$$
$$- 基期促销总投入销量) \times 100\% \qquad (6.17)$$

竞争对手渠道变动度 X_{65}：竞争渠道针对本渠道的变动程度。

---

① 芮明杰. 市场营销管理——定位、联盟、策略 [M]. 上海：复旦大学出版社，2001：221 - 265.

竞争对手渠道成本变动比率 X_{66}：竞争渠道成本的增加或减少比率，计算公式如下：

$$\frac{\text{竞争对手销售}}{\text{费用变动率}} = \frac{\text{本期累计销售费用} - \text{上年同期累计销售费用}}{\text{上年同期累计销售费用}} \times 100\%$$

$$(6.18)$$

6.2.4 渠道生态系统破坏性行为预警机制实证研究

渠道生态系统破坏性行为预警评价涉及因素多，需要进行综合判断。本书在对原始数据进行处理的基础上，采用层次分析法，得出渠道破坏性行为的各种预警状态。另外，渠道生态系统破坏性行为预警评价指标涉及大量定性指标，如产品市场地位的准确度、竞争对手渠道变动度等，这类指标所反映的是人们的认知，采用多级模糊综合评价法比较适合①。因此，本书将层次分析法和模糊综合评判法结合用来对渠道生态系统破坏性行为进行预警评价。

为了检验渠道生态系统破坏性行为预警指标体系的有效性，本书选取了一家从事饮料生产、研发和销售的企业（下称 A 公司），该公司的产品主要通过代理制的渠道模式来开展区域销售业务。我们对 A 公司的渠道进行预警评价。

本研究的数据通过调查问卷的方式获得，被调查对象有 A 公司的渠道管理者、A 公司某销售公司的渠道管理者、企业管理咨询公司的专家和校方专家。本次调查中，关于权重的调查共发放问卷 38 份，回收 35 份，回收率 92.1%，有效问卷 32 份，有效率 91.4%。另外，对 A 公司的调查共发放问卷 130 份，收回 110 份，回收率 84.6%，有效问卷为 99 份，有效率 90%。

（1）建立评价指标集。

建立破坏性行为预警指标体系指标集，最高层次是目标层，见表6.6。

第一层为目标层 U。

第二层为指标层 $U = (U_1, U_2, U_3, U_4, U_5, U_6) = $（顾客、渠道结构、渠道成员、渠道成本、渠道经济绩效、渠道管理以及其他因素）。

第三层次为措施层，表示要选用的解决问题的各种要素，具体为：

$$U_1 = \{X_{11}, X_{12}, X_{13}\};$$

---

① 王保进. 英文视窗版 SPSS 与行为科学研究 [M]. 北京：北京大学出版社，2007 (8)：499.

$$U_2 = \{X_{21}, X_{22}, X_{23}, X_{24}, X_{25}\};$$
$$U_3 = \{X_{31}, X_{32}, X_{33}\};$$
$$U_4 = \{X_{41}, X_{42}, X_{43}, X_{44}, X_{45}, X_{46}\};$$
$$U_5 = \{X_{51}, X_{52}, X_{53}, X_{54}, X_{55}\};$$
$$U_6 = \{X_{61}, X_{62}, X_{63}, X_{64}, X_{65}, X_{66}\}。$$

（2）确定评价因素的权重。

在渠道生态系统破坏性行为预警指标体系中，不同的指标对渠道破坏性行为评价不一样，也意味着这些指标的影响也不一样。而权重是用来反映各个指标影响程度的重要尺度。本书对各个指标赋予不同的权重数，最终确定各指标权重集如下：

指标层的权重集为：
$$W = \{W_1, W_2, W_3, W_4, W_5\}$$

准则层的权重集为：
$$W_1 = \{W_{11}, W_{12}, W_{13}\};$$
$$W_2 = \{W_{21}, W_{22}, W_{23}, W_{24}, W_{25}\};$$
$$W_3 = \{W_{31}, W_{32}, W_{33}\};$$
$$W_4 = \{W_{41}, W_{42}, W_{43}, W_{44}, W_{45}, W_{46}\};$$
$$W_5 = \{W_{51}, W_{52}, W_{53}, W_{54}, W_{55}\};$$
$$W_6 = \{W_{61}, W_{62}, W_{63}, W_{64}, W_{65}, W_{66}\}。$$

（3）确定评语集并赋值。

为了让决策判断更准确，本书按照一定的比率标度将判断定量化成数值判断矩阵，并采用五级评价（0.2，0.4，…，1.0）来对评价对象的可能评价，然后整合成集合 $V = \{V_1, V_2, V_3, V_4, V_5\}$，见表6.7。

表6.7   指标的影响程度

影响程度	低	较低	中等	较高	高
V	0.2	0.4	0.6	0.8	1.0

说明：表中的数字是采用德尔菲法由专家判断得出的。

（4）指标排序与判断矩阵构建。

指标层即渠道坏性行为外部影响因素与内部影响因素的层次单排序结果（如表6.8所示）。

对于此矩阵，计算可得 $\lambda_{max} = 6$，$CI = 0$，$RI = 0$，故 $CR = CI/RI = 0$，可以判断矩阵总目标层与指标层具有完全一致性。通过对第一层次因素指标的分析，得出各个指标的权重系数排序为：渠道管理因素（0.8011）、渠道结构因素（0.6019）、渠道成本因素（0.4802）、渠道经济绩效因素（0.2574）、顾客因素（0.2083）以及其他因素（0.1909）。显然渠道管理因素对渠道生态系统影响最大。

表6.8　　　　　　　　　　　总目标层与指标层判断矩阵

U	U_1	U_2	U_3	U_4	U_5	U_6
U_1	1	0.236	0.3145	0.4521	0.6885	0.0415
U_2	4.2372	1	0.1485	0.6457	0.2358	0.5214
U_3	4.0310	2.1752	1	0.5771	0.3414	0.3554
U_4	3.0232	2.2578	1.2574	1	0.6512	0.2569
U_5	2.3156	3.1756	1.0254	1.6573	1	0.3147
U_6	2.4897	2.1459	1.6942	1.2481	1.2668	1
所得权重 W	$W_1 = 0.2083$	$W_2 = 0.6019$	$W_3 = 0.4802$	$W_4 = 0.2574$	$W_5 = 0.8011$	$W_6 = 0.1909$
单排序	5	2	3	4	1	6

对"顾客"（U_1）因素的层次单排序结果如表6.9所示：

表6.9　　　　　　　　　　渠道顾客因素（U_1）判断矩阵

U	U_{11}	U_{12}	U_{13}
U_{11}	1	0.2089	0.3069
U_{12}	4.7618	1	1.7600
U_{13}	3.2636	0.5680	1
所得权重	$W_{11} = 0.3998$	$W_{12} = 0.4123$	$W_{13} = 0.4148$
单排序	3	2	1

对该矩阵计算可得：$\lambda_{\max} = 2.0035$，$CI = 0.0038$，$RI = 0.48$，故 $CR = CI/RI = 0.0079 < 0.1$，指标层与措施层判断矩阵的最大特征值 $\lambda_{\max}$ 略大于阶数，因此，指标层与措施层的判断矩阵具有满意一致性，该指标层的总排序结果可以接受。这表明，顾客因素中，顾客流失率权重（0.4148）最大，说明其影响最大；其次为顾客赊销率（0.4123），而顾客投诉率（0.3998）相对影响小一些。

同理，对"渠道结构"（U_2）因素的层次单排序结果如表6.10所示。

对该矩阵计算可得：$\lambda_{max} = 4.1491$，$CI = 0.0497$，$RI = 0.9$，故 $CR = CI/RI = 0.0552 < 0.1$，指标层与措施层判断矩阵的最大特征值 λ_{max} 略大于阶数。因此，指标层与措施层的判断矩阵具有一致性，该指标层的总排序结果可以接受。这表明，在渠道结构因素中，中间商流失率权重（0.4505）最大，说明其影响最大；其次为渠道结构调整频度（0.4472）、渠道适宜度（0.4279）和相对市场占有率（0.4226），而绝对市场占有率（0.1240）相对影响要小很多。

表 6.10 　　　　　　　　　渠道结构影响因素（U_2）判断矩阵

U_2	U_{21}	U_{22}	U_{23}	U_{24}	U_{25}
U_{21}	1	3.2517	1.2646	3.7892	3.0792
U_{22}	0.3704	1	1.0864	3.5403	3.2543
U_{23}	0.2908	0.7916	1	3.675	3.6750
U_{24}	0.7263	0.8220	0.2072	1	3.7021
U_{25}	0.8021	0.9312	0.2114	0.6548	1
所得权重	$W_{21} = 0.1120$	$W_{22} = 0.4226$	$W_{23} = 0.4279$	$W_{24} = 0.4472$	$W_{25} = 0.4505$
单排序	5	4	3	2	1

同理，对"渠道成本"（U_3）因素的层次单排序结果如表 6.11 所示。对该矩阵计算可得：$\lambda_{max} = 1.2149$，$CI = 0.0047$，$RI = 0.79$，故 $CR = CI/RI = 0.00595 < 0.1$，指标层与措施层判断矩阵的最大特征值 λ_{max} 略大于阶数。因此，指标层与措施层的判断矩阵具有满意一致性，说明该指标层的总排序结果可以接受。在渠道成本因素中，物流成本费用比率权重（0.4926）最大，说明其影响最大；其次为销售费用比率（0.4781），而存活周转率最低（0.1272）。

表 6.11 　　　　　　　　　渠道成本影响因素（U_3）判断矩阵

U_3	U_{31}	U_{32}	U_{33}
U_{31}	1	2.3511	1.6243
U_{32}	0.2350	1	1.1407
U_{33}	0.6709	0.8912	1
所得权重	$W_{31} = 0.4926$	$W_{32} = 0.4781$	$W_{33} = 0.1272$
单排序	1	2	3

对"渠道经济绩效"（U_4）因素的层次单排序结果如表6.12所示。对该矩阵计算可得：$\lambda_{max} = 3.2149$，$CI = 0.0064$，$RI = 0.87$，故 $CR = CI/RI = 0.00735 < 0.1$，指标层与措施层判断矩阵的最大特征值 λmax 略大于阶数。因此，指标层与措施层的判断矩阵具有满意一致性，总排序结果可以接受。这表明，在指标层——渠道经济绩效因素中，权重大小依次为销售利润率（0.4714）、中间商利润（0.4627）、中间商回款率（0.4620）、应收账款款周转率（0.2135），终端销售量（0.1924）和中间商利润变动率（0.2048）最小。

表 6.12   渠道经济绩效因素（U_4）判断矩阵

U_4	U_{41}	U_{42}	U_{43}	U_{44}	U_{45}	U_{46}
U_{41}	1	2.9125	2.3264	2.0789	1.7289	1.7928
U_{42}	0.8350	1	1.2046	2.0534	1.3543	1.5343
U_{43}	0.6908	0.7915	1	1.7651	1.0657	1.7556
U_{44}	0.4181	0.4222	0.5429	1	1.4521	1.3771
U_{45}	0.3802	0.3127	0.5721	0.4557	1	1.6323
U_{46}	0.2639	0.1368	0.6146	0.3548	0.4323	1
所得权重	$W_{41}=0.4714$	$W_{42}=0.1924$	$W_{43}=0.4627$	$W_{44}=0.4620$	$W_{45}=0.2048$	$W_{46}=0.2135$
单排序	1	6	2	3	5	4

对"渠道管理"（U_5）因素的层次单排序结果如表6.13所示。对该矩阵计算可得：$\lambda_{max} = 1.2149$，$CI = 0.0074$，$RI = 0.91$，故 $CR = CI/RI = 0.00813 < 0.1$，指标层与措施层判断矩阵的最大特征值 λmax 略大于阶数，因此，指标层与措施层的判断矩阵具有满意一致性，该指标层的总排序结果可以接受。这表明，在渠道管理因素中，权重大小依次为窜货量（0.6020）、窜货频率（0.5841）、垂直渠道冲突（0.5712）、水平渠道冲突（0.5044）和多渠道冲突（0.4314）。

表 6.13   渠道管理因素（U_5）判断矩阵

U_5	U_{51}	U_{52}	U_{53}	U_{54}	U_{55}
U_{51}	1	2.3212	1.2646	3.7892	2.7382
U_{52}	0.4901	1	1.0874	3.2540	2.5433
U_{53}	0.6120	0.5714	1	3.0715	2.0175
U_{54}	0.9157	0.7466	0.5429	1	2.4120

U_5	U_{51}	U_{52}	U_{53}	U_{54}	U_{55}
U_{55}	0.7301	0.7010	0.4726	0.4557	1
所得权重	$W_{51} = 0.5064$	$W_{52} = 0.5712$	$W_{53} = 0.5314$	$W_{54} = 0.6020$	$W_{55} = 0.5841$
单排序	5	3	4	1	2

对"其他"（U_6）因素的层次单排序结果如表 6.14 所示。对该矩阵计算可得：$\lambda_{max} = 2.9210$，$CI = 0.0010$，$RI = 0.82$，故 $CR = CI/RI = 0.00122 < 0.1$，指标层与措施层判断矩阵的最大特征值 λmax 略大于阶数，因此，指标层与措施层的判断矩阵具有满意的一致性，该指标层的总排序结果可以接受。这表明，在渠道破坏性行为指标层——其他因素中，市场价格比率（0.3941）权重最大，其次为竞争对手渠道变化（0.3938），再就是竞争对手渠道费用变化率（0.3530）、渠道与产品生命周期匹配度（权重为0.3314）以及促销成员敏感度（0.3034）、促销前后销量的影响（0.2945）。

表 6.14   其他因素（U_6）判断矩阵

U_6	U_{61}	U_{62}	U_{63}	U_{64}	U_{65}	U_{66}
U_{61}	1	1.216	1.1204	1.7892	1.9836	2.6353
U_{62}	0.8203	1	1.1418	1.3514	1.1403	1.3643
U_{63}	0.2610	0.2546	1	1.0315	1.2156	1.0177
U_{64}	0.2174	0.3704	0.2452	1	1.1420	1.2038
U_{65}	0.7730	0.6870	0.4076	0.4252	1	1.4120
U_{66}	0.7234	0.7101	0.4021	0.4557	0.4203	1
所得权重	$W_{61} = 0.3314$	$W_{62} = 0.3941$	$W_{63} = 0.2945$	$W_{64} = 0.3043$	$W_{65} = 0.3938$	$W_{66} = 0.3530$
单排序	4	1	6	5	2	3

各影响因素总排序结果如表 6.15 所示。

表 6.15   措施层各指标总排序

	U_1	U_2	U_3	U_4	U_5	U_6	措施层总排序
	0.2683	0.5019	0.6802	0.5574	0.8011	0.2190	
X_{11}	0.3998	0	0	0	0	0	17
X_{12}	0.4123	0	0	0	0	0	16
X_{13}	0.4148	0	0	0	0	0	15

	U_1	U_2	U_3	U_4	U_5	U_6	措施层总排序
	0.2683	0.5019	0.6802	0.5574	0.8011	0.2190	
X_{21}	0	0.0720	0	0	0	0	28
X_{22}	0	0.4226	0	0	0	0	14
X_{23}	0	0.4279	0	0	0	0	13
X_{24}	0	0.4472	0	0	0	0	12
X_{25}	0	0.4505	0	0	0	0	11
X_{31}	0	0	0.4408	0	0	0	6
X_{32}	0	0	0.4350	0	0	0	7
X_{33}	0	0	0.0743	0	0	0	27
X_{41}	0	0	0	0.4714	0	0	8
X_{42}	0	0	0	0.1924	0	0	26
X_{43}	0	0	0	0.4627	0	0	9
X_{44}	0	0	0	0.4620	0	0	10
X_{45}	0	0	0	0.2048	0	0	25
X_{46}	0	0	0	0.2135	0	0	24
X_{51}	0	0	0	0	0.5064	0	5
X_{52}	0	0	0	0	0.5712	0	3
X_{53}	0	0	0	0	0.5314	0	4
X_{54}	0	0	0	0	0.6020	0	1
X_{55}	0	0	0	0	0.5841	0	2
X_{61}	0	0	0	0	0	0.3314	21
X_{62}	0	0	0	0	0	0.3941	18
X_{63}	0	0	0	0	0	0.2945	23
X_{64}	0	0	0	0	0	0.3043	22
X_{65}	0	0	0	0	0	0.3938	19
X_{66}	0	0	0	0	0	0.3530	20

（5）评语集的统计结果。

本书对渠道生态系统破坏性行为所有诱因的破坏性影响程度设为：$V = \{V_1, V_2, V_3, V_4, V_5\}$，分别取值为 0.2、0.4、0.6、0.8、1.0，分别代表某个渠道破坏性行为的指标对渠道生态系统的破坏性影响从非常小到非常大的 5 个等级，具体表示为破坏性"弱""较弱""中等""较强""强"。本书对 A 公司的渠道工作者及管理人员进行了问卷调查，统计结果如表 6.16 所示。

表 6.16 　　　　　　　　　　　　　　评语集统计结果

目标层	指标层	措施层	模糊关系矩阵				
			V_1 弱	V_2 较弱	V_3 中等	V_4 较强	V_5 强
			0.2	0.4	0.6	0.8	1.0
	U_1	X_{11}	43	29	16	9	3
		X_{12}	28	19	38	12	3
		X_{13}	10	21	32	26	11
	U_2	X_{21}	2	12	24	39	23
		X_{22}	34	39	13	9	5
		X_{23}	2	10	25	56	7
		X_{24}	6	10	32	47	5
		X_{25}	25	22	28	15	10
	U_3	X_{31}	4	22	30	39	5
		X_{32}	15	24	38	16	7
		X_{33}	25	35	32	7	1
U	U_4	X_{41}	23	34	28	12	3
		X_{42}	17	27	36	18	2
		X_{43}	13	24	25	36	2
		X_{44}	2	24	33	26	15
		X_{45}	2	24	33	26	15
		X_{46}	20	34	32	12	2
	U_5	X_{51}	10	12	23	36	19
		X_{52}	3	7	38	31	21
		X_{53}	19	29	25	18	9
		X_{54}	4	8	29	47	12
		X_{55}	12	20	44	22	2
	U_6	X_{61}	32	31	26	9	2
		X_{62}	35	29	27	8	1
		X_{63}	5	15	26	37	17
		X_{64}	15	26	24	29	6
		X_{65}	12	28	22	30	8
		X_{66}	9	21	28	31	11

（6）渠道生态系统破坏性行为预警评价的最终求解。

我们以渠道管理影响因子为例进行求解。

渠道管理因子中"水平渠道冲突"的评判权重为：

$$W_{51} = \begin{bmatrix} 0.1778 & 0.1382 & 0.1151 & 0.5321 & 0.5130 \end{bmatrix}$$

$$R_{51} = \begin{bmatrix} 0.12 & 0.23 & 0.14 & 0.30 & 0.32 \\ 0.17 & 0.20 & 0.30 & 0.21 & 0.02 \\ 0.01 & 0.12 & 0.27 & 0.31 & 0.17 \\ 0.10 & 0.27 & 0.25 & 0.24 & 0.13 \\ 0.14 & 0.25 & 0.36 & 0.11 & 0.10 \end{bmatrix}$$

$$B_{51} = W_{51} \cdot R_{51} = \begin{bmatrix} 0.4710 & 0.2757 & 0.2190 & 0.6703 & 0.6297 \end{bmatrix}$$

B_{51}综合评价说明：100 人对渠道生态系统破坏性行为"渠道水平冲突因素"影响的评价认为较强的占 62.97%，中等的占 27.08%。

同理，可得到"渠道垂直冲突因素"的评判权重为：

$$W_{52} = \begin{bmatrix} 0.4317 & 0.4132 & 0.1011 & 0.5132 & 0.5030 \end{bmatrix}$$

模糊关系矩阵如下：

$$R_{52} = \begin{bmatrix} 0.12 & 0.23 & 0.14 & 0.30 & 0.32 \\ 0.17 & 0.20 & 0.30 & 0.21 & 0.02 \\ 0.01 & 0.12 & 0.27 & 0.31 & 0.17 \\ 0.10 & 0.27 & 0.25 & 0.24 & 0.13 \\ 0.14 & 0.25 & 0.36 & 0.11 & 0.10 \end{bmatrix}$$

$$B_{52} = W_{52} \cdot R_{52} = \begin{bmatrix} 0.0584 & 0.1625 & 0.2881 & 0.3670 & 0.1629 \end{bmatrix}$$

B_{52}综合评价说明：100 人对渠道生态系统渠道结构中的"垂直渠道冲突"的评价认为较强的占 36.70%，中等的占 28.81%。

同理，"渠道适宜度"的评判权重为：

$$W_{53} = \begin{bmatrix} 0.2141 & 0.1492 & 0.1160 & 0.0512 & 0.1508 \end{bmatrix}$$

$$R_{53} = \begin{bmatrix} 0.19 & 0.29 & 0.21 & 0.18 & 0.03 \\ 0.21 & 0.28 & 0.22 & 0.22 & 0.02 \\ 0.20 & 0.31 & 0.44 & 0.23 & 0.07 \\ 0.20 & 0.32 & 0.29 & 0.12 & 0.03 \\ 0.32 & 0.35 & 0.26 & 0.01 & 0.10 \end{bmatrix}$$

$$B_{53} = W_{53} \cdot R_{53} = \begin{bmatrix} 0.1564 & 0.2265 & 0.2870 & 0.2343 & 0.0629 \end{bmatrix}$$

B_{53}综合评价说明：100 人对渠道生态系统中"垂直渠道冲突因素"评价认为破坏性程度较强的占 28.7%，认为相对较弱的占 15.64%。

同理，得到 B_{54}、B_{55} 分别为：

$$B_{54} = W_{54} \cdot R_{54} = \begin{bmatrix} 0.2415 & 0.0922 & 0.1112 & 0.6241 & 0.0745 \end{bmatrix}$$

$$B_{55} = W_{55} \cdot R_{55} = \begin{bmatrix} 0.2414 & 0.0921 & 0.1119 & 0.0932 & 0.1389 \end{bmatrix}$$

以此类推，可以得到 B_{11}、B_{12}、B_{13}；B_{21}、B_{22}、B_{23}、B_{24}、B_{25}；……B_{61}、B_{62}、B_{63}、B_{64}、B_{65}、B_{66} 等。

A 公司渠道生态系统破坏性行为诱因的综合评价值计算结果如下：

顾客因素（U_1）的综合评价值 $= \begin{bmatrix} 0.3998 & 0.4123 & 0.4148 \end{bmatrix} \begin{bmatrix} 0.6 \\ 0.2 \\ 0.2 \end{bmatrix} = 0.4053$

渠道结构因素（U_2）的综合评价值 $= \begin{bmatrix} 0.0720 & 0.4226 & 0.4279 & 0.4472 & 0.4505 \end{bmatrix} \begin{bmatrix} 0.2 \\ 0.2 \\ 0.4 \\ 0.2 \\ 0.2 \end{bmatrix} = 0.44962$

渠道成本因素（U_3）的综合评价值 $= \begin{bmatrix} 0.4408 & 0.4350 & 0.0743 \end{bmatrix} \begin{bmatrix} 0.4 \\ 0.4 \\ 0.2 \end{bmatrix} = 0.36518$

渠道经济绩效因素（U_4）的综合评价值 $= \begin{bmatrix} 0.4714 & 0.1924 & 0.4627 & 0.4620 & 0.2084 & 0.2135 \end{bmatrix} \begin{bmatrix} 0.2 \\ 0.2 \\ 0.1 \\ 0.2 \\ 0.2 \\ 0.1 \end{bmatrix} = 0.33446$

渠道管理因素（U_5）的综合评价值 $= \begin{bmatrix} 0.5064 & 0.5712 & 0.5314 & 0.6020 & 0.5841 \end{bmatrix} \begin{bmatrix} 0.2 \\ 0.2 \\ 0.4 \\ 0.2 \\ 0.2 \end{bmatrix} = 0.6653$

$$\begin{array}{l} \text{其他因素（}U_6\text{）的} \\ \text{综合评价值} \end{array} = \begin{bmatrix} 0.3314 & 0.2491 & 0.2145 & 0.1043 & 0.3841 & 0.3057 \end{bmatrix}$$

$$\begin{bmatrix} 0.1 \\ 0.2 \\ 0.2 \\ 0.1 \\ 0.2 \\ 0.2 \end{bmatrix} = 0.27425$$

$$\begin{array}{l} \text{整个渠道生态系统} \\ \text{破坏性行为的所有} \\ \text{诱因的综合评价值} \end{array} = \begin{bmatrix} 0.2683 & 0.5019 & 0.6802 & 0.8011 & 0.2190 \end{bmatrix}$$

$$\begin{bmatrix} 0.2 \\ 0.2 \\ 0.1 \\ 0.2 \\ 0.2 \\ 0.1 \end{bmatrix} = 0.52366$$

由以上计算结果可知，A 公司层渠道生态系统破坏性行为诱因的影响程度评价为 0.52366，接近中等破坏性程度；渠道管理诱因的综合评价值为 0.6653，处于较强和中等破坏程度之间；渠道成本诱因综合评价值为 0.48799，渠道顾客因素影响程度为 0.4239，处于中等与较轻破坏程度之间；渠道结构综合评价值为 0.36518，渠道行为管理绩效综合评价值为 0.33446，其他因素综合评价值为 0.27425，处于较轻破坏程度。

因此，渠道管理是 A 公司渠道生态系统破坏性行为产生的主要原因，其中窜货数量和频次是影响最大的渠道破坏性行为，100 人中认为破坏性较强的占 48.74%，认为中等的占 28.03%，即认为窜货的破坏性处于中等及较强的占了将近 80%；其次是渠道经济绩效因素的评价，有 60% 的人认为破坏性处于中等及较强状态；再次就是渠道成本、渠道结构、顾客以及诸如竞争等其他因素。

通过建立渠道生态系统破坏性行为预警指标体系及采用综合评价，我们可以计算出某个渠道破坏性行为诱因对渠道生态系统健康运行的影响程度，为渠道管理提供有用和有效的信息。当然，在实践中，要根据不同的企业或产品来设立和选取指标，并建立模型进行综合评价，从而有针对性地获得预警信息，由此实施相应的预警措施，最大限度地降低渠道破坏性行为对渠道生态系统带来的潜在负面影响，以保证渠道生态系统健康有序地运行。

6.3 渠道生态系统破坏性行为补救

渠道生态系统破坏性行为补救指的是通过分析现有渠道生态系统存在的问题，采取合理的措施与方法来化解破坏性行为对渠道生态系统产生不良影响的过程。因此，需要根据渠道破坏性行为产生的影响效果来制定科学有效的补救措施和方法，及时弥补破坏性行为带来的不良后果，确保渠道生态系统形成和健康运行。

6.3.1 渠道破坏性行为补救原则

渠道生态系统破坏性行为具有客观性，但不同产品的渠道生态系统破坏性行为具有差异性，需要采取不同的补救策略对破坏性行为进行补救，避免给渠道生态系统带来更为严重的后果。对破坏性行为进行补救需要遵循一定的原则：

（1）公平原则。渠道公平性对渠道生态系统有一定的影响。渠道公平存在着分配公平和程序公平两个维度[1]。而公平维度将影响到渠道成员的感知，也将影响到渠道成员感知后的承诺与态度，从而会导致渠道关系走向两个方向[2]：一是关系恶化或退化；二是关系得到改善和加强。因此，在采补救措施时，必须坚持公平原则，不能偏袒任何一方，否则就会影响补救的效果[3]。

（2）归因原则。了解破坏性行为产生的原因是解决问题的关键。实践证明，如果对破坏性行为的归因出现失误或偏差，不仅会导致补救无效，而且还会耗费大量的时间、资金和人力。根据归因理论，渠道生态系统的破坏性行为是可以归因的。因此，在对破坏性行为进行补救时，可以通过大量的调查得出破坏性行为产生的原因，以免给渠道生态系统的形成和健

---

① 刘志超，宋新华. 市场渠道的冲突与管理 [J]. 企业经济，2001（9）：65 – 66.

② Walter Achim, Thilo A. Muller, Gabriele Helfert and Thomas Ritter. Functions of industrial supplier relationships and their impact on relationship quality [J]. *Industrial Marketing Management*, 2003. 32：159 – 169.

③ Kelly Hewett, R. Bruce Money and Subhash Sharma. An exploration of the moderating role of buyer corporate culture in industrial buyer-seller relationships [J]. *Academy of Marketing Science Journal*, 2002. 30（Summer）：229 – 239.

康运行制造障碍。

（3）及时原则。在对渠道生态系统破坏性行为的补救问题上，时间因素往往容易被忽视。而实际上，随着时间的推移，渠道结构与渠道物种行为会有所改变。因此，必须考虑到时间因素。按照格拉思（Grath，1991）提出的动态团体行为理论①我们可以得出：渠道生态系统破坏性行为内容与时间是实时相关的，即如果某行为在某时点上对渠道生态系统而言是一种破坏性行为，但在过一段时间后则不一定是破坏性行为，反之，亦然。比如渠道窜货问题，在没有经销该窜货产品的区域出现该产品，那会扩大销售且提高产品知名度和影响力，这叫良性窜货；但如果在该区域已经有了代理商或批发商，别的中间商还发生把货物窜到该区域，那就是恶意窜货了，因为，这种行为必然会引起渠道冲突，从而对渠道生态系统会产生破坏。一般而言，时间因素会在以下两个方面影响渠道破坏性行为：一是渠道破坏性行为发生的时间具有不确定性，这就意味着渠道破坏性行为补救较为困难，也具有一定的不确定性；二是如果不对破坏性行为进行及时补救，而任由其发生与发展，这就会影响到渠道成员之间的信任和交易，势必危及渠道生态系统的形成和健康运行，就像上面的例子一样。

（4）系统性原则。渠道生态系统破坏性行为补救是一项系统性工作。它贯穿于渠道生态系统形成到运行的整个过程，因此，必须建立系统思维，从渠道需求规划、结构设计到资源的配置等都应体现这种思维，否则容易出现"拆东墙补西墙"的现象。有效的渠道行为补救必须是从分析渠道分销需求入手，制订渠道价值链与战略计划，并匹配合理的渠道组织结构，充分调动渠道资源，落实和执行破坏性行为补救。

6.3.2 渠道生态系统破坏性行为补救的长效机制

渠道破坏性行为需要及时补救，否则后果严重。补救的目的就是将渠道破坏性行为的负面影响降至最低，这就需要及时采取有效补救措施。而且应该根据渠道生态系统破坏性行为的特征和分类采取有针对性的策略和方法来进行补救，那么如何做到呢？建立长效机制成为不二选择。

渠道生态系统破坏性行为补救的长效机制是指能保证渠道生态系统健康运行并有针对性地对破坏性行为进行补救的制度和体系。长效机制是一种动态机制，必须随环境条件的变化而不断调整和完善的。渠道破坏性行

---

① Grath J. M, Schul P L. Conflict resolution processed in contractual channels of distribution [J]. *Journal of Marketing*, 2001 (3): 41.

为的发生，轻者，影响渠道生态系统的正常运行，重者，导致渠道生态系统崩溃。渠道生态系统破坏性行为补救的长效机制概括起来就是"利益共享＋协作联盟＝共生＋多赢"，即以共享机制为核心，以协作联盟为手段，以第三方监控为主体，达到资源共享、责任共担、共生互利和多方获益的最终目标（见图6.3）。

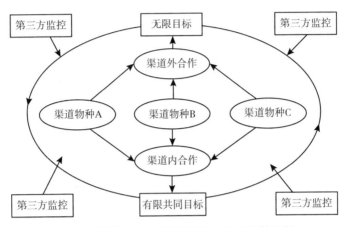

图6.3 渠道生态系统破坏性行为补救长效机制

"利益共享"是指在渠道生态系统中建立科学、合理的利益共享机制。渠道物种之所以能长期共存与合作，就是因为合作共享可以"做大蛋糕"——创造出更多利益，而利益共享是合作最主要的外显形式。实现利益共享机制的前提是渠道内部利益分配机制科学合理。一个科学合理的渠道利益分配机制是综合考虑了各种因素，促成渠道物种的合作，既能够保证渠道物种的应得利益，又能有效提升渠道整体绩效，保证渠道生态系统的健康运行。

渠道物种虽然围绕分销产品或服务组成了一个网络组织，并非所有的业务都属于渠道中业务，各渠道物种是相对独立的。比如，青岛啤酒的长沙某代理商（长沙有4个代理商）除了代理青岛啤酒以外，还有工程机械业务和文化传播业务单元，其业务核心并不是青岛啤酒的销售。渠道物种都希望从渠道合作中得到自己缺乏的资源或能力，而协作联盟恰恰能做到这点。渠道物种除了完成渠道目标外，还可以在其他领域开展合作，实现优势互补，提高彼此的竞争能力。渠道协作联盟通过各种渠道合作契约、协议集结起来，采用风险共担、利益共享的合作模式，使得生产要素有效地实现了双向或多向流动①。渠道物种在不丧失独立的决策自主权的前提下，与其他渠道物种一起追求实现共同战略目标，借助其他渠道物种彼此的力量来提升整体渠道绩效，以维持渠道生态系统的健康运行。

因为渠道不是严格的官僚层级组织，而是由多个组织或个体组成的网络组织，而其中个体（物种）具有相对的独立性。作为经济性组织，根据有限理性理论，渠道物种往往会更多地考虑自身的利益。因此，目前对渠道破坏性行为进行补救较为理想的是第三方采取监控（对渠道物种及其运行情况实时监控）、调解（对因破坏性行为引发的不信任和不满意等负面情绪进行调控）、仲裁（对性质恶劣、影响严重的破坏性行为予以裁决）的方式②。作为渠道破坏性行为补救的第三方需要具备以下几个条件：一是对产品、企业所处行业及渠道情况非常了解，这样可以缩短补救时间；二是独立于渠道系统，这样能具有较强的说服力和较高威信，即便是在缺乏外部争端解决机构的条件下也可进行；三是不泄露渠道内有价值的信息。

6.3.3　渠道破坏性行为的补救策略

渠道破坏性行为会降低渠道生态系统绩效，包括关系质量及渠道物种的满意度，容易导致严重的渠道冲突，使渠道生态系统崩溃。上一节我们研究了渠道生态系统破坏性行为的预警问题，但如果预警机制失灵，那么，采取必要的补救措施则显得尤为重要。根据课题组的研究，对渠道破坏性行为的补救策略有两大类③：一是基于客观因素的补救策略；二是基于主观因素的补救策略。

（1）基于客观因素的补救策略。

由前面的分析我们可以知道，影响渠道生态系统的诸如企业、行业和宏观环境等客观因素有很多，是不能控制的因素。渠道生态系统运行中，需要用规章制度来规范渠道物种的行为、权利和义务，利用渠道规范、文化来保障渠道正常运转。因此，针对渠道生态系统中易出现的破坏性行为，须调整和完善渠道政策和制度。具体来讲有以下几个方面：

①调整价格政策。渠道破坏性最直接、最大的危害是造成价格的混乱。为了避免价格混乱，首先，要调整和完善渠道价格政策，不给乱价留

①　Ajay Menon & Anil Menon. Enviropreneurial marketing strategy: the emergence of corporate environmentalism as market strategy [J]. *Journal of Marketing*, 2001, 61 (1): 51–67.

②　白沙布. 面向供 T 链融资企业信用风险评估指标体系设计 [J]. 经济经纬, 2009 (6).

③　鲁慧. 渠道关系破坏性行为的补救策略研究 [D]. 长沙：中南林业科技大学, 2012 (6).

下隐患；其次，对渠道各环节的价格差进行严格管理和控制，以保证分销各环节价格不乱。调整后的价格政策需要满足以下几个条件①：第一，渠道各层级价差科学合理。科学分析渠道各层级价格之间的关系，确保渠道参与者不但都能获得一定的利润，并且每级渠道利润适当、地区间的价差不会对渠道价格体系造成困扰或破坏。单个渠道层级利润过高一方面容易引发降价竞争，造成窜货，另一方面不利于发挥该渠道层级的积极性；单个渠道层级利润设置过低，则调动不了该渠道层级成员的积极性。第二，调整后的渠道价差幅度应控制在渠道物种无法利用该价差进行跨区"窜货"的范围之内。

②调整返利政策。若返利政策运用得当，返利政策就可以成为渠道破坏性行为补救的重要工具和手段。一旦渠道成员有窜货或乱价等渠道破坏性行为发生，则扣除其全部返利，以此威慑渠道成员，能有效地起到补救作用。要做到这点，首先，返利政策中多用过程返利，少用或不用销量返利。渠道激励，既要重视销量方面的激励，更要重视过程激励，千万不可视销量为唯一返利标准，而应综合评判。其次，应根据市场发展成熟度和阶段不同及时调整返利政策。表6.17就是产品在不同生命周期中渠道返利奖励重点所在。

表6.17　　　　　　　　　各产品生命周期返利政策重点

产品生命周期	返利政策重点
投入期	鼓励中间商完善铺货率、开户率、陈列生动化、货架增加等指标
成长期	加大行情反馈、促销执行效果、配送力度等奖励比例，同时辅以销量奖励。
成熟期	以遵守价格规定出货、遵守区域销售和守约付款奖励为主
衰退期	以遵守价格规定出货、辅以销量返利奖励

资料来源：由鲁慧（2012）论文："渠道关系破坏性行为的补救策略研究"整理所得。

③调整渠道货品管理。首先，要严格控制渠道库存：一方面，要控制渠道总库存量及库存品种，保持合理库存水平；另一方面，要避免库存积压现象，引发降价销售等不良行为。其次，要严格控制货品流通速度、数量及方向。防止出现供过于求而引发窜货或者供不应求而产生缺货的现象。最后，要严格控制市场供应量，实行地区配额制，杜绝市场无故增加

---

① 周茵，庄贵军，崔晓明．营销渠道中的渠道关系、权力使用与投机行为［J］.商业经济与管理，2011（3）：91-96.

进货量、货源过于充足或者市场缺货等现象。

除此之外，需在合同中严格规定违规行为的处理办法，采取全国统一报价并补贴运费（按照地理距离远近给予适当的运费补贴）的办法来解决窜货问题。

（2）基于主观因素的补救策略。

因主观因素导致的渠道生态系统破坏性行为主要通过制度优化和关系改善两种方式来进行补救。制度优化是指通过确立渠道物种之间责（任）、权（力）、利（益）来达到补救的目的，它为渠道破坏性行为补救提供一种政策性、权威性的补救方案。关系改善则与关系规范①有关，将渠道物种之间的关系进行合理规范就是关系改善的基本途径。建立关系规范的核心是构建起追求共同目标和利益的合作共生关系，抑制自私自利和机会主义行为。渠道关系规范要求渠道物种具有忠诚、担当精神，明确自身的责任与义务，促进高水平的共生互利关系，从而减少或化解渠道破坏性行为。具体做法如下：

①设立"超渠道关系"目标。"超渠道关系"目标指的是"没有严格界限的渠道目标"，它既包含成员参与型群落内渠道物种的合作，还包括渠道非成员群落的合作。"超渠道关系"目标能促使渠道物种实现合作共生，当渠道物种抢夺渠道资源产生分歧与冲突时，可能会因此而容忍这些分歧。同样即便有破坏性行为发生，在危及根本利益的情况下，渠道物种往往也会选择"隐忍"（见第5章实证研究部分）。这样才能对渠道生态系统破坏性行为进行有效补救，而且在渠道生态系统的形成和运行过程中实际上一直存在这样的"超渠道关系"目标。

②渠道信息流畅通。从前面的分析我们知道，很多渠道破坏性行为都是因为渠道信息不畅导致的。因此，必须加强渠道物种间信息交流、沟通与共享。这样不仅可降低破坏性行为的影响，还可以起到补救的作用。具体可采取以下策略：首先，建立正式的信息沟通机制，有专门的部门或机构负责，定期讨论渠道破坏性行为存在的可能形式以及补救对策；其次，渠道物种间可通过渠道个体交流来增强沟通效果，比如，生产商区域渠道管理人员可以成为经销商，这样的交流更容易实现换位思考，从而增强渠道物种之间的理解、信任及合作；最后，渠道物种间实现全面信息共享，这样的话，信息不对称问题就不存在了，而且道物种

① 关系规范是指为了达成共同组织目标，成员期望的共同行为，是指导管理渠道生态系统关系的规范。关系规范则是一种心理上的、自愿性的措施。

间的信任与合作关系得到增强，渠道破坏性行为带来的消极影响更容易得到补救。

③建立渠道激励机制。在渠道生态系统中，需要根据不同渠道物种的需要，采取有效的激励措施来提高它们的合作热情及工作积极性，提升渠道效率。比如，生产商帮助中间商完善企业管理信息系统、培训人员、给予较大价格折扣，甚至给予独家代理权等。这样既能够提高渠道物种满意度，还能增进它们之间的理解，促进渠道物种的合作共生。

总体来说，基于主观因素的渠道破坏性行为补救，既要依靠科学合理的渠道制度，也要依靠关系规范的建立。只有通过加强渠道物种的沟通、了解、信息共享等，才能增强渠道物种的合作共生，对渠道破坏性行为的不良影响起到补救的作用。

6.3.4 渠道生态系统破坏性行为补救机制实证研究

对渠道破坏性行为进行补救的最终目的是保证渠道生态系统形成和健康运行。其重要内容及工作是使招致破坏的渠道生态系统得以修复。因此，渠道生态系统修复主要是指采取渠道措施和行为使招致破坏的渠道生态系统恢复健康状态。根据前面的分析，渠道生态系统的自适应过程实际上是渠道物种自适应调节的结果，属于组成元素微观的变化导致的整体宏观的变化。显然，渠道生态系统破坏性行为的补救更多的是依赖于渠道物种（渠道个体、种群和群落）的补救行为。因此，我们可以从重获渠道物种的满意和渠道物种有积极的行为倾向两个方面来检验渠道破坏性行为的补救效果。为了研究方便，本章假设供应商是破坏性行为的发出（制造）者，经销商是破坏性行为的接受者。供应商的某些行为导致了经销商的不满（破坏性行为产生了）。对此，供应商必须采取及时的补救措施以安抚经销商，避免引发更大的冲突以及经销商流失。

（1）研究设计。

为了确保所用量表的信度与效度水平，本书所用量表借鉴了国外学者渠道关系方面的量表①，见表6.18。量表包含经销商满意度和再合作倾向两个构面。

---

① 王海萍，胡保玲. 渠道关系价值研究：内涵与构成［J］. 中国管理信息化，2010（1）：91－93.

表 6.18　　　　　　　　　　经销商满意感和再合作倾向问卷设计依据

构面	参考来源	问卷项目
经销商满意	Achim Walter, Thilo A. Muller, Gabriele Helfert, Thomas Ritter (2003)	相比期望，我们非常满意该供应商目前的表现
		供应商提供了我们所需的服务
		我们与该供应商的合作非常愉快
		总的来说，对此次交易总体满意
经销商再合作倾向	Hewett, Money, Sharma (2002)	此后，愿意与该供应商继续合作
		下次，该供应商仍是我的选择之一
		将来会扩展与该供应商的业务
		此后，愿意继续投入时间和资源到与该供应商合作中来

资料来源：刘志超 (2001)：市场渠道的冲突与管理；Walter Achim, Thilo A. Muller, Gabriele Helfert and Thomas Ritter. (2003)：Functions of Industrial Supplier Relationships and Their Impact on Relationship Quality 整理得到。

　　由于渠道破坏性行为具有复杂性和时效性，很难即时获得破坏性行为发生当下的资料。但我们可以通过情景模拟来获得当事方遭遇到破坏性行为的感受，并由此了解他们满意和再合作意愿。在问卷设计时，我们可以采取主观评判的方法获得当事方的感知和判断。为此，我们在研究中设计了 3 个模拟情景：

　　①正常交易情景：在最近 3 年里，A 公司（供应商）与 B 公司（经销商）多次合作，合作愉快，从未作出任何有损 B 公司利益的违规行为。

　　②遭遇破坏性行为情景：在最近 3 年里，A 公司（供应商）在 B 公司（经销商）已购进大量 A 公司产品的情况，在 B 公司的销售领域内增加了几个新经销商，使得 B 公司的销售额明显下降，造成大量产品积压，资金周转困难。

　　③采取补救措施的情景：在最近的 3 年里，在 B 公司（经销商）遭遇 A 公司（供应商）增加经销商的情况下，对因增加经销商而引起的商品积压、盈利减损等给 B 公司（经销商）造成的经济损失进行全部赔偿，同时 A 公司调整渠道政策，规范渠道关系。

　　（2）信度与效度检验。

　　本书中采用概率抽样法，搜集有效样本 187 份，达到了研究的需要。运用 SPSS17.0 统计分析软件对调查数据进行描述统计分析和信度、效度检验。描述统计分析主要是描述满意和再合作意愿的各组成构面，以此来了解经销商在这些变量上的一般水平；采用 Cronbach's α 系数值来衡量问卷中各变量的信度①。为了弄清问项之间是否具有相关性，对问卷的 KMO（kaise-meyer-olkin measure of sampling adequacy）进行测量（当 KMO 较大时，表示各问项的相关性较高，反之亦反），表6.19 是 KMO 的度量标准：

表6.19 KMO 度量标准

KMO 值	<0.5	0.5~0.6	0.6~0.7	0.7~0.8	0.8~0.9	>0.9
是否适合因子分析	不合适	勉强适合	不太适合	适合	很适合	非常适合

资料来源：李金林，马宝龙（2007）：管理统计学应用与实践［M］. 北京：清华大学出版社。

我们通过因子分析得到的相应结果中，因子负荷与累积贡献率是评价结构效度的主要指标。其中，因子负荷是反映原变量和特定公因子之间的相关度，累积贡献率则是反映公因子对问卷或量表的累积有效度。

（3）数据分析及整理。

我们首先运用 Cronbach's α 对问卷所有项目的信度和效度进行检验，以确定所得数据是否可用于后续研究；其次就是采用相关分析及多元回归分析来确定变量及潜在变量之间存在的影响。具体方法和步骤如下：

第一步，我们对经销商满意信度和效度进行检验：

①经销商满意信度检验。我们采用 SPSS17.0 统计软件分析经销商满意的 Cronbach's α 系数（见表6.20）。3 种模拟情景下经销商满意的 Cronbach's α 系数均超过了 0.7（可接受水平），最小的 Cronbach's α 系数为 0.812，远远大于 0.7。上述数值表明：本书所选取的样本，均通过内部一致性检验，效度良好。

表6.20 经销商满意量表的信度分析

指标	项目	Cronbach's α	检验值
经销商满意	—	—	
正常交易情境下，经销商满意 $A_1 - A_4$	4	0.819	≥0.7
供应商采取破坏性行为后，经销商满意 $C_1 - C_4$	4	0.812	
采取补救措施后，经销商满意 $E_1 - E_4$	4	0.824	

① 目前社会科学研究最常用于衡量内部一致性的信度指标是美国 Lee Cronbach1951 年提出的 Cronbach's α 信度系数。Cronbach's α 是一个统计量，是最常用的信度测量方法。Cronbach's α 信度系数介于 0~1 之间，越接近 1 其可信度也就越高。如果 Cronbach's α 系数不超过 0.6，一般会认为其内部一致信度尚不足；在 0.7~0.8 间，表示这个量表信度相当，达 0.8~0.9 时说明量表信度非常好。

②经销商满意的效度检验，分析结果见表6.21。由表6.20可知，第一种情景，正常交易情境下，经销商满意解释方差为77.231%，KMO样本充分性检验系数0.767（>0.7），说明适合做因子分析。样本分布Bartlett球形检验值为29.894（显著性水平为0.000），说明各指标间是彼此影响的，可进行数据分析；第二种情景，供应商做出破坏性行为情境下，经销商满意解释方差为66.900%，KMO样本充分性检验系数0.721（>0.7），说明适合做因子分析，样本分布Bartlett球形检验值为27.451（显著性水平为0.000），说明各指标间是相互影响的，可进行数据分析；第三种情景，供应商采取补救措施情景后，经销商满意解释方差为68.917%，KMO样本充分性检验系数0.756（>0.7），说明适合做因子分析；样本分布Bartlett球形检验值35.650（显著性水平为0.000），说明各指标间是相互影响的，可进行数据分析。

表6.21 经销商满意量表效度检验

指标（经销商满意）	问卷问项	因子负荷		特征值（解释方差）
正常交易情境，经销商满意	A_1	0.814		77.231%
	A_2	0.764		
	A_3	0.825		
	A_4	0.722		
KOM = 0.767，球形检验值 = 28.984，sig = .000				
供应商做出破坏性行为后，经销商满意	C_1		0.678	66.900%
	C_2		0.852	
	C_3		0.845	
	C_4		0.836	
KOM = 0.721，球形检验值 = 27.451，sig = .000				
采取补救措施后，经销商满意	E_1		0.867	68.917%
	E_2		0.899	
	E_3		0.756	
	E_4		0.763	
KOM = 0.756，球形检验值 = 35.650，sig = .000				

第二步，我们对经销商再合作意愿进行信度和效度检验：

①经销商再合作意愿信度检验（见表6.22）。我们采用SPSS17.0统计软件分析经销商再合作意愿Cronbach's α系数。3种交易情境下经销商再合作意愿的Cronbach's α系数均超过了0.7，最小的Cronbach's α系数为0.710（>0.7）。

表6.22　　　　　　　　　　经销商再合作意愿量表信度分析

指标	项目	Cronbach's α	检验值
经销商再合作意愿	—	—	
正常交易情境下，经销商再合作意愿	4	0.710	≥0.7
供应商做出破坏性行为后，经销商再合作意愿	4	0.814	
破坏性行为补救后，经销商再合作意愿	4	0.835	

由表6.22可知，各潜变量的Cronbach's α系数均大于0.7（最低可接受水平）。表明本书所选的样本信度，均通过内部一致性检验，效度良好。

②经销商再合作意愿效度检验（见表6.23）。我们采用SPSS17.0软件分析结果如下：

表6.23　　　　　　　　　　经销商再合作意愿量表效度分析

指标	问卷问项	因子负荷		特征值（解释方差）
正常交易情境下，再合作意愿	B_1	0.592		83.604%
	B_2	0.091		
	B_3	0.735		
	B_4	0.826		
KOM = 0.713，球形检验值 = 19.204，sig = .000				
供应商作出破坏性行为后，再合作意愿	D_1	0.678		70.481%
	D_2	0.835		
	D_3	0.825		
	D_4	0.836		
KOM = 0.701，球形检验值 = 34.864，sig = .000				
采取补救措施后，再合作意愿	F_1		0.852	72.953%
	F_2		0.923	
	F_3		0.734	
	F_4		0.908	
KOM = 0.789，球形检验值 = 35.950，sig = .000				

表 6.23 显示，在正常交易情境下，经销商再合作意愿能解释 83.604% 方差，KMO 样本充分性检验系数 0.713（>0.7），说明适合做因子分析。样本分布 Bartlett 球形检验值为 19.204（显著性水平为 0.000），说明各指标间是相互影响的，可进行数据分析；在供应商做出破坏性行为情境下，经销商再合作意愿能解释 70.481% 方差，KMO 样本充分性检验系数 0.701（>0.7），说明适合做因子分析，样本分布 Bartlett 球形检验值为 34.864（显著性水平为 0.000），说明各指标间是相互影响的，可进行数据分析；在供应商采取补救行为情景下，经销商满意能解释 72.953% 方差，KMO 样本充分性检验系数 0.789（>0.7），说明适合做因子分析，样本分布 Bartlett 球形检验值为 35.950（显著性水平为 0.000），说明各指标间是相互影响的，可进行数据分析。

第三步，对破坏性行为发生前后的经销商满意及再合作意愿进行 t 检验：

对每组数据进行 t 检验后会发现，经销商在遭遇供应商的破坏性行为后的满意度和再合作意愿都会下降，而且前后数据存在显著性差异（见表 6.24），说明供应商破坏性行为对渠道运行造成了不良影响，采取补救措施是必要的。

表 6.24 经销商满意度与再合作意愿的样本 t 检验

变量	经销商		
	均值	t	p
SAT_0/SAT_1	5.28/2.10	43.40	0.00
RC_0/RC_1	5.33/2.77	27.78	0.00

从表 6.24 可知，在供应商破坏性行为产生之前（事前），经销商满意 $SAT_0 = 5.28$，在遭受供应商的破坏性行为后（事后），经销商满意 $SAT_1 = 2.10$，显著下降；同样，事前经销商再合作意愿 $RC_0 = 5.33$，事后经销商再合作意愿 $RC_1 = 2.77$。其中，对于样本 t 检验，经销商满意 $t = 43.40(P = 0.00)$，经销商再合作意愿 $t = 27.78(p = 0.00)$，样本有显著差异，说明经销商满意和再合作意愿在供应商做出渠道破坏性行为前后有明显变化，呈显著下降态势。

从前面的分析看，破坏性行为产生后，经销商满意和再合作意愿显著下降，这必然会影响供应商与经销商的后续合作，对渠道绩效产生消极影响，进而影响到渠道生态系统的健康运行。因此，在渠道破坏性行为发生后，及时采取补救措施是非常有必要的。

第四步，对破坏性行为补救前后经销商满意及再合作意愿进行比较：

根据研究设计，供应商做出破坏性行为之后，对经销商采取补救措施后，其满意和再合作意愿会发生变化，（见表 6.25）。从表 6.25 可知，实施补救行为后，经销商满意（事后）$SAT_2 = 5.18$，经销商再合作意愿（事后）$RC_2 = 5.12$，其中经销商满意 $t = 2.67（p = 0.01）$，经销商再合作意愿 $t = 3.12（p = 0.00）$，表明实施补救行为事前事后存在显著差异。经销商满意变化 $SAT_2 - SAT_1$ 为 3.12，经销商再合作意愿的变化 $RC_2 - RC_1$ 为 2.67，即经销商满意和再合作意愿均有明显回升。供应商在做出破坏性行为之后，让经销商满意和再合作意愿均有显著提升，较大程度地提升经销商满意度和再合作意愿。这说明，采取有效的补救措施可以有效改善双方关系，起到较好的效果。

表 6.25　　　　　　　　　补救水平及补救前后变量变化分析

补救后	变量	均值	t	p	补救前后变量变化	均值
满意	SAT_2	5.18	2.67	0.01	$SAT_2 - SAT_1$	3.12
再合作意愿	RC_2	5.12	3.12	0.00	$RC_2 - RC_1$	2.67

那么，经过补救后是否会恢复到原有水平，或是更高水平的满意度和继续合作态度呢，这是需要进一步研究的问题。

第7章 结论与展望

7.1 研究结论

本书综合运用现代营销学的前沿理论及生态学相关理论，采用定量与定性、理论分析与实证研究相结合的方法，系统和深入地对渠道生态系统结构、演化与运行机制进行了研究，并得出了以下结论：

（1）渠道生态系统是指在特定时空，生产商、中间商和消费者等构成的渠道价值链内部及其与赖以生存的外部环境发生物质、信息、资金等交流复合而成的系统。渠道成员间因外部因素或渠道演化力量的作用及自身有意识的行为而集结在一起，并按照价值链共同生存和协同进化，形成有竞争优势的生态位势，是一个相互依赖、相互调节的共同生存和协同进化的共生系统。渠道生态系统具有生命体的显著特征。复杂适应性和共同进化是其最主要特征，除此之外，还具有分销生态性、成员间命运共享、存在"关键种"等特征。

（2）渠道生态系统是解决目前渠道效率低下、营销水平层次不高及渠道竞争力不强等问题的关键，为此需要从生态系统的角度来构建渠道系统。渠道生态系统结构不是简单的渠道结构，它包含了组分结构、形态结构和营养结构3种基本结构形式，体现了满足顾客需求和渠道成员利益的诉求。组分结构体现了渠道种群的结构特征以及实现渠道功能的组成，而形态结构是指一定的时间和空间渠道成员的形态及功能的实现，营养结构指的是渠道系统内物质、资金及信息的流动方向及途径，三者有机结合，缺一不可。渠道种群间根据市场（顾客）需求进行物质（产品）、能量（资金）和信息（消费者需求信息）的传递和交流。渠道生态系统形成的核心是转换效率，需遵循市场规律及相关利益获得法则，其中，自组织机制是其形成、健康运行及成长的主导机制。

（3）渠道生态系统通过资源优化配置、价值实现以及生态调控等，使渠道生态系统自组织、自催化的竞争"序"得到更充分的实现；通过自调节、自抑制的共生"序"来保证渠道生态系统结构与功能的实现。渠道生态系统中存在商人中间商、代理中间商和辅助中间商以及生产商、顾客5类种群，其结构和功能各异。链状结构和网状结构是渠道生态系统两种主要空间形态结构，它会随时间的变化发展演变为物种、种群和群落的变化和更替，最终以一定的渠道生态位呈现。渠道生态系统各个渠道层级之间以及同级渠道成员之间构成食物链和食物网，具有很强的新陈代谢、自适应、自协调能力。其物种成员将会改变渠道效率低下、争夺渠道权力的状态，实现渠道再造，最终实现系统结构的均衡与稳定。

（4）渠道生态系统演化强化相关要素的价值性生态协同优化，其演化过程须坚持互动、共同进化、生态流、生态平衡等基本原则。它经历构建、成型、优势生态位竞争与均衡稳定过程。竞争博弈是渠道生态系统演化基本机制，呈现出自适应、自我选择、资源再造、环境适应4种演化方式以及内部以自组织自适应机制为主、外部以环境选择为主的两种演化路径。渠道生态系统演化存在内部和外部两种机制，两种机制对应两种不同的模型，前者为 Logistic 模型，后者为 Lotka – Volterra 模型。

（5）系统成长和演化的力量来源于系统结构及其作用规律。渠道生态系统的主动力影响来自于系统内部包括以顾客需求为导向、系统内的互相学习、位势争夺和治理机制的相互作用等在内的因素。渠道生态系统成长动力包括自适应扩张和外部竞争驱动力，因而具有复杂的成长动力机制——自动力机制和他动力机制，决定了系统成长的速度和轨迹。渠道生态系统的运作遵循严格规范的行为准则和机制，与渠道内外成员形成某种显性的或隐性的契约等，运行机制、成员选择、盈利分配模式以及系统扩张等是运行模式的主构件。由于渠道破坏性行为等内外部因素的干扰使得渠道生态系统常处于失稳状态，采取调控渠道生态系统结构和功能的运行方式，能起到保证渠道生态系统有效运行和健康成长的作用，运用物种、生态位、成长速度控制等手段以及采取调节合同、标准、制度和利益分配、资源共享等方式能有效达到调控目标。渠道生态系统合作利益分配机制是渠道生态系统成长和健康运行的核心与基础，也是运行机制研究的关键。建立风险共担、利益共享、公平合理的科学激励机制，实现合作共赢的利益分配机制是渠道生态系统运行和成长的保障。

（6）渠道破坏性行为对渠道生态系统形成和健康运行造成严重阻碍和破坏。渠道破坏性行为是基于渠道系统满足顾客需求和有效利用资源基础上，对渠道分销效果和效率产生消极影响的行为，具有复杂性、客观性、动态性、可预警和可补救等特点。健康的渠道生态系统本身就是一种很好的预警和补救机制，溯源机制能准确寻找到渠道破坏性行为产生的根源，良好的反馈机制是重要保障。为此，需要建立包含顾客、渠道结构、渠道成员、渠道成本、渠道管理以及其他因素的预警指标体系。渠道生态系统中破坏性行为的补救应该按照公平、及时、归因和系统 4 大原则结合渠道破坏性行为产生的原因制定明确、有效的破坏性行为补救目标、方法和途径，并建立基于主观和客观的补救策略以及评价体系以确保渠道的整体运转效率不断接近理想状态，及时有效地解决破坏性行为带来的不良后果，确保渠道生态系统健康运行和成长。

7.2 实 践 启 示

渠道生态系统理论对我国企业营销管理实践具有十分明显的启示作用，根据本书的分析和探讨，结合项目组实地调研及企业管理咨询方面工作的实践以及项目研究过程中的思考，粗浅概括下面一些启示和建议：

（1）传统渠道模式效率低、成本高以及难以控制等缺点日益凸显，如何构建适应环境变化的渠道系统成为摆在企业面前的重要课题。构建渠道生态系统是把渠道视为一个生命共同体，渠道生态系统本身就是一种良好渠道模式，具有自适应和调整之功能。

（2）调整改变传统渠道构建模式，代之以渠道生态系统作为渠道构建和运行的基本模式。具体做法是：首先，根据渠道需求、渠道目标与功能，确定渠道物种、种群和群落；其次，根据渠道形态结构确定渠道水平结构和垂直结构，综合构建优势生态位；最后，考虑渠道营养结构，主要考虑营养 5 要素——产品、产品所有权、资金、促销、渠道权力来确定企业营养结构。

（3）从新评估渠道商之间的关系，渠道成员间必须能顺利持续进行物质（产品）、能量（资金）和信息（消费者需求信息）等的传递和交流，这是渠道高效的重要原因。在渠道中因为信息不对称、产品所有权和资金实力存在差距由此引发渠道冲突，这是传统渠道面临的主要问题。而渠道生态系统的构建、渠道中能量转换、渠道共享和依赖是促使渠道生态系统形成和运行的主要动力及主导机制。渠道冲突自然消解。

（4）针对渠道的不同发展阶段，需要适时进行调整。其调整方法和步骤如下：第一，对渠道中各个节点（渠道商），按照能量传递、代谢原理判断是否"断流"，这里的"流"是指价值流——物质流、资金流和信息流，看资源是否有效利用、参与者效益（经济效益和社会效益）是否得到满足；第二，如果物质流、资金流和信息流属于单向而非双向，那么进行反馈调整；第三，对核心路径、重要路径和次重要路径，根据上述两个步骤进行调整，重新确定核心路径。

（5）渠道生态系统的运行类似陀螺，陀螺平衡与平稳象征渠道生态系统健康运行。要保证渠道生态系统运行平稳（健康），有两个决定因素：一是陀螺旋转达到一定的速度；二是缺乏外力对其的干扰和破坏。而渠道生态系统的三大机制——资源汇集与整合机制、价值交换与实现机制以及稳定与协调机制是渠道生态系统健康运行的保证。这三大机制的核心在于在渠道运行中的能量流、价值流、物流等交换与畅通。

7.3 研究展望

本书对渠道生态系统结构、演化与运行机制进行了研究。限于篇幅和研究时间，对渠道生态系统的研究只是提出了一些基本框架和思路，就研究逻辑与结论而言尚处于初级和基础阶段，实证分析也略显粗糙。对渠道生态系统而言，尚存在诸多有待进一步深入研究、丰富而有意义的内容：

（1）本书没有对渠道生态系统结构在什么时候处于最佳结构状态进行深入研究。衡量最优结构是什么标准，有哪些标准和标志；最佳生态位在时间结构上应该采取何种手段，本书没有进一步深入研究。

（2）本书第3、4、5章和第6章均采用了案例研究进行阐述。但案例研究停留在对现有状况的描述和分析，是对已经发生的企业实践结果进行分析，尚没有应用现有理论进行预设和规划，也就是说，现有的理论分析范式是否能够得到企业实践的检验，这是后续研究中需要予以证明的。

（3）渠道生态系统的演化方式和规律中内部机制和外部机制的互动影响在本书的研究中没有进行更深入的探讨，虽然也应用了logistics模型和Lotka - Votera模型进行演化分析，但环境影响因子对渠道生态系统演化路径及其特征有何重要影响还需进一步深入阐述，如果有合适的企业愿意提供5~10年的渠道及其绩效数据，则不仅能从实证上归纳总结出渠道生态系统演化的特点，而且可以大大推动中国国情环境下渠道生态系统理论的发展。

（4）对企业渠道生态系统的构建需求要做进一步的研究。构建渠道生态系统是营销渠道发展的高级形态和终极追求，但其自适应模式和路径如何、其技术约束和企业营销管理能力的约束都将增加企业构建渠道生态系统的需求强度。因此，渠道生态系统的绩效评价和实现路径研究将是下一步研究的重点。在下一步的研究中，通过深入研读渠道经典及管理生态方面的最新研究成果，尤其是对渠道生态系统运行中健康性以及渠道绩效评价的相关内容进行深入的分析和研究，在借鉴关于渠道权力、网络及社会背景下渠道结构及功能方面的制度设计的理念和做法的基础上，提出符合当代中国企业和产品实情的对策性、实证性研究。

（5）目前对渠道生态系统研究的文献少之又少，是因为学术视角问题，还是该理论在实践中的运用局限，在后续渠道生态系统理论在企业营销实践和应用的研究中还有待进一步深入，特别是关于渠道生态系统结构和功能方面，在企业实际操作层面缺乏有力的实例和建设性的对策研究。但渠道网络和供应链网络以及柔性组织等方面的研究却有不少，需要进一步将这些研究成果运用到渠道生态系统的研究中，以提供更多切实可行的参考和借鉴。

凡此种种，都可以在本书有关内容的基础上进一步研究。需要强调的是，从事渠道生态系统的研究将面临较大的难度。从类似研究和课题组以往的研究经验看，这种研究需要大量、长期的企业第一手资料作为支撑，而要取得这些资料需要研究者长期跟踪一定数量的企业和行业进行积累。而现实情况是我国很多企业视"渠道"为"私产"，是众多企业的"核心竞争力"岂能让他人所拥有，因此，渠道数据的取得难上加难。即便课题组从长期合作的企业中获取的数据，也因为有些关键数据的缺失和隐饰而失真，这在一定程度上会削弱本研究的说服力。

参 考 文 献

[1] A. 麦肯齐，A. S. 鲍尔等著，孙儒泳译. 生态学（中译本）[M]. 北京：科学出版社，2010：227.

[2] A. 麦肯其，A. S. 鲍尔，S. R. 弗迪著，孙儒泳等译. 生态学（中译本）[M]. 科学出版社，2004，9：194.

[3] Ajay Menon & Anil Menon. Enviropreneurial marketing strategy：the emergence of corporate environmentalism as market strategy [J]. Journal of Marketing, 2001, 61（1）：51 – 67.

[4] Alexey Voiinov 著，张力小译. 生态经济学中的系统分析与模拟 [M]. 北京：高等教育出版社，2014：44 – 65.

[5] Ambler, Tim and Kokkinaki, Flora. Measures of marketing success [J]. Journal of Marketing Management, 1997（13）：665 – 678.

[6] Ambler, Tim and Kokkinaki, Flora. Measures of marketing success [J]. Journal of Marketing Management, 1997（13）：665 – 678.

[7] Anderson, James C. and David W Gerbing and James A. IVarus. A model of distributor firm manufacturer firm working partnerships [J]. Journal of Marketing, 1990, 54（1）：42 – 58.

[8] Art Kleiner. What does it mean to be green? [J]. Harvard Business Review, 1991（7 – 8）：38 – 47.

[9] Bagozzi, Richard P. The self-regulation of attitudes, intentions, and behavior [J]. Social Psychology Quarter, 1992, 55（June）：178 – 204.

[10] Bazzaz F. a. Plant species diversity in old-field sucessional ecosystems in southern Illinois [J]. Ecology, 1971（56）：485 – 460.

[11] BegonM. Harper, J. L. and Townsend, C. R. Ecology – individual population and commumities [M]. Black Science, Oxford, 1996.

[12] Bellows Jr. , T. S. The descriptive properties of some model for den-

sity dependence [J]. J. Anim Ecology, 1981 (50): 139 – 156.

[13] Berglund, A. , Roland, A. A note on manufacturers'choice of distribution channel [J]. Management Science, 1959, 5 (4): 460 – 471.

[14] Bollen, Kenneth A.. Ecologsystem Structural Equations with Latent variables [M]. New York: Wiley, 1989.

[15] Bowersox D J, Cooper M B, Lambert D M, Taylor D A. Management in marketing channels [M]. Mc Graw – Hill, 1980.

[16] Bowersox D. J. and M. B. Cooper, D. M. Lambert and D. A Taylor. Management in marketing channels [M]. McGrawHill, 1980: 189 – 232.

[17] C. F. Gilliland and Chan. Unilateral control and the moderating effects of fairness on the targets performance in a symmetric channel partnerships [J]. European Journal of Marketing, 2001, 37 (11/ 12).

[18] Cabezas H. Pawlowski CW, Mayer A L. et al. Simulated experiments with complex sustainable system: Ecology and technology [J]. Resources Conservation and Recycling, 2005, 44 (3): 279 – 291.

[19] Cockburn, A. An Introduction to Evolutionary Ecology [M]. Black Science, Oxford, 1991.

[20] Coffin D. P, Lauenroth W. K. A gap dynamics simulation mode of succession in semiarid grassland [J]. Ecol model, 1990, 49: 220 – 250.

[21] Coughlan A T. Theory and Competition and cooperation in marketing channel choice: application [J]. Marketing Science, 1985, 4 (2): 110 – 129.

[22] Dant, Rajiv P and Patrick Schul. Conflict resolution processes in contractual channels of distribution [J]. Journal of Marketing, 1992, 56 (1): 38 – 54.

[23] David P. How You'll Manage Your 1990's Distribution Portfolio [J]. Business Marketing, Crain Communications, 1989 (4): 54.

[24] David P. You'll manage your 1990's distribution portfolio [M]. Business Marketing, Crain Communications, Inc, 1989 (4).

[25] Diamond J. M. Assembly of species communities in ecology and evo-

lution of communties [M]. Harvard University Press, Cambridge, 1975: 342 - 444.

[26] Dick, Alan S. and Kunal Basu. Customer loyalty: toward an integrated conceptual Framework [J]. Journal of the Academy of Marketing Science, 1994, 22 (2): 99 - 113.

[27] Dodson, S. I. Complementary feeding niches sustained by size-selective predation [J]. Limmol. and Oceanog, 1970 (15): 131 - 145.

[28] Dwyer, Robert F.. Are two better than one? bargaining behavior and outcomes in an asymmetrical power relationship [J]. Journal of Consumer Research, 1987, 11 (9): 680 - 93.

[29] Dwyer, Robert F. Ping, Robert A. , Jr. Developing buyer-seller relationships [J]. Journal of Marketing, 1998 (51): 11 - 27.

[30] Elwood J. W. Newbold J. D. O' Neill and van Winkled W. Resource spiraling: an operational paradigm for analyzing lotic ecosystems [M]. Dynamics of lotic ecosystems, 1983: 198 - 218.

[31] F. Robert Dwyer and F. Kelly Shuptrine. Using retailers'perceptions of channel performance to detect potential conflict [J]. Combined Proceeding, Thomas Y. Green ed. Chicogo: American Marketing Association, 2002: 118 - 123.

[32] F. Robert Dwyer and F. Kelly Shuptrine, Using retailers' perceptions of channel performance to detect potential conflict, in combined proceeding [J]. Thomas Y. Greer, ed. Chicogo: American Marketing Association, 2002: 118 - 123.

[33] Frazier G, Summers J. Perceptions of interfirm power and its use with in distribution channels [J]. Journal of Marketing Research, 1999, 23 (May), 169 - 179.

[34] Frazier G, Summers J. Perceptions of interfirm power and its use with in distribution channels [J]. Journal of Marketing Research, 1986, 23 (May), 169 - 179.

[35] Frazier, Gary L. Interorganizational exchange behavior in marketing channels: a broadened perspective [J]. Journal of Marketing, 1983, 47 (Fall): 68 - 78.

[36] George John, An empirical investigation of some antecedents of op-

portunism in a marketing channel [J]. Journal of Marketing Research, 1984 (8): 21.

[37] Gerard Prendergast, Pierre Berthon. Insights from ecology: an ecotone perspective of marketing [J]. European Management Journal, 2000, 18 (2): 223 - 232.

[38] Grath J. M, Schul P L. Conflict Resolution Processed in Contractual Channels of Distribution [J]. Journal of Marketing, 2001 (3): 41.

[39] Heide, Jan B. , Keneth John. in Industrial Purchasing: The Determinants of Joint Action in Buyer - Seller relationships [J]. Journal of Business Research, 2002, 32: 57 - 66.

[40] Henion, K. E. &Kinnear, T. Ecological marketing [M]. Colombus, Ohio: American marketing association, 1976.

[41] Hibbard W. Mack, Richard C. Snyder, The analysis of social conflict - toward and overview and synthesis [J]. Conflict Resolution, 1997, 1 (2): 212 - 248.

[42] Hirschman, Albert O. Exit, voice, and loyalty: responses to decline in firms, organizations and states [M]. Cambridge, MA: Harvard University Press, 1970, 30: 77 - 78.

[43] J. B. Gassen heimer, F. s. Houston, J. C. Davis. The role of economic value, social value and perceptions of fairness in inter organizational relationship retention decisions [J]. Journal of Academy of Marketing Science, 1998: 26.

[44] Jam. LawreneeR. , StaneleyA. Milaik, JeansM. bret. Causal analysis: assumption, models, and data [M] . Beverly Hills, CA: stage Publication, 1982.

[45] James F. Moore. Predators and Prey: A new ecology of competition [J]. Harvard Business Review, 1993 (5 - 6): 75 - 86.

[46] James F. Moore. The Death of competition: leadership and strategy in the age of business ecosystems [M]. New York: Harper Collins, 1996.

[47] James. R. Brown, A. T. Cobb, R. F. Lusch. The roles played by inter organizational contracts and justice in marketing channel relationship [J]. Journal of Business Research, 2006: 59.

[48] Jap. Sandy. Pie – expansion efforts: collaborative processes in buyer-supplier relationships [J]. Journal of Marketing Research, 1999, 36 (11): 461 –475.

[49] Jonathan, Hibbard, Nirmalya Kumar, and Louis W. Stern. Examining the impact of destructive acts in marketing channel relationships [J]. Journal of Marketing Research, 2001 (2): 45 –61.

[50] Jorgensen. S. , Sigue, S. P. , Zaccour, G. . , Stackelberg. leadership in a marketing channel [J]. International game theory review, 2001, 3 (2): 13 –26.

[51] Kelly Hewett, R. Bruce Money and Subhash Sharma. An exploration of the moderating role of buyer corporate culture in industrial buyer-seller relationships [J]. Academy of Marketing Science Journal, 2002, 30 (Summer): 229 –239.

[52] Kondratowicz – Pozoraka, Jolanta. Modern marketing tools traditional ecological farms [J]. economic science for rural development Conference Proceeding, 2009 (20): 89 –92.

[53] Kumar, N. , Scheer, L. K. and Steenkamp, J. – B. E. M. The effects of supplier fairness on vulnerable resellers [J]. Journal of Marketing Research, 1995: 32.

[54] L. lkington, J. Partnerships from cannibals with forks: the triple bottom line of 21st century business [J]. Environmental Quality Management, 1998, 8 (1): 37 –51.

[55] Loehlin, J. C. Latent variable models: an introduction to factor, path and structural analysis [M]. Hillsdale, NJ: Lawrence Erlbaum, 1992.

[56] Louis P. Bucklin. Venlatrm Ramaswas, Summit K. Majumdar. Analying channel structures of business markets via the structure-output paradign [J]. International journal of research in marketing, 1996 (13): 73 –87.

[57] Louis W Stern. Adel I EI – Ansary. Anne T Coughlan. 市场渠道 [M]. 北京: 清华大学出版社, 2001.

[58] Louis, P. B. , Cliffs, E. , Competition and evolution in the distributive trades [J]. Journal of Retailine, Prentice – Hall, 2007, 97 (2).

[59] Marco Lansiti & Roy Levien. Strategy as ecology [M]. Harvard Business Review March, 2004.

[60] Margalef, R. On Certain unifying principles in ecology [J]. Am. Nat, 1963 (47): 357 – 374.

[61] McGovern Loretta, Saunders Tedd. The bottom line of green is black: strategies for creating profitable and environmentally sound businesses [M]. Harper San Francisco, 1993: 282.

[62] McNaughton S. J. Diversity and stability of ecologicial communities: a comment on the role of empriscism in ecology [J]. Ami nature, 1977 (111): 512 – 529.

[63] Michael Porter 著, 陈小悦等译. 竞争优势 [M]. 北京: 华夏出版社, 2002: 141 – 156.

[64] Milgrom. Paul and John Roberts. Economics, organization and management [M]. Englewood Cliffs. NJ.: Prentice Hall, 1992: 265 – 274.

[65] Mohr, JakkiJ., Robert Spekman. Characterstic of partnership success: partnership attributes, communication behavior and conflict resolution technique [J]. Strategic Management Journal, 1994, 15: 135 – 152.

[66] Montgomery, B. M S. Duck, ed. Chichester. Quality communication in personal relationships [J]. Handbook of Personal Relationships, John Wiley&Sons, 1988: 343 – 59.

[67] Montgomery, B. M. Quality communication in personal relationships [M]. Handbook of Personal Relationships, S. Duck, ed. Chichester, England: John Wiley&Sons, 1988: 343 – 59.

[68] Morrill, Calvin, Cheryl King Thomas (1992), Communication strategies in marketing channels: a theoretical perspective [J]. Journal of Marketing, 1990, 54 (3): 36 – 51.

[69] Nateli Hrionenko Yuri Yatsenko, 申笑颜译. 经济、生态与环境科学中的数学模型 [M]. 北京: 中国人民大学出版社, 2011 (12).

[70] Noble, J. C. and Slaty, R. O. the effects of disturbance on plant succession [J]. Product. ecology social, 1979 (10): 135 – 145.

[71] Piero, Morosini. Industrial clusters knowledge integration and per-

formance [J], World Devel 2004, 32 (2): 305 –326.

[72] Ping, Robert A. Unexplored antecedents of exiting in a marketing channel [J]. Journal of Retailing, 1990, 75 (2): 218 –241.

[73] Ping, Robert A., Jr., Development process of cooperative inter organizational relationships [J]. Academy of Management Review, 1990, 19 (1): 90 –118.

[74] Ping, Robert A., Jr. Determinants of Distribution Intensity [J]. Journal of Marketing, 1992 (10).

[75] Ron N. Ashkenas, D. Ulrich, T. Jick, and S. Kerr. The boundary-less organization [M]. San Francisco, California: Jossey – Bass, 1995.

[76] Rosswell T. H. The major biogeochemical cycles and their interactions [M]. John wiley & Sons, 1983 (9): 46 –70.

[77] Rusbult D. Explaining control lessing corporate marketing channels: a organizational analysis [J]. Journal of Marketing Research, 1982 (11).

[78] [丹] S. E. Jorgensen, [意] G. Bendoricchio. 生态模型基础 [M]. 何文珊, 陆健健, 张修峰, 译. 北京: 高等教育出版社, 2007, 4.

[79] S. E. Jorgensen [丹], G. Bendoricchio, [意] 何文珊, 陆健健, 张修峰译. 生态模型基础 [M]. 北京: 高等教育出版社, 2007, 4: 265 –271.

[80] Scheer, Lisa K. and Louis W. Stern. The effect of influence type and performance outcomes on attitude toward the influencer [J]. Journal of Marketing Research, 1992, 29 (February): 128 –42.

[81] Sherrif T. K. Luk, Hai Yang I. I. Distribution reform in China: a macro perspective and implications for channel choices [J]. Journal of Marketing Channels, 1997, 6 (1): 77 –104.

[82] Shery D. Brahnam, Thomas M. Margavio, Michael A. Hignite, Tonya B. Barrier and Jerry M. Chin. A gender-based categorization for conflict resolution [J]. Journal of Management Development, 2005, 24 (3): 197 –208.

[83] Stern, L. W. and E. Ansary, A. T. Marketing channels [M]. Prentice Hall Tnc, 1996.

[84] Tilman D. Plant strategies and the dynamics and structure of plant

communities [M]. Princeton university press, 1988.

[85] Tony Haitao C., Jagmohan S. Raju, Z. John Zhang. Fairness and channel coordination [J]. Management Science, 2007, 53 (8): 1303 – 1314.

[86] Ulrich Lichtenthaler. Absorptive capacity, environmental turbulence, and the complementarity of organizational learning process [J]. Academy of Management Journal, 2009, 52 (d): 822 – 816.

[87] Verette, Julie, Caryl E. Rusbultd, and Gregory W Schmidt. The structure of marketing channel relationships [J]. Journal of the Academy of Marketing Science, 1988, 22 (1).

[88] Walter Achim, Thilo A. Muller, Gabriele Helfert and Thomas Ritter. Functions of Industrial Supplier Relationships and Their Impact on Relationship Quality. Industrial Marketing Management, 2003, 32: 159 – 169.

[89] Woodwell, G. and Whittaker, R. Primary production in terresttial ecosystem [J]. Am. zool, 1968, 8 (1): 19 – 30.

[90] Zusman, Pinhas. Etgar, Michael. Marketing channel as an equilibrium set of contracts [J]. Management Sci., 1981, 27 (3): 284 – 302.

[91] 艾尔弗雷德 D. 钱德勒著. 看得见的手——美国企业的管理革命 [M]. 北京：商务印书馆，1987：565 – 598.

[92] 安妮 T. 科兰，埃林·安德森，等著，蒋青云等译. 营销渠道（第7版）[M]. 北京：中国人民大学出版社，2008，8：11 – 13.

[93] 白少布. 面向供T链融资企业信用风险评估指标体系设计 [J]. 经济经纬，2009 (6): 96 – 100.

[94] 伯特·罗森布罗姆著 [美]，李乃和，奚俊芳译. 营销渠道管理（第六版）[M]. 北京：机械工业出版社，2002：158 – 185.

[95] 陈国铁. 我国企业生态化建设研究 [D]. 福州：福建师范大学，2009.04：100 – 102.

[96] 陈瑜等. 基于 Lotka – Voterra 模型的光伏产业生态创新系统演化路径的仿生学研究 [J]. 研究与发展管理，2012，24 (3): 75.

[97] 邓德胜，尉明霞. 企业营销渠道生态管理研究 [J]. 中国流通经济，2011 (3): 74 – 78.

[98] 杜富燕，林介浩．探讨直销人员对直销公司设置虚拟通路之反应行为［J］．工商管理学刊，2003，1（1）：45－65.

[99] 范博慧，马咏梅．渠道逆向重构：浅议中小企业的超级终端策略［J］．商场现代化，2006（8）：78－79.

[100] 范丽红，施国洪，童健．财务供应链融资风险评估与预警机制研究［J］．统计与决策，2014，397（1）：179－183.

[101] 菲利普·科特勒．营销管理［M］．北京：中国人民大学出版社，2010：364－380.

[102] 冯俊华，赵剑．市场生态环境选择机制下的企业进化［J］．工业工程，2009，12（6）：1－4.

[103] 冯鹏义．基于顾客价值的营销资源配置［J］．经济问题，2006，6（3）：8－10.

[104] 傅漩．渠道生态圈中滞态成本的弹性运营［J］．航天工业管理，2000（2）：28－30.

[105] 高维和，黄沛，王震国．行为驱动结构—中国渠道结构变动研究［C］.2008年度上海市社会科学界第六届学术年会文集（经济·管理学科卷），2008－11－01.

[106] 郭朝阳著．冲突管理：寻找矛盾的正面效应［M］．广州：广东经济出版社，2004，8：124－132.

[107] 韩庆兰，祝海波等．渠道破坏性行为研究：基于经销商视角［J］．系统工程，2012（9）：63－68.

[108] 韩小花，薛声家．竞争的闭环供应链回收渠道的演化博弈决策［J］．计算机集成制造系统，2010，16（7）：1487－1490.

[109] 何国伟．质量管理三个要素：效果、效率及可靠性［J］．质量与可靠性，2007，130（8）：5－8.

[110] 何慕．非技术密集型企业新市场生态下的渠道转型策略［J］．现代营销（学苑版），2008（4）：91－93.

[111] 贺和平．现代零售商的破坏性行为及其影响——调查报告（续）：零售商霸权下的渠道关系管理［J］．销售与市场（市场与渠道版），2005（9）：16－20.

[112] 胡斌，李旭芳．企业生态系统动态演化研究［M］．天津：同济大学出版社，2013：54.

[113] 胡斌．企业生态系统中合作收益的分配机制研究［J］．统计与决策，2008（12）：23－25.

[114] 胡宪武，腾春贤．动态供应链网络均衡仿真模型研究［J］．统计与决策，2009，298（22）：46.

[115] 黄丽薇，陈克明．营销渠道的逆向模式［J］．经济管理，2001（13）：49－51.

[116] 黄昕，潘军．论集成化在商业生态系统和供应链中的耦合性［J］．经济与管理，2004（2）：40－55.

[117] 杰伊·波隆斯基等．环境营销［M］．北京：机械工业出版社，2000：126－130.

[118] 科斯，路易斯·普特曼、兰德尔·克罗茨纳．企业的经济性质［M］．上海：上海财经大学出版社，2000：112－160.

[119] 劳伦斯·G. 弗里德曼，蒂莫西·R. 弗瑞．创建销伟渠道优势［M］．北京：中国标准出版社，2003：40－81.

[120] 李刚．企业组织结构创新的机理与方法研究［D］．武汉：武汉理工大学，2007.

[121] 李金林，马宝龙．管理统计学应用与实践［M］．北京：清华大学出版社，2007.

[122] 李昆．企业群落生态化的复杂动力机制研究［M］．北京：经济科学出版社，2010.

[123] 李林．制度环境适应下的我国家族企业治理研究［J］．合作经济与科技，2008（9）：32.

[124] 刘志超，宋新华．市场渠道的冲突与管理［J］．企业经济，2001（9）：65－66.

[125] 鲁慧．渠道关系破坏性行为的补救策略研究［D］．长沙：中南林业科技大学，2012（6）.

[126] 陆芝青，王方华．营销渠道架构中的交易治理分析［J］．价格理论与实践，2004（3）：60－61.

[127] 路易斯·W. 斯坦恩，伊尔·安萨里，安勒·T. 科兰恩著．赵平等译．市场渠道．第5版［M］．北京：清华大学出版社，2001.

[128] 吕一林．营销渠道决策与管理［M］．北京：首都经济贸易大学出版社，2002：145－153.

[129] 马慧，杨德礼，陈大鹏．供需双方渠道选择行为的演化博弈模型［J］．科技与管理，2011，13（5）：24－28.

[130] 马慧，于红春，王红新．供需双方网络渠道选择的演化博弈分

析［J］．管理评论，2012，24（10）：68－72.

［131］迈克尔·J·贝克．市场营销百科［M］．沈阳：辽宁教育出版社，1998：132－135.

［132］木内多知［日］，比尔舍尔曼［美］．企业的自然课——从雨林中寻找持续盈利的商业法则［M］．北京：机械工业出版社，2003.

［133］聂元昆，牟宇鹏．演化营销范式：基于生物演化视角的营销理论创新［J］．云南财经大学学报，2011，5：115－118.

［134］钱辉．生态位、因子互动与企业演化——企业生态位对企业成长的影响研究［M］．杭州：浙江大学出版社，2008.3.

［135］秦立公．物流服务销售渠道的生态化整合［J］．现代商业，2008，26：18－19.

［136］邱晖．希克斯动态经济理论中时间维度处理方法研究［J］．经济纵横，2012（7）：34－36.

［137］任燕，王克西．中国营消渠道系统的创新模式分析［J］．商业研究，2004，291（7）：131－133.

［138］芮明杰．市场营销管理——定位、联盟、策略［M］．上海：复旦大学出版社，2001：221－265.

［139］闫安，达庆利．企业生态位及其能动性选择研究［J］．东南大学学报（哲学社会科学版），2005，7（1）：62－66.

［140］孙振钧，周东兴编．生态学研究方法［M］．北京：科学出版社，2010.

［141］唐玉生．基于资源与能力的营销战略［J］．改革与战略，2005（3）：85－91.

［142］田也壮，方淑芬．组织边界及部门间边界机理研究［J］．系统工程学报，2000，15（4）：389－394.

［143］王保进．英文视窗版SPSS与行为科学研究［M］．北京．北京大学出版社，2007（8）：499.

［144］王朝辉．渠道冲突类别、原因及其解决方法［J］．江苏商论．2002（9）：58－59.

［145］王方华，范凯利，方芳．"无缝营销渠道"：实例、特征与价值［J］．经济管理，1999（8）：20－24.

［146］王桂林，庄贵军．中国渠道中企业间信任的概念模型［J］．当代经济科学，2004（1）：39－43.

[147] 王海萍，胡保玲．渠道关系价值研究：内涵与构成［J］．中国管理信息化，2010（1）：91-93.

[148] 王敬斋，王晓平．营销渠道研究综述［J］．企业改革与管理，2012（11）：19-21.

[149] 王俊人：运动用品零售商响应型式决定因素之探讨［J］．管理世界．2004（2）：97-100.

[150] 王理文．基于顾客需求弹性的渠道构建研究［D］．广西大学硕士学位论文，2008（6）：3-5.

[151] 王涛．基于组织生态理论的企业分销渠道模式选择研究［D］．兰州大学硕士学位论文，2009（4）.

[152] 王晓平．营销渠道研究综述［J］．经营管理者，2010（23）：124.

[153] 王兴元．名牌生态系统分析理论及管理理论策略研究［M］．北京：经济科学出版社，2006.

[154] 魏明侠．绿色营销机理及绩效研究［D］．武汉理工大学博士论文，2002：84.

[155] 吴天一．浅谈生态系统中的食物链与食物网［J］．现代农业，2013-05-01：102.

[156] 吴宇迪．营销渠道合作关系的演化博弈分析［D］．广州：华侨大学，2008.

[157] 席利卿．农产品营销渠道多样性的演化博弈分析［J］．仲恺农业工程学院学报，2013，26（4）：53-57.

[158] 夏文汇，徐刚．当前工商渠道的矛盾冲突与对策研究［J］．中国流通经济，2001（3）：28-31.

[159] 肖衡．基于组织生态理论的供应链演化研究［D］．长沙：中南林业科技大学，2010（6）.

[160] 徐建中．企业生态化系统与发展模式［M］．哈尔滨：哈尔滨工程大学出版社，2012：5.

[161] 徐建忠．基于顾客消费行为的营销渠道激励机制研究［D］．武汉：华中科技大学，2007（10）.

[162] 徐天佑．堡垒式营销与撒网式营销［J］．商业时代，2001（1）：48-50.

[163] 徐艳梅．组织生态变迁研究［M］．北京：经济科学出版社，2013.

［164］许芳，李建华．企业生态位原理及模型研究［J］．中国软科学，2005（5）：131．

［165］薛梅，黄沛．市场营销生产率问题研究与分析［J］．技术经济与管理研究，2004（3）：75．

［166］闫安．企业生命体的行为与理性研究［D］．南京：东南大学，2005．

［167］杨慧．对角线转移：渠道权力理论研究的新视角［J］．当代财经，2002（8）：58－60．

［168］杨涛，葛松林．企业营销渠道系统创新动因分析［J］．商业研究，2000，217（5）：92．

［169］杨政．营销渠道成员行为的整合模型［J］．南开管理评论，2000（4）：63－70．

［170］叶明海，张丽萍．基于演化博弈的汽车渠道企业合作优化方法［J］．哈尔滨工业大学学报（社会科学版），2006，8（2）：124－129．

［171］殷红春．品牌生态系统复杂适应性及协同进化研究［D］．天津：天津大学，2005：36－56．

［172］张闯．社会网络视角下的渠道权力结构与策略研究［M］．大连：东北财经大学出版社，2008（5）：45．

［173］张春法，张为付．渠道结构变迁与网络背景下的营销渠道关系［J］．财贸经济，2006（12）：91．

［174］张大亮，周耀烈，陈润峰．我国 PC 行业营销渠道的演变及其面临的挑战［J］．中国工业经济，2001（2）：69－73．

［175］张昊．流通渠道中竞合关系的演化及竞争政策的作用——基于日本家电业案例的分析［J］．商业经济与管理，2012，252（10）：19－24．

［176］张金泉．生态需求管理与科学发展观［J］．四川人学学报（哲学社会科学版），2004，5：6．

［177］张平淡，徐建忠．渠道结构设计的两维决策模型［J］．生产力研究，2008（3）：120－123．

［178］张新华．整合营销渠道的必然性及其方法研究［D］．广州：暨南大学，2000（2）．

［179］张月华．营销渠道组织系统创新及其成长［J］．唐都学刊，2004，20（3）：62－65．

[180] 张喆, 黄沛. 渠道结构有序度的熵模型 [J]. 工业工程与管理, 2007 (3): 1－3.

[181] 赵胜来, 陈俊芳. 渠道冲突的理论阐释及协调对策 [J]. 价格理论与实践, 2005 (2): 62－63.

[182] 赵晓飞, 李崇光. "农户—龙头企业"的农产品渠道关系稳定性——基于演化博弈视角的分析 [J]. 财贸经济 2008 (2): 92－97.

[183] 赵雪雁. 产业结构生态预警研究——以甘肃省为例 [J]. 干旱区地理, 2007, 30 (1): 128－130.

[184] 钟伟. 绿色营销与企业面临的挑战和商机 [J]. 重庆邮电学院学报 (社会科学版), 2004: 27－29.

[185] 仲崇文, 杜玉申, 张屹山. 渠道演化与供应链中的利益分配——以家电产业为例 [J]. 社会科学战线, 2010 (6): 188－190.

[186] 周筱莲, 庄贵军. 渠道成员之间的冲突与解决办法 [J]. 北京工商大学学报 (社会科学版), 2004 (1): 22－26.

[187] 周茵, 庄贵军, 崔晓明. 营销渠道中的渠道关系、权力使用与投机行为 [J]. 商业经济与管理. 2011 (3): 91－96.

[188] 朱春全. 生态位态势理论与扩充假说 [J]. 生态学报, 1997 (3): 324.

[189] 朱江, 伍聪. 基于 Agent 的计算机建模平台的比较研究 [J]. 系统工程学报, 2005. 20 (4): 160－166.

[190] 祝海波. 渠道战略与管理——观点与结构 [M]. 北京: 经济科学出版社, 2012 (10): 125－148.

[191] 祝海波, 等. 营销战略与管理: 观点与结构 [M]. 北京: 经济科学出版社, 2013 (8): 148－176.

[192] 庄贵军, 周筱莲, 王桂林. 营销渠道管理 [M]. 北京: 北京大学出版社, 2004: 55－90.

[193] 庄贵军, 周筱莲. 零售商与供应商之间依赖关系的实证研究 [J]. 商业经济与管理, 2006 (6): 20－25.

[194] 庄贵军. 权力、冲突与合作: 西方的渠道行为理论 [J]. 北京商院学报, 2000 (1): 8－11.

图书在版编目（CIP）数据

渠道生态系统结构、演化与运行机制研究/祝海波等著．
—北京：经济科学出版社，2017.9
国家社科基金后期资助项目
ISBN 978 - 7 - 5141 - 8425 - 9

Ⅰ. ①渠… Ⅱ. ①祝… Ⅲ. ①渠道 - 生态系 - 系统
结构 - 研究 Ⅳ. ①U61

中国版本图书馆 CIP 数据核字（2017）第 232053 号

责任编辑：张 蕾 周国强
责任校对：隗立娜
责任印制：邱 天

渠道生态系统结构、演化与运行机制研究

祝海波 郑贵军 陈德良 张 坤 著
经济科学出版社出版、发行 新华书店经销
社址：北京市海淀区阜成路甲 28 号 邮编：100142
总编部电话：010 - 88191217 发行部电话：010 - 88191522
网址：www. esp. com. cn
电子邮件：esp@ esp. com. cn
天猫网店：经济科学出版社旗舰店
网址：http://jjkxcbs. tmall. com
固安华明印业有限公司印装
710 × 1000 16 开 17.25 印张 310000 字
2017 年 10 月第 1 版 2017 年 10 月第 1 次印刷
ISBN 978 - 7 - 5141 - 8425 - 9 定价：68. 00 元
（图书出现印装问题，本社负责调换。电话：010 - 88191510）
（版权所有 侵权必究 举报电话：010 - 88191586
电子邮箱：dbts@ esp. com. cn）